DROEMER

Saidi Sulilatu

Finanzen ganz einfach

Mit dem Finanztip-Prinzip
richtig sparen, klug investieren,
gelassen vorsorgen

DROEMER

Besuchen Sie uns im Internet:
www.droemer-knaur.de

MIX
Papier | Fördert gute Waldnutzung
FSC® C083411

Originalausgabe November 2025

Ein Imprint der Verlagsgruppe
Droemer Knaur GmbH & Co. KG
Landsberger Straße 346, 80687 München

Redaktion: Melanie Haizmann
Covergestaltung: Verlagsgruppe Droemer Knaur
Coverabbildung: Dirk Spath
Abbildungen im Innenteil:
Illustrationen von dieKLEINERT.de / Christian Sommer;
Grafiken von le-tex publishing services GmbH nach Vorlage von Finanztip;
S. 102 Deutsche Rentenversicherung Bund
Satz und Layout: Adobe InDesign im Verlag
Druck und Bindung: CPI books GmbH, Leck
ISBN 978-3-426-56301-4

Kontaktadresse nach EU-Produktsicherheitsverordnung:
produktsicherheit@droemer-knaur.de

4 5 3

Inhalt

Warum kompliziert, wenn es auch einfach geht

Vor 15 Jahren bekam ich immer ein mulmiges Gefühl im Bauch, wenn mir mal wieder mein eigenes Geld in den Sinn kam. Ich hatte ein schlechtes Gewissen, weil ich im Hinterkopf genau wusste, dass bei meinen Finanzen so einiges im Argen lag. Im Alltag schob ich das Problem zur Seite. Und doch nagte es an mir, dass meine Altersvorsorge nicht ausreichend war. Ich hatte nur keine Vorstellung, wie viel mehr ich für die Rente zurücklegen sollte – und schon gar nicht, mit welchen Finanzprodukten.

Dabei war ich kein kompletter Neuling. Ich hatte mich sogar schon jahrelang mit Finanzthemen beschäftigt. Aber ich hatte einen wilden Flickenteppich aus Versicherungen und Fonds angesammelt, von dem mir inzwischen klar war: zu kompliziert, zu teuer, nicht durchdacht. So konnte es nicht bleiben. Und dann stand noch die große Frage für meine Familie und mich im Raum: Wollen wir uns ein Haus kaufen? Ist das unser Weg? Oder verrennen wir uns da in etwas, was gar nicht zu unserem Leben passt?

Vielleicht spürst auch Du eine Unsicherheit beim Gedanken an Deine Finanzen und hast deshalb dieses Buch in der Hand. Vielleicht stehst Du erst ganz am Anfang, Dich mit Themen wie Sparen, Altersvorsorge und Versicherungen auseinanderzusetzen. Vielleicht hast Du schon wie ich damals einiges unternommen mit Deinem Geld und bist beunruhigt, dass Du Fehler gemacht haben könntest. Wo Du auch stehst – ich möchte Dir Mut machen: Heute kann ich sagen, dass solche Sorgen um meine Finanzen weit hinter mir liegen. Nicht etwa, weil ich heute viel mehr verdiene oder weil ich die Zauberformel für unendlichen Reichtum entdeckt habe. Sondern weil ich einen einfachen Weg gefunden habe, meine Finanzen übersichtlich und stressfrei zu gestalten, die Kosten meiner Geldanlage radikal zu senken und mir die Sicherheit zu verschaffen, mit der ich meiner finanziellen Zukunft gelassen entgegenblicken kann. Dieser Weg ist das Finanztip-Prinzip – die Essenz des geballten Wissens von meiner Finanztip-Redaktion und mir.

Ich möchte Dich mit diesem Buch gern auf Deinem Weg begleiten und Dir zeigen, wie einfach es eigentlich ist, alles rund um seine Finanzen geregelt zu kriegen, wenn man nach dem richtigen Prinzip vorgeht. Ich möchte, dass Du Dich mündig und kompetent fühlst, wenn es um Dein eigenes Geld geht.

Bevor wir uns gemeinsam auf den Weg machen, solltest Du vorab meine Einstellung zum Geld kennen: Geld ist für mich nicht das Wichtigste im Leben. Mir geht es nicht darum, reich zu werden, diesen Reichtum dann angeberisch zur Schau zu stellen und dafür bewundert zu werden. Meine Finanzen müssen funktionieren, damit ich ein gutes und sorgenfreies Leben führen kann.

Dass ich damals meine Finanzen so kompliziert und ineffizient organisiert hatte, daran war bei mir – wie bei so vielen Menschen in Deutschland – der Finanzvertrieb, also diejenigen, die uns Finanzprodukte verkaufen wollen, schuld.

Ich habe mal Soziologie studiert. In den Sozial- und Geisteswissenschaften gibt es das (unberechtigte) Klischee, dass viele

Absolventen nach dem Studium Taxi fahren, weil sie nichts Vernünftiges gelernt haben. Taxifahrer bin ich zwar nicht geworden, aber erst mal waren meine Einkommensaussichten trotz Diplom in der Tasche, sagen wir, überschaubar.

In dieser Situation sprach mich ein Bekannter an, der als »Berater« in einem deutschen Finanzvertrieb arbeitete. Er wollte mir (dem Soziologen!) zeigen, welche Gefahren die alternde Gesellschaft in Deutschland für mich birgt. Was für ein dramatisches Problem dieser demografische Wandel ist – und zwar für meinen Geldbeutel. Damit rannte er offene Türen bei mir ein. Ich ließ mich begeistern von der Idee, dass die Menschen so viel mehr aus ihrem Geld machen und einen würdevollen und sorgenfreien Lebensabend verbringen können – wenn sie nur mehr in Aktien stecken würden.

Damit kein Missverständnis aufkommt: An dieser grundsätzlichen Idee war vor 20 Jahren nichts falsch und ist es auch heute nicht. Aktien sind der Clou, mit dem Du Dir ein ordentliches Vermögen aufbauen und damit der Misere entgehen kannst, auf die der deutsche Sozialstaat unaufhaltsam zusteuert.

Aber was macht der Finanzvertrieb aus dieser guten Idee? Er macht sich die Zukunftsangst der Leute zunutze und verkauft ihnen Versicherungen und Fonds mit zu hohen Kosten und Provisionen. Ich habe mir von meinem Bekannten nicht nur eine Lebensversicherung aufschwatzen lassen. Sondern ich bin selbst in den Finanzvertrieb eingestiegen, weil ich Menschen den Vermögensaufbau mit Aktien vermitteln wollte, weil ich ihnen ermöglichen wollte, ein Leben ohne ständige finanzielle Sorgen zu führen. Diese Grundidee hat sich bei mir nie geändert. Aber ich habe mich damals täuschen lassen und gefälschten Berechnungen geglaubt, dass Lebens- und Rentenversicherungen sowie gemanagte Fonds am Ende eine gute Altersvorsorge bieten würden und dass es dazu keine wirkliche Alternative gäbe. Tatsächlich springt bei den meisten dieser Produkte Jahrzehnte später viel weniger raus, als die Vermittler ihren Kunden (und mir selbst damals) weismachten.

Nach ein paar Jahren im Finanzvetrieb und nach einem erfolglosen Versuch, eine unabhängige Honorarberatung aufzubauen, war mir klar, dass das nicht der Weg war.

Dann passierte mir der größte Glücksfall meines beruflichen Lebens: Ich stieß auf eine Stellenanzeige von Finanztip. Ich habe es noch vor Augen, als ob es gestern war. Ich saß in einem Münchener Altbau den Finanztip-Gründern Marcus Wolsdorf und Robert Haselsteiner gegenüber, hörte mir ihre Story an und dachte mir: »Krass, ihr meint das mit Finanztip tatsächlich ernst – unabhängige Informationen, die ehrlich sind, die für dich und mich gedacht sind. Eine gemeinnützige Plattform, der es nicht um Profit geht, sondern der Du blind vertrauen kannst. Das ist alles kein Marketing-Bullshit.«

Seit ich 2014 bei Finanztip angefangen habe, habe ich noch keinen Satz gegen mein besseres Wissen gesagt oder geschrieben. Vielleicht weißt Du aus anderen Branchen, dass das leider keine Selbstverständlichkeit in der Wirtschaft ist.

Für mich aber noch wichtiger: Ich habe bei Finanztip die Philosophie gefunden, dass Finanzen ganz einfach gehen. Dass der Umgang mit Geld nicht kompliziert sein muss und Du Dich selber darum kümmern kannst. Dass Du beim Managen Deiner Finanzen nicht von anderen abhängig sein musst.

Dafür musst Du Dich weder besonders tief reinfuchsen noch viel Zeit aufwenden. Ich habe verinnerlicht, dass weder ich noch irgendwer anderes komplizierte Finanzprodukte braucht und eine Geldanlage auch nicht dauernd gemanagt werden muss.

Meine Lebensversicherung von damals habe ich vor vielen Jahren gekündigt, meine Fonds verkauft. Das Geld steckt heute in meiner maximal unkomplizierten Altersvorsorge, nämlich meinem Aktien-ETF. Heute halte ich meine Finanzen so einfach wie möglich – und spare mir damit eine Menge Zeit, die ich als Vater und Chefredakteur eines großen Teams dringend gebrauchen kann.

Wenn ich vorhin gesagt habe: »Geld ist nicht das Wichtigste für mich«, dann meine ich natürlich nicht, dass Geld keine Rolle spielt. Geld ist notwendig, aber niemals Ziel an sich. Es ist Mittel zum Zweck. Es ist Voraussetzung für ein glückliches, entspanntes und gelassenes Leben. Wenn Du eines Tages auf ein sechsstelliges Depot schauen kannst, nimmt Dir das die nagenden Zukunftssorgen und gibt Dir mehr Freiheit in Deinem Kopf, das zu tun, was Dir wirklich Freude und Sinn verschafft. Bei mir ist das: eine glückliche Beziehung zu führen, Sport mit meinen Kindern zu treiben – und meine Energie in einen sinnstiftenden Beruf zu stecken. Dieses Privileg kann ich Dir und allen nur wünschen.

Wenn wir in diesem Buch über die Organisation Deiner Finanzen sprechen, über Sparen, über Investieren für die Altersvorsorge, über große finanzielle Entscheidungen, dann geht es genau darum: Ich möchte Dir helfen, ein befreites Lebensgefühl zu erreichen, weil Du gut für Dein Alter vorsorgst und Dir nicht ständig Gedanken machen musst, ob Du noch bis ins hohe Alter schuften musst, um Deinen Lebensabend zu finanzieren.

Was lernst Du in diesem Buch?

Ich nehme Dich mit auf unseren gemeinsamen Weg – in insgesamt zwölf Kapiteln machen wir eine Tour durch die gesamte Welt des Finanzwissens. Egal wo Du startest, ob Du gerade erst anfängst, Dich mit Deinen Finanzen zu beschäftigen, oder ob

Du bereits einige Finanzprodukte hast, dieses Buch wird Dir dabei helfen, fundierte Entscheidungen zu treffen, die den Umgang mit Finanzen ganz einfach machen.

Grundlage für unseren gemeinsamen Weg ist das Finanztip-Prinzip. Anhand dessen werden wir direkt aktiv und beginnen, Deine Finanzen so einfach wie möglich neu aufzustellen. Von Altlasten, also Finanzprodukten, die Du bereits hast, lassen wir uns dabei nicht aufhalten – um die kümmern wir uns später und optimieren sie.

Nachdem wir im ersten Kapitel genauer anschauen, wie wir nach dem Finanztip-Prinzip vorgehen, machen wir uns dann zügig daran, mithilfe zugänglicher Informationen gute Entscheidungen zu treffen. Wenn Du das Finanztip-Prinzip mal vor Augen hast, kannst Du dann viel besser beurteilen, was Du ausmisten, was Du behalten solltest und was Du vielleicht noch ausprobieren willst. Und so wird Dir auch mehr Geld im Monat übrig bleiben, weil es nicht mehr unnötig in Löchern verschwindet.

Zum Schluss, und das verspreche ich Dir, wirst Du einen besseren Plan im Kopf und ein viel sicheres Gefühl im Bauch haben, was das ganze Geldthema angeht. Denn Finanzen werden für Dich – wie für mich – ganz einfach sein.

1

Das Finanztip-Prinzip

Manche Menschen managen ihre Finanzen mit Selbstvertrauen und einem vermeintlichen Gefühl von Leichtigkeit. Andere fühlen sich eingeschüchtert: Allein beim Thema Altersvorsorge gibt es so viel zu bedenken, zu wissen, zu begreifen und falsch zu machen. Dann stehen auch noch große Lebensentscheidungen wie möglicherweise eine eigene Immobilie an. Und was ist eigentlich mit den ganzen Versicherungen, von denen immer alle reden? Wenn Du gerade erst anfängst, Dich mit all diesen Themen zu beschäftigen, kannst Du Dich schnell überwältigt fühlen. Manche ignorieren dann das ganze Thema schnell lieber wieder – auch wenn sie eigentlich wissen, wie wichtig all diese Themen für ihre Zukunft sind.

Welcher Typ bist Du, wenn es um Deine Finanzen geht? Wie weit bist Du auf Deinem Weg gekommen, Dich um Geldmanagement, Anlegen, Vorsorge & Co. zu kümmern? Vielleicht schon recht weit, aber Du hast das Gefühl, dass bei Deinem Geld trotzdem nicht alles im Reinen ist? Oder hast Du vielleicht angefangen, Dich mit einem bestimmten Thema zu beschäftigen, und bist aber noch nicht dazu gekommen, die Sache auch wirklich umzusetzen? Oder hat sich bisher immer jemand anderes um Deine Finanzen gekümmert – Dein Finanzberater, Deine Eltern, Deine Partnerin oder Dein Partner zum Beispiel?

Lass mich Dir eines sagen: Du kannst das auch alleine, und es ist nicht einmal besonders schwierig – wenn Du weißt, wie es geht. Du kannst Dein Leben finanziell selbstbestimmt führen. Egal wo Du anfängst, ich möchte Dich auf Deinem Weg begleiten und Dir überall dort weiterhelfen, wo Du vielleicht noch nicht weitergekommen bist.

Am Ende wirst Du Deine Finanzen gut überschauen können, weil Du sie auf eine einfache Weise organisiert hast, und so Deine finanzielle Zukunft sichern. Dabei geht es nicht darum, dass Du möglichst schnell reich wirst. Ich vermittele Dir das Wissen und Know-how, wie Du Dir langsam und nachhaltig ein Vermögen aufbaust, dabei jederzeit gut abgesichert bist und im Alter entspannt davon leben kannst. Du wirst endlich das Damoklesschwert des »Ich müsste mal …« los sein.

Wenn Du über Deine Finanzen nachdenkst, dann kannst Du Dir das vorstellen wie eine Wanderung durch die Berge: Vom Anfangspunkt aus siehst Du jede Menge verschiedene Pfade, einschüchternde Anstiege und Hindernisse, die den Weg versperren. Ich werde Dir zeigen, wo die besten Abkürzungen sind, wo man mal durchatmen kann, und ich werde dafür sorgen, dass Du den Gipfel erreichst, ohne komplett aus der Puste zu sein. Wichtig ist, dass wir von Anfang an nach einem Plan vorgehen –

keine Sorge, Dich erwartet kein steifer Leitfaden, sondern vielmehr eine Übersicht der wirklich wichtigen Themen und Finanzprodukte, an der wir uns orientieren können.

Vier Töpfe fürs Leben

Das Finanztip-Prinzip ist der Schlüssel zu finanzieller Freiheit, so wie ich sie verstehe: unsere Finanzen so organisiert zu haben, dass wir ohne Stress wegen Geld leben können. Gemeinsam mit meinem Redaktionsteam stellen wir bei Finanztip deshalb schon immer folgende Frage in den Vordergrund: Wie können wir unsere eigenen Finanzen möglichst unkompliziert und eigenständig geregelt kriegen? Daraus ist das Finanztip-Prinzip entstanden, mit dem ich seit vielen Jahren mein eigenes Geld organisiere. Die Basis des Prinzips sind vier verschiedene Konten, die ich »Töpfe« nenne. In jeden Topf stecke ich Geld und hole es für bestimmte Zwecke wieder heraus. Für mich ist es die einfachste Art des Geldmanagements – ein Plan, mit dem ich alles überblicke. Diese vier Töpfe checke ich einmal im Jahr, ansonsten kann ich mich zurücklehnen und mich meinem Leben widmen. Mein Geld ist gut aufgeräumt, ich sorge vor und habe keinen Stress.

Einen Topf hast Du bestimmt schon: Dein **Girokonto.** Hier laufen alle Zahlungsströme zusammen: Geld geht ein, Fixkosten, Alltagskosten und Sparraten gehen in Richtung der anderen Töpfe ab. Dein bester Freund hier ist der Dauerauftrag, denn mit seiner Hilfe kannst Du die Zahlungsströme und damit Deine Sparraten ganz bequem automatisieren. Das entlastet Deinen Kopf und sorgt dafür, dass Du nicht monatlich daran denken musst, etwas zur Seite zu legen.

Zusätzlich hast Du vielleicht schon einen weiteren Topf im Besitz, nämlich eine **Kreditkarte.** Die brauchst Du immer wieder zum Bezahlen – vor allem, wenn Du mal im Ausland unterwegs bist. Eine Kreditkarte ist ein eigenes Konto und damit ein eigener Topf, der von Deinem Girokonto gespeist wird. Warum eine echte Kreditkarte im Unterschied zu einer sogenannten Debitkarte wichtig ist und ob Du möglicherweise zu hohe Gebühren bei Deiner Kreditkarte bezahlst, dazu kommen wir in Kapitel 9. Aber bevor es an die Optimierung von Gebühren geht, sollten wir erst einmal dafür sorgen, dass wir mit zwei weiteren wichtigen Töpfen ausgestattet sind.

Zum einen ist das Dein **Tagesgeldkonto,** Dein Sparkonto. Falls Du das bisher noch nicht hast, kannst Du es unkompliziert eröffnen und wirst es vor allem für den Aufbau Deines Notgroschens nutzen. Wie genau das funktioniert, erfährst Du im nächsten Kapitel.

Der entscheidende Topf ist Dein **ETF-Depot** – der eigentliche Knackpunkt im Finanztip-Prinzip. Hier baust Du langfristig Dein Vermögen und Deine Altersvorsorge auf. Mit einem ETF-Depot investierst Du breit gestreut in Aktien. Falls Du beim Wort »Aktien« unsicher wirst: Hier geht es nicht um Spekulation und Zockerei, sondern darum, dass Du mit Aktien langfristig sehr gute Gewinne einfahren und seriös Deine Altersvorsorge aufbauen kannst. In Kapitel 5 werden wir das Schritt für Schritt gemeinsam aufsetzen. Denn Aktien und ETFs sind weder kompliziert noch dubios.

Zum Finanztip-Prinzip gehören zwei regelmäßige Sparvorgänge, die den Geldfluss zwischen den wichtigen Töpfen automatisieren. Zum einen ist da der Dauerauftrag vom Girokonto aufs Tagesgeldkonto. Damit sicherst Du Deinen Notgroschen und sparst für einen großen Urlaub oder andere Ziele. Der zweite Zahlungsstrom ist ein Sparplan auf Dein ETF-Depot, meist per Dauerauftrag oder Lastschrift. Mit ihm wirst Du langfristig Dein Vermögen aufbauen und so Deine Altersvorsorge bestreiten. Der Clou ist, dass sowohl der Dauerauftrag als auch der ETF-Sparplan jeden Monat automatisch von Deinem Konto abgehen und Du damit Dein Sparen auf Autopilot stellst. So musst Du nicht jeden Monat neu darüber entscheiden, wie viel Du denn diesmal wegsparen kannst.

Das Finanztip-Prinzip vereint eine ganze Reihe von Vorteilen für Dein Geld:

- Es macht Deine Finanzen **einfach** und übersichtlich. Mit diesen vier Töpfen kannst Du Dein ganzes finanzielles Leben bestreiten!
- Es macht Deine Finanzen so **günstig** wie irgend möglich: Girokonto, Kreditkarte, Tagesgeldkonto und Depot sind bei den richtigen Anbietern kostenfrei, und ein ETF ist die günstigste Altersvorsorge, die Du Dir wünschen kannst.
- Du gibst die Verantwortung für Dein Geld nicht an andere ab, sondern hast **selbst** jederzeit die Kontrolle. Du bestimmst über diesen wichtigen Teil Deines Lebens.
- Mit Tagesgeldkonto und ETF-Depot hast Du eine gute **Balance** zwischen sicherer und renditestarker (aber schwankender) Geldanlage und kannst jederzeit den Regler mehr Richtung Rendite oder mehr Richtung Sicherheit schieben.
- Deshalb ist das Finanztip-Prinzip auch total **flexibel:** Du kannst jederzeit Geld rausholen oder mehr anlegen, Deine Sparpläne rauf- oder runterfahren und bist an keinerlei Vertragslaufzeiten gebunden.
- Dein Geldmanagement läuft praktisch auf Autopilot. Du musst über Deine Geldanlage nicht dauernd entscheiden, sie braucht kaum aktives Eingreifen. Das Finanztip-Prinzip ist sehr **zeitsparend,** obwohl Du alles selbst machst.

Das Finanztip-Prinzip für Paare

Auch wenn Ihr zusammenlebt, sollte jeder von Euch die eigenen vier Töpfe bewahren. Darüber hinaus bietet sich ein gemeinsames Haushaltskonto an, von dem Ihr gemeinsame Ausgaben wie Miete, Strom, Internet oder Lebensmittel bestreitet. So behält jeder den Überblick über das eigene Geld, während gleichzeitig die laufenden Kosten fair aufgeteilt sind. Falls Ihr Euch als Paar trotzdem dazu entscheidet, gemeinsam nur ein Girokonto, eine Kreditkarte, ein Tagesgeldkonto und ein Depot zu haben, solltet Ihr Euch vorher und laufend gut absprechen: Klärt vorab, wie viel jeder von Euch in die gemeinsamen Töpfe einzahlt und ob Ihr die Beiträge nach Einkommen aufteilt. Außerdem sollte klar sein, wer sich um was kümmert: Wer verwaltet das Tagesgeldkonto? Wer behält den ETF im Blick?

Nur wenn beide gut Bescheid wissen, seid Ihr finanziell auf Augenhöhe.

So teilst Du Dein Einkommen auf: Die 50:30:20-Regel

Wenn ich von vier Töpfen spreche, fragst Du Dich vielleicht: »Wo soll ich eigentlich das ganze Geld für diese Töpfe und für das Sparen hernehmen?«

Dazu ist es gut, wenn Du eine ungefähre Vorstellung davon hast, wie Du mit dem Geld umgehst, das Dir jeden Monat zur Verfügung steht. Dabei hilft Dir die 50:30:20-Regel. Mit ihr teilst Du Dein Einkommen in drei Kategorien ein, behältst Deine Ausgaben im Blick und weißt am Monatsende sehr genau, wohin Dein Geld gegangen ist. Zum Einkommen zählt übrigens alles, was auf Deinem Girokonto eingeht: Dein Gehalt oder Deine Einnahmen aus Selbstständigkeit, aber auch beispielsweise Kindergeld oder Unterhaltszahlungen. Meine Empfehlung:

50% solltest Du für **Lebenshaltungskosten** einrechnen. Darunter fällt alles, was Du wirklich zum Leben brauchst: Miete bzw. Wohnkosten inklusive aller Nebenkosten; Internet und Handy; Lebensmittel und der Einkauf im Drogeriemarkt; Kosten für den Arbeitsweg – egal, ob Du mit dem Auto oder öffentlich dorthin kommst; essenzielle Versicherungen; Kleidung. Falls Du Kinder hast, rechnest Du hier auch Kosten für Bildung und Schule mit ein. Kurzum: Lebenshaltungskosten sind alle Kosten, die unvermeidbar sind.

30% sind vorgesehen für **Spaß, Freizeit, Unterhaltung.** Hier verbuchst Du gedanklich alles, was nicht lebensnotwendig ist, Dein Leben aber schöner macht: Dein Streaming-Abo, die schicken neuen Schuhe oder die Designer-Vase fürs Wohnzimmer, den Wochenendausflug mit den Kindern, den üblichen Jahresurlaub. Mit diesen 30% Deines monatlichen Budgets genießt Du das Leben und gönnst Dir auch mal etwas ohne schlechtes Gewissen.

Die restlichen **20%** sind der Richtwert für Deine **Sparquote** und gehen in Richtung Tagesgeld und ETF-Depot. Eine gute Aufteilung wären hier 15% auf das Depot (Dein ETF-Sparplan) und 5% auf das Tagesgeldkonto (Dein Dauerauftrag). Ist Dein Tagesgeldkonto gut gefüllt und Du weißt, es stehen in nächster Zeit keine größeren Ausgaben an, dann können auch die vollen 20% auf das Depot.

50% Lebenshaltung	30% Spaß & Freizeit	20% Sparen
• Lebensmittel, Haushaltsbedarf & Körperpflege • Miete/Wohnen • Wasser/Heizung • Strom/evtl. Gas • Kleidung • Internet & Handy • Fahrtkosten zur Arbeit • Versicherungen (BU, Haftpflicht) • Schule, Bildung	• Urlaub/Reisen • Party/Ausflüge • Restaurants • Fitness/Gesundheit • Unterhaltung (Netflix, Bücher, Kino, Theater) • Haustier • Sport/Verein • Geschenke	• ETF-Sparplan • Dauerauftrag aufs Tagesgeld • weiteres Sparen • Investitionen in Immobilien

Je nach Deiner Lebenssituation kann es sein, dass Du deutlich mehr als 50 % für Deinen Lebensunterhalt ausgeben musst. Vielleicht lässt sich für Dich daran erst mal nichts ändern. Sieh die 50 % als Anhaltspunkt an, als ein Ziel, auf das Du hinarbeiten kannst.

Das Gute an der 50:30:20-Regel ist, dass Du sie wirklich universal anwenden kannst. Egal, ob Du ein Singlehaushalt bist oder eine fünfköpfige Familie zu versorgen hast – mithilfe der 50:30:20-Regel kannst Du Budgets planen und Kosten einsortieren. Manchmal ist das natürlich Auslegungssache: Mein Sohn hat mich beispielsweise neulich gefragt, ob er sich neue Schuhe zu Weihnachten wünschen muss. Meine Antwort: Wenn er wirklich neue Schuhe braucht, dann natürlich nicht – die Ausgabe dafür fällt dann unter Lebenshaltungskosten. Wenn es aber ganz bestimmte teure Markenschuhe sein »müssen«, obwohl ihm die alten noch passen, dann fällt die Ausgabe unter Geschenke und damit in die Kategorie Spaß und Freizeit.

Ähnlich verhält es sich auch mit anderen Ausgaben. Gibst Du im Monat viel Geld für Klamotten aus oder gönnst Dir ein großes und tolles Auto, dann solltest Du diesen Betrag splitten – ein Teil Lebenshaltung, ein Teil Spaß und Freizeit. Ist Dir Deine Gesundheit wahnsinnig wichtig? Dann kannst Du die Mitgliedschaft im Fitnessstudio unter Lebenshaltungskosten packen – wenn Du das Studio wirklich regelmäßig besuchst. Näher hinsehen solltest Du auch bei den Wohnkosten: Deine Warmmiete fällt natürlich unter Lebenshaltungskosten. Wohnst Du dagegen in einer finanzierten Immobilie, solltest Du die Kreditrate aufteilen: Die Zinsen für Deinen Kredit zählen zu den Wohnkosten. Die Tilgung allerdings, also den Teil Deiner Rate, die wirklich den Kredit zurückzahlt, verbuchst Du unter Vermögensaufbau und damit als Sparrate. (Das erkläre ich noch mal ausführlicher in Kapitel 7.)

Kommen Dir die 20 % Sparquote aufs erste Lesen sehr viel vor? Damit bist Du nicht allein: Die durchschnittliche Sparquote liegt laut Erhebungen des Statistischen Bundesamtes in Deutschland bei gut 10 %. Hier muss ich ganz klar sagen: Das ist in der Regel zu wenig. Die meisten Menschen in Deutschland werden deutlich mehr als 10 % ihres Einkommens zurücklegen müssen, um einen entspannten und sorgenfreien Ruhestand genießen zu können (Stichwort: Rentenlücke). Begreif die 20 % also zunächst als Ziel, nicht als fixe Vorgabe. Wie Du dort hinkommst, erkläre ich Dir im Verlauf des Buchs. Mach Dir deshalb jetzt keinen Stress, sondern behalte die Regel im Hinterkopf und versuche Dich darauf einzulassen, mit konkreten Entscheidungen Deine Finanzen in den Griff zu kriegen. Ich werde Dir in diesem Buch das Wissen vermitteln, das Du dafür brauchst. Lass uns Schritt für Schritt vorgehen, ohne das große Ganze aus dem Blick zu verlieren.

Schon jetzt kann ich Dir aber sagen: Nur weil Du Dir zu einem Zeitpunkt eine Sparrate oder einen Dauerauftrag eingerichtet hast, bedeutet das nicht, dass das Ganze ab jetzt bis zur Rente unverrückbar ist. In den ersten Kapiteln kümmern wir uns vor allem darum, alles einmal sauber aufzusetzen, und danach optimieren wir. Vielleicht merkst Du am Ende des Buches, dass Du durch kluge Einsparungen plötzlich 50 € oder 100 € mehr pro Monat wegsparen könntest? Do it! Anpassen kannst Du jederzeit.

Werde Dein eigener Finanzberater

Finanzberater geben Dir meist das Gefühl, dass Geldanlage, Vermögen, Altersvorsorge & Co. kompliziert sind und dass Du dafür nicht nur Beratung, sondern vor allem spezielle Finanzprodukte benötigst, die ausschließlich sie Dir verkaufen und erklären können. Auch ich bin früher den Erzählungen des Finanzvertriebs aufgesessen. Schon in der Einleitung habe ich ja berichtet, dass ich mich nach dem Studium abhängig gemacht habe von komplizierten Produkten und vermeintlich guten Ratschlägen. Im Anschluss hat es fast zehn Jahre gedauert, bis ich mich zu der Erkenntnis durchringen konnte: Ich brauche diese ganzen komplizierten und gemanagten Geldanlagen nicht – mit dem Finanztip-Prinzip kann ich das selbstständig, ganz ohne viel Aufwand oder hohe Kosten.

Nun kann es gut sein, dass Du auch noch einen Ordner mit einer alten Rentenversicherung, Fonds, einem Bausparvertrag etc. im Schrank hast. Ich möchte, dass Du diesen Ordner erst mal dort stehen lässt und Dich auf die Grundlagen des Finanztip-Prinzips konzentrierst. Mir ist wichtig, dass Du ins Tun kommst, nicht lange überlegst oder Dich von alten Finanzprodukten aufhalten lässt. Um diesen Ballast können wir uns sehr gut später kümmern, wenn Du Dich mit Deinen vier Töpfen grundlegend gut aufgestellt hast.

Jeder andere Topf will gut überlegt sein

Das Finanztip-Prinzip heißt übrigens nicht, dass Du nicht auch andere Töpfe aufmachen darfst. Betriebliche Altersvorsorge, Riester-Vertrag, eine eigene Immobilie – all das sind denkbare Stopps auf unserem Weg, die aber Deine Finanzen komplexer machen. Jeden Topf, den Du über die grundlegenden vier Töpfe hinaus aufmachen willst – also von einem zweiten Tagesgeldkonto bis hin zu einer eigenen Immobilie –, solltest Du zunächst kritisch hinterfragen: Wie viel Nutzen bringt er Dir vs. wie viel Einfachheit kostet er Dich?

Auch dabei helfe ich Dir natürlich in den jeweiligen Kapiteln: Das Thema »Mieten oder Kaufen« behandeln wir im Kapitel 7, betriebliche Altersvorsorge und Riester besprechen wir in Kapitel 8.

Bevor es endlich losgeht, will ich Dir eines auf keinen Fall vorenthalten: Es ist kein Zufall, dass es vielen Menschen schwerfällt, ihre Finanzen in den Griff zu kriegen. Es wird das eine oder andere Thema geben, das Du vielleicht eher unspannend findest oder das Dich Überwindung kosten mag. Ich könnte es mir also in diesem Buch einfach machen und Dich direkt im ersten Kapitel mit dem Reichwerden durch Investments locken. Aber bevor Du Deine Altersvorsorge optimierst oder über den Kauf einer Immobilie nachdenkst, solltest Du zuerst die Basics beachten. Es soll nicht nur darum gehen, wie Du möglichst viel Vermögen aufbauen kannst, sondern auch, wie Du Dich gegen die großen Risiken im Leben absichern kannst. Wir setzen deshalb in den ersten Kapiteln unsere Kontenstruktur auf, beschäftigen uns aber auch mit dem Thema Budgetplanung und Schulden. Und wir werfen einen Blick darauf, welche Versicherungen wir abschließen sollten und welche wir bei näherer Betrachtung gar nicht wirklich brauchen. Erst danach geht es in die Tiefe, was Investieren, Immobilien und die Altersvorsorge angeht. Wenn Du schon fortgeschritten bist, kannst Du aber natürlich jederzeit auch einfach zu dem Thema springen, was Dich besonders interessiert.

Was Dir im Umgang mit den eigenen Finanzen manchmal im Weg stehen kann, sind Deine **eigenen Glaubenssätze.** Vielleicht ist auch in Deinem Kopf – wie in vielen anderen auch – die Vorstellung verankert, dass Aktien nur etwas für Profis sind, weil die Börsencrashes rechtzeitig aus dem Weg gehen können. Noch tiefer in Dir steckt wahrscheinlich das, was Deine Eltern Dir bewusst oder unbewusst über Finanzen beigebracht haben. Es ist sehr wichtig, dass Du das reflektierst und Dir klarmachst: Eltern sind leider oft keine guten Finanzberater, auch wenn sie es natürlich gut meinen. Denn sie haben meist auch nur die Welt der teuren Finanzprodukte kennengelernt. Viele günstige Lösungen wie beispielsweise diese ETFs, von denen wir noch so viel sprechen werden, waren vor 20 Jahren so gut wie unbekannt. Zu dieser Welt gehört auch, dass Deine Eltern eine gute Beziehung zu einem Bekannten von der örtlichen Bank oder Versicherung haben. Hör Dir die Vorschläge eines solchen Bekannten gerne an, aber sei kritisch und hab im Kopf: Die Bank ist nicht Dein Freund.

Manche Leute aus der Finanztip-Community finden es wiederum etwas langweilig, wie wir Finanzen organisieren. Die fragen mich sinngemäß: »Hey Saidi, gibt es nicht einen besseren oder spannenderen Weg, einen Geheimtipp, eine Abkürzung zum schnellen Reichtum?« Sprich: Gibt es nicht eine bessere Geldanlage, die noch mehr Gewinn abwirft, bei der der Vermögensaufbau nicht so lange dauert? Die Antwort ist klar und simpel: nein, nicht mit vertretbarem Risiko. Falls auch Du mir diese Frage stellen möchtest, dann behalt das Ziel unserer Tour im Auge: Du willst am Ende entspannt auf Deine Finanzen blicken können. Es geht nicht darum, schnell möglichst viel Geld anzuhäufen, sondern darum, langsam und nachhaltig ein Vermögen aufzubauen, sodass Du jederzeit gut abgesichert bist und im Alter entspannt davon leben kannst. In diesem Buch gibt es keinen Nervenkitzel durch Börsenzockerei oder kurzlebige Trendinvestments – das kannst Du gerne ausprobieren, aber bitte nur mit kleinem Geld. Denn das Ergebnis können tolle Gewinne sein, genauso kann das Ganze aber auch mächtig in die Hose gehen. Ich zeige Dir einen bewährten Weg, bei dem Du am Ende abgesichert und finanziell gut aufgestellt bist. Das Ziel ist, dass Du Dein Leben genießen kannst, ohne ständig Deine Finanzen im Kopf zu haben. Bist Du bereit? Dann lass uns jetzt loslegen!

Das Wichtigste in Kürze

- Finanzen können einfach sein – mithilfe des Finanztip-Prinzips. Mehr als Girokonto, Kreditkarte, Tagesgeldkonto und ETF-Depot brauchst Du nicht für Dein finanzielles Leben.
- Die 50:30:20-Regel hilft Dir, Deine Ausgaben im Blick zu haben: 50 % Deines Einkommens planst Du für Lebenshaltungskosten, 30 % für Spaß und Freizeit, die restlichen 20 % als Sparrate ein.

2

Nie wieder im Dispo: So baust Du mit einem Tagesgeldkonto Deinen Notgroschen auf

Bevor wir uns mit Altersvorsorge, Investieren in ETFs, alten Verträgen, die Du vielleicht im Ordner hast, und all den anderen Finanzthemen beschäftigen, die Dir vielleicht schon unter den Fingernägeln brennen, sorgen wir erst mal dafür, dass die Basis bei Dir stimmt. Dass Du Dir um alles, was kurzfristig und plötzlich auf Deinem Konto einschlagen kann, keine großen Sorgen machen musst. Daher geht es in diesem Kapitel darum, warum es so wichtig ist, sich einen »Notgroschen«, also einen Sicherheitspuffer mittels eines Tagesgeldkontos, aufzubauen. Wir erinnern uns: Das Tagesgeldkonto ist einer der vier Töpfe des Finanztip-Prinzips.

Meiner Erfahrung nach können die meisten Menschen beim Thema Tagesgeldkonto am leichtesten ins Tun kommen – also ihre Finanzplanung aktiv in die eigenen Hände nehmen und einen wichtigen Schritt in Richtung finanzieller Selbstbestimmung vorankommen. Die Beschäftigung mit dem Thema Girokonto ist beispielsweise nicht so dringend, denn das hast Du ja ohnehin schon. Wenn Du z.B. hohe Kontoführungsgebühren zahlst, ist das ärgerlich. Aber es geht erst mal darum, Deine Finanzstruktur, also Deine vier Töpfe gemäß dem Finanztip-Prinzip richtig aufzustellen. Gebühren und Kosten zu optimieren gehen wir konkret in einem späteren Kapitel an. Das gilt auch, wenn Du schon eine Kreditkarte hast, die vielleicht versteckte Gebühren hat. Auch zu der kommen wir noch (siehe Kapitel 9). Jetzt geht es erst einmal darum, zu verstehen, warum ein Tagesgeldkonto heutzutage absolut Pflicht ist.

Hattet Ihr früher zu Hause auch noch ein Sparschwein stehen? Auch wenn wir beim Gedanken daran vielleicht schmunzeln müssen, dieses altmodische Teil aus Keramik hatte schon seinen Sinn, denn jede Finanzplanung beginnt bei der Funktion eines Sparschweins: Als Erstes ist es wichtig, dass Du ausreichend Geld für unvorhergesehene Ausgaben auf die Seite gelegt hast, die sonst Dein Konto ins Minus reißen würden:

- Deine Waschmaschine oder das Auto gehen kaputt
- Deine Nebenkostenabrechnung liegt im Briefkasten und Du musst ordentlich was nachzahlen
- Du hast einen großen Versicherungsbeitrag vergessen
- das Finanzamt will mit dem Steuerbescheid überraschend eine dicke Steuernachzahlung.

All diese Dinge gehören zum Leben dazu – und manches kann echt Stress machen, wenn Du kein Geld auf der hohen Kante hast. Flattert eine solche Rechnung ins Haus, willst Du weder Dein Konto überziehen – denn wenn Du in den »Dispo« gehen musst, lässt sich das Deine Bank mit sehr hohen Zinsen bezahlen –, noch willst Du Deine Altersvorsorge angreifen. Also solltest Du so früh wie möglich damit beginnen, Rücklagen für solche Fälle zu bilden. Und das alte Sparschwein hatte auch den Sinn, dass Du nicht so schnell in Versuchung gerätst, an dieses Geld ranzugehen, um Dir spontan etwas zu gönnen, was Du vielleicht kurz danach schon wieder bereust. Natürlich ist ein Keramik-Sparschwein heutzutage nicht mehr up to date, und auch nicht das gute alte Sparbuch, auf dem Du kaum Zinsen bekommst. Die bessere Alternative ist ein Tagesgeldkonto, auf das Du regelmäßig Geld einzahlst.

Das moderne Sparbuch

Das Tagesgeldkonto ist ein Sparkonto, auf das Du Geld von Deinem Girokonto überweisen und an jedem Tag wieder zurücküberweisen kannst. Das Geld ist sicher angelegt, und es gibt Zinsen darauf. Du kannst flexibel darauf zugreifen – ideal, um Geld zu parken. Damit eignet es sich zum einen als Notgroschen für die unvorhergesehenen Ausgaben, etwa eine Nebenkosten-Nachzahlung oder eine Autoreparatur. Zum anderen kannst Du dort Geld für kurz- oder mittelfristige Sparziele beiseitelegen, vielleicht für den nächsten größeren Urlaub oder ein neues Fahrrad. Im Grunde kann man sagen: Immer, wenn Du Geld zur Seite legen willst, auf das Du kurzfristig wieder zurückgreifen möchtest, ist das Tagesgeldkonto die beste Lösung.

Auf Tagesgeldkonten ist Dein Geld im Vergleich zu Sparbüchern nicht nur besser verfügbar, bei guten Tagesgeldkonten kriegst Du auch vernünftige Zinsen – wenn Du Dir die richtige

Bank aussuchst. Denn Dein Tagesgeldkonto muss nicht bei der gleichen Bank sein, bei der Du auch Dein Girokonto hast. Oftmals gibt es bei anderen Banken deutlich attraktivere Zinsen. Außerdem hat es noch einen Vorteil, wenn Du Giro- und Tagesgeldkonto bei zwei verschiedenen Banken hast: Wie beim Sparschwein ist Dein Erspartes getrennt gelagert. Es kostet Dich Überwindung und eine aktivere Entscheidung, Dich bei Deinem Tagesgeld einzuloggen und Dir Geld aufs Girokonto zu überweisen. Ein Tagesgeldkonto, das bei Deinem Girokonto mit dabei ist, ist natürlich bequemer – erfordert aber mehr Disziplin Deinerseits.

Wieso ein Vergleich von Tagesgeldkonten lohnt, siehst Du hier:

Viele Tagesgeldkonten bieten niedrige Zinsen im Vergleich zu Finanztip-Empfehlungen und zur deutschen Inflationsrate

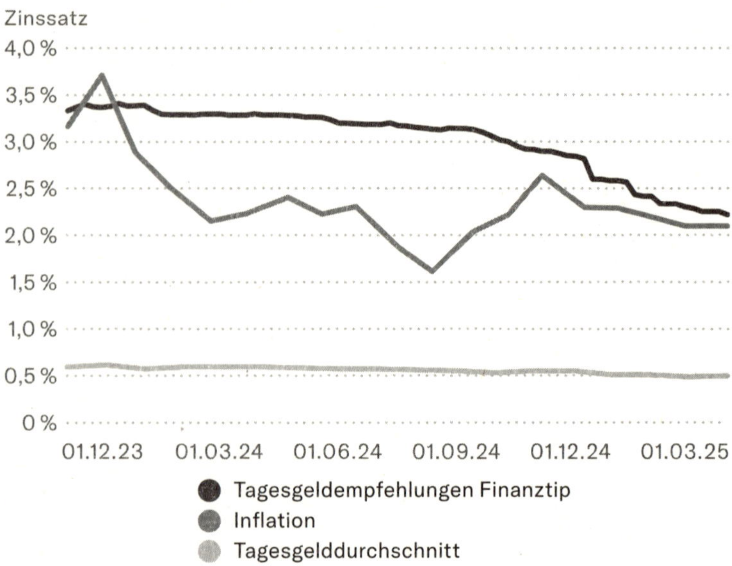

(Quelle: Bundesbank, Destatis, Finanztip)

Es gibt große Unterschiede bei den Zinsen: Viele Banken zahlen seit Jahren nur etwas mehr als 0,5 % im Jahr, wie die Daten der Bundesbank zeigen. Das ist kaum mehr als bei einem Sparbuch. Gute Tagesgeldkonten, wie wir sie bei Finanztip empfehlen, bieten dagegen viel höhere Zinsen, Mitte 2025 z. B. rund 2 %. Du kannst damit rechnen, dass die Zinsen guter Tagesgeldkonten langfristig im Bereich der Inflationsrate liegen werden – damit verliert Dein Geld dort zumindest nicht an Wert. Und da Du ja dort Dein Leben lang zumindest Deinen Notgroschen liegen haben wirst, macht es schon einen Unterschied, ob Du über Jahrzehnte nur 0,5 % oder 2 % kassierst.

Ein Tagesgeldkonto hast Du online relativ schnell eröffnet. Die Bank überprüft Deine Angaben entweder mittels Postident- oder Videoident-Verfahren, im Anschluss hast Du sofort Zugriff auf Dein Konto. Einmal eröffnet, nutzt Du dieses Konto, um Geld getrennt von Deinen laufenden Einnahmen und Ausgaben zu sparen. Du kannst regelmäßige Raten und auch einmalig größere Beträge einzahlen, Zinsen werden monatlich oder jährlich gutgeschrieben. Für mich persönlich ist es immer schön, auf meinem Handy die Nachricht zu bekommen, dass mir wieder Zinsen auf mein Tagesgeldkonto gutgeschrieben worden sind – auch wenn ich davon jetzt nicht reich werde.

Unsere laufend aktualisierten Empfehlungen für Tagesgeldkonten mit attraktiven Zinsen bei sicheren Banken findest Du hier:

Hast Du schon ein Tagesgeldkonto? Wenn nicht, dann ist genau *jetzt* die Gelegenheit, eines zu eröffnen – es dauert wirklich nur wenige Minuten. Mein erster Arbeitsauftrag an Dich lautet demnach: Erledige das jetzt und lies erst weiter, wenn Du ein Tagesgeldkonto eingerichtet hast. Leg doch das Buch kurz mal weg und kümmere dich direkt darum.

Da bist Du ja wieder! Prima, dann nennst Du jetzt ein Tagesgeldkonto Dein Eigen. Und wenn Du schon dabei bist, kannst Du auch gleich einen Dauerauftrag von Deinem Girokonto aus einrichten.

Sparen auf Autopilot

Einen Dauerauftrag kennst Du wahrscheinlich vom Bezahlen der Miete: Zu einem vorher festgelegten Zeitpunkt wird ein gleichbleibender Geldbetrag an das immer gleiche Konto überwiesen. Der Vorteil liegt auf der Hand: Du musst nicht jeden Monat daran denken, die Miete zu bezahlen – das wäre umständlich und kostet Zeit. Stattdessen lässt Du das Ganze automatisiert laufen und kannst es so von Deiner inneren To-do-Liste streichen. Gerade für Kredite und andere Schulden ist das wichtig, denn Du zahlst immer termingerecht und beugst so beispielsweise Mahngebühren vor. Daueraufträge kannst Du jederzeit schnell und unkompliziert online anlegen, ändern oder löschen – anders als beispielsweise eine Lastschrift. All diese Vorteile machen den Dauerauftrag perfekt, um ihn auch fürs Sparen zu nutzen: Du steckst Deine Scheine jeden Monat automatisiert ins Sparschwein aka Tagesgeldkonto.

Jetzt fragst Du Dich vielleicht: »Hört sich ja toll an – aber woher soll ich denn wissen, wie viel Geld diesen Monat zum Sparen übrig bleibt? Vielleicht gehe ich öfter essen, habe Bock auf Kino oder ...« Auch wenn wir unser Geld grob nach der 50:30:20-Regel verplanen können, läuft nicht jeder Monat nach Schema F. Es bleibt nicht immer gleich viel Geld übrig, das Du zur Seite legen könntest. Meine Lösung des Problems ist ein zentraler Perspektivwechsel in diesem Buch: In Zukunft versuchst Du nicht mehr verzweifelt, dass am Monatsende möglichst viel übrig bleibt – sondern Du drehst die Logik um. Ab heute sparst Du am Anfang des Monats einen festen Betrag weg – und gibst das aus, was noch auf Deinem Girokonto übrig bleibt.

Mit diesem Wechsel räumst Du dem Thema Sparen eine ganz neue Bedeutung in Deinem Leben ein: Es ist ab jetzt genauso wichtig wie alle anderen Fixkosten. Betrachte es als festen Teil Deines Budgets, neben Miete, Nebenkosten und Krankenversicherung. Das, was Du zur Seite legst, ist für Dich. Es ist Dein ganz persönliches Geld, das eben nicht an Deinen Vermieter, Deinen Stromanbieter oder den Supermarkt geht. Am Anfang des Monats bezahlst Du Dich erst mal selbst – indem Du für Dich sparst.

Auch hier möchte ich Dich dazu ermutigen: Bitte lies nicht erst das gesamte Buch durch mit der Absicht, dass Du das Gelesene dann anschließend umsetzt. Ruf am besten jetzt gleich Dein Girokonto auf und lege einen Dauerauftrag auf Dein Tagesgeldkonto an! Die Höhe ist im Grunde erst mal nebensächlich. Stell Dir einfach die Frage: »Was kann ich schaffen?« und entscheide wirklich spontan aus dem Bauch heraus. 50 €, 100 €, 200 € im Monat... rechne nicht lange herum, wie viel Du Dir leisten kannst, sondern lege eine Summe fest, die sich für Dich gut anfühlt. Es geht wirklich darum anzufangen, den ersten Schritt zu gehen – eben den Dauerauftrag anzulegen. Das Geld ist ja nicht weg, Du kannst es Dir jederzeit wieder vom Tagesgeld zurücküberweisen, wenn Du es brauchst. Oder Du kannst die Höhe des Dauerauftrags wieder ändern. Meiner Erfahrung nach wirst Du ohnehin dazu tendieren, den Dauerauftrag erst mal zu niedrig anzusetzen.

Egal, ob Du nun 50 € oder 150 € monatlich beiseitelegst, wichtig ist vor allem der Zeitpunkt: Der Dauerauftrag sollte von Deinem Konto abgehen, sobald Dein Einkommen, also Dein Gehalt, Dein BAföG o. Ä., eingegangen ist. Das ist bei den meisten Menschen der Monatsanfang. Wenn also Dein Konto gut gefüllt ist und gleichzeitig die Lastschriften für Strom u. Ä. abgehen, ist es auch der richtige Zeitpunkt für Dich, ausreichend Geld zur Seite zu legen. Den Rest kannst Du dann den Monat über ausgeben – und zwar diesmal vollkommen ohne Skrupel oder schlechtes Gewissen.

Aus den Augen, aus dem Sinn

Perfekt, Du nennst jetzt nicht nur ein Tagesgeldkonto Dein Eigen, sondern besparst es auch bereits mit einer fixen monatlichen Summe. Das war schon der erste Schritt für Deinen Vermögensaufbau! Du folgst hier dem Prinzip: Aus den Augen, aus dem Sinn. Denn auch, wenn Du Dir das Geld vom Tagesgeldkonto theoretisch jederzeit zurückholen kannst – Du wirst es wahrscheinlich nicht so schnell tun. Aus Erfahrung kann ich Dir sagen, diese paar Klicks sind wie eine unbewusste Hemmschwelle, die Dir hilft, mittelfristig ein kleines Polster anzusparen. Wenn das angesparte Geld auf dem Girokonto bliebe, würdest Du es wahrscheinlich im Laufe der Zeit einfach nebenbei ausgeben – einfach weil es verfügbar ist oder Du die Übersicht verlierst. Jetzt musst Du erst aktiv werden, um es Dir vom Tagesgeldkonto zu holen. Du gibst es also nicht so leicht aus, es sammelt sich beinahe ganz von allein dort an und wird stetig mehr. Dieses Prinzip ist natürlich nicht neu – im Grunde hat Omas Sparschwein genauso funktioniert: Wer hier regelmäßig sein Kleingeld reingesteckt hat, hat oft gar nicht genau gewusst, wie viel Geld eigentlich im Schweinchen war. Aber die Hürde, das Sparschwein zu plündern, war definitiv höher, als wenn das Kleingeld einfach im Geldbeutel bleibt. Genauso funktioniert das Aufbauen von Notgroschen und Sparpolster mit dem Tagesgeldkonto!

Wenn Dein Dauerauftrag mal ein paar Monate läuft, wirst Du wahrscheinlich sogar feststellen: Er entlastet Dich auch mental – den wichtigen Punkt »Sparen« hast Du gleich zum Monatsanfang erledigt. Dieses Gefühl, ein paar Rücklagen in der Hinterhand zu haben, entspannt Dich spürbar. Du brauchst den restlichen Monat nicht mehr zu überlegen, ob der Kinobesuch oder die neuen Schuhe noch drin sind, weil sonst am Ende des Monats wieder so wenig Geld zum Sparen übrig bleibt. Nein, das

Geld, was noch auf Deinem Girokonto liegt, kannst Du nun einfach ausgeben – für Essengehen, Klamotten oder andere Späße. Merkst Du was? Das ist ein ganz anderes Lebensgefühl! Du kannst das Leben genießen und musst nicht ständig Gewissensbisse beim Geldausgeben haben. Und damit hast Du auf unserer Tour den ersten Anstieg geschafft. Du kannst Dich aufrichten, Luft holen und den ersten Ausblick genießen – auf ein sich automatisch füllendes Sparschwein.

Falls Du dann doch einmal höhere Ausgaben in einem Monat haben solltest, kannst Du Dir jederzeit etwas vom Tagesgeld auf Dein Girokonto überweisen. Genau dafür ist es da. Merkst Du im Laufe der Zeit, dass Du ständig an Dein Tagesgeld gehen musst, ist Dein Dauerauftrag wahrscheinlich zu hoch. Passe ihn dann erst mal leicht nach unten an. Gleichzeitig solltest Du Deine Ausgaben auf den Prüfstand stellen. Wie das genau geht, erfährst Du in Kapitel 9. Vergiss bis dahin nicht: Du kannst die Höhe Deines Dauerauftrages jederzeit anpassen und so den optimalen Betrag für Deine Sparrate finden. Jetzt war es erst mal wichtig, dass Du angefangen hast, Dein Sparen zu automatisieren.

Adios Sparbuch

Hast Du noch irgendwo ein altes Sparbuch rumfliegen? Du bist nicht allein: In Deutschland gibt es noch Millionen Sparbücher bzw. Sparkonten, die kaum eine Verzinsung bringen. Hol erst mal das Geld runter und schicke es rüber auf Dein Tagesgeldkonto, wo Du wahrscheinlich das x-Fache an Zinsen bekommst. Wenn mehr als 6.000 € auf dem Sparbuch sind, solltest Du es gleich kündigen, denn oft kannst Du nur 2.000 € pro Monat vom Sparbuch abheben. Die Kündigungsfrist beträgt in der Regel drei Monate. Ein Sparbuch braucht in Zeiten von Tagesgeldkonten wirklich niemand mehr.

Sparen auf kleine und große Ziele

Nachdem wir die wichtigen ersten Schritte nun gegangen sind, sollten wir uns noch genauer anschauen, worauf es bei den Themen Notgroschen, Sparen und Zinsen ankommt. Grundsätzlich sollte Dein Ziel sein, dass sich auf Deinem Tagesgeldkonto ein Notgroschen von mindestens drei bis sechs Nettomonatseinkommen befindet. Wenn Du angestellt bist, sind drei Nettogehälter meist ausreichend. Bist Du dagegen selbstständig, brauchst Du wahrscheinlich einen größeren Sicherheitspuffer und solltest eher sechs Nettomonatseinkommen ansparen. Das ist nur eine grobe Faustregel. Je weiter Deine Lebenshaltungskosten über 50 % Deines Einkommens liegen, desto mehr Notgroschen solltest Du vorhalten.

Mit diesem Puffer stellst Du sicher, eine finanzielle Reserve für unvorhergesehene Ausgaben oder Notfälle zu haben. Ich nenne das Tagesgeldkonto auch das Anti-Drama-Konto: Jobverlust, Computer kaputt, Autopanne, Nachzahlung ans Finanzamt? Mit dem Notgroschen kannst Du finanzielle Engpässe überbrücken, ohne dass Du Dir teuer bei der Bank oder jemand anderem Geld leihen musst. Unberührt davon läuft der Dauerauftrag vom Girokonto aufs Tagesgeldkonto einfach weiter, sodass Du weiterhin Geld zur Seite legst und das Tagesgeldkonto wieder auffüllst. Gleichzeitig ist der Notgroschen Dein Puffer, falls Du vorübergehend keine Einnahmen hast, und bietet Dir ein gewisses Maß an finanzieller Sicherheit.

Verlierst Du Deinen Job, bekommst Du meist bis zu 12 Monate Arbeitslosengeld I. Das beträgt circa 60 % Deines Nettogehalts bzw. 67 %, falls Du Kinder hast. Was Dir über das Arbeitslosengeld hinaus an Geld fehlt, ist ein Fall für Deinen Notgroschen.

Früher oder später wird es nun so sein, dass Dein Notgroschen ausreichend gefüllt ist – Du hast dann die drei bis sechs Monatseinkommen beiseitegelegt und Dein Sparziel erreicht. Deinen Dauerauftrag lässt Du trotzdem weiterlaufen, denn das Tagesgeldkonto ist nicht nur die Parkstation für Deinen Notgroschen, hier sparst Du auch ein Budget für mittelgroße Ziele an. Das kann eine große Reise sein, ein neues Auto oder die spannende Weiterbildung – alles Dinge, die Du nicht einfach aus der Portokasse zahlen kannst. Dein Tagesgeldkonto ist der perfekte Ort für alles, was zwar planbar ist, aber noch ein bisschen Zeit braucht, bis es Realität wird. Hier kannst Du gezielt auf Deine kleinen und großen Wünsche hinarbeiten – ohne Stress und ohne Schulden. Auf meinem Tagesgeldkonto liegt in erster Linie genug Geld für ein neues (aber gebrauchtes) Auto, weil absehbar ist, dass meine alte Karre irgendwann den Geist aufgibt. Aber ich würde nur so viel Geld für das Auto ausgeben, dass mein Notgroschen auf dem Tagesgeldkonto nicht angekratzt wird. Der Notgroschen ist also das Fundament meines Tagesgeldkontos, die eiserne Reserve, die ich nicht ohne Not anfasse.

Was passiert, wenn Du auf Dein Tagesgeldkonto einzahlst, aber über längere Zeit nichts von diesem Geld brauchst? Lass es zunächst einmal liegen, denn es gibt ja weiterhin Zinsen darauf. Zu viel sollte es aber auch nicht werden auf dem Tagesgeldkonto. Da gibt's ja noch den anderen Geldanlagetopf im Finanztip-Prinzip: das ETF-Depot, mit dem wir uns in Kapitel 5 näher beschäftigen werden.

Notgroschen für Paare

Auch als Paar sollte jeder ein eigenes Tagesgeldkonto besitzen. Hier könnt Ihr unabhängig voneinander auf die kleinen und großen Ziele sparen.

Wenn Ihr zusammenwohnt, könnt Ihr natürlich auch einen gemeinsamen Notgroschen besparen bzw. anlegen. Hier legt Ihr Geld zur Seite, falls die Spülmaschine den Geist aufgibt oder Ihr eine Nebenkosten-Nachzahlung bekommt. Außerdem könnt Ihr für größere gemeinsame Anschaffungen und Reisen sparen.

Ist mein Geld wirklich sicher?

Auf dem Tagesgeldkonto kann Deinem Geld nichts passieren – es ist durch die staatliche Einlagensicherung gesichert. Denn ja, auch Banken können pleitegehen – und das ist gar nicht so selten und kann übrigens jeder Bank passieren, auch der Bank, bei der Du Dein Girokonto hast! Das ist aber keine Katastrophe, weil es eben die Einlagensicherung gibt. Sie schützt Sparer vor dem Verlust des Geldes, sollte eine Bank pleitegehen oder insolvent werden. Sie ist ein zentraler Teil des Bankensystems und sorgt dafür, dass Deine Einlagen bis zu einer gewissen Grenze abgesichert sind. In den meisten EU-Ländern sind pro Person und Bank Einlagen bis zu 100.000 € geschützt. Einlagen sind Gelder auf Konten aller Art wie z. B. Giro-, Tagesgeld- oder sonstigen Sparkonten. Konkret bedeutet das für Dich und Dein Geld: Pro Bank kannst Du 100.000 € sicher anlegen. Im Falle einer Bankenpleite wird Dir Dein Geld innerhalb von sieben Tagen erstattet. Übrigens ohne dass Du dafür einen Antrag stellen musst.

Wenn Du ein Gemeinschaftskonto mit Partnerin oder Partner hast, sind bei diesem für Euch zusammen 200.000 € abgesichert. Weiterhin werden immer alle Konten einer Bank zusammengerechnet. Wenn Du also Dein Girokonto und Dein Tagesgeldkonto bei derselben Bank hast, dann gilt die Einlagengrenze für beide Konten zusammengerechnet.

Manche Banken werben damit, dass sie weit mehr als 100.000 € absichern, teilweise sogar Millionenbeträge. Das sind freiwillige Absicherungen der Banken, auf die Du aber keinen rechtlichen Anspruch hast. Du solltest Dich immer nur auf die gesetzliche Sicherungsgrenze von 100.000 € verlassen. Für die wird letztlich der jeweilige Staat einspringen.

Wenn Du einen Blick auf unsere Finanztip-Empfehlungen für Tagesgeldkonten geworfen hast, kommen Dir vielleicht die Namen einiger Banken spanisch vor. Das liegt daran, dass Du ein Tagesgeldkonto nicht zwingend bei einer deutschen Bank eröffnen musst: Die gesetzliche Sicherung für 100.000 € pro Bank und Kunde gilt in der ganzen EU. In vielen Fällen gibt es gerade im europäischen Ausland Banken, die höhere Zinsen aufs Tagesgeldkonto geben als so manche deutsche Bank. Du solltest mit Deinem Geld aber nur zu einer Bank gehen, die ihren Sitz in einem sicheren Land hat – damit meine ich, dass die Staatsfinanzen grundsolide sind, etwa in Österreich, Schweden oder den Niederlanden (Stand 2025). In diesen Ländern kannst Du

Dich darauf verlassen, dass der Staat genug Geld hat, wenn es zu einer ganzen Welle von Bankenpleiten kommt. Bei Finanztip findest Du nur Banken aus solchen sicheren Ländern.

Ausbaustufen des Tagesgeld-Topfes

Im Rahmen des Finanztip-Prinzips rate ich, dass man mit möglichst wenigen Töpfen auskommen sollte – eigentlich brauchen wir nur ein Tagesgeldkonto, damit das System funktioniert. Hier parkst Du zum einen Deinen Notgroschen, zum anderen weitere Ersparnisse für das eine oder andere Extra. Vielleicht ist Dir das aber zu unübersichtlich: Du möchtest ein Konto haben, auf dem ausschließlich Dein Notgroschen liegt – einfach, um Deine eiserne Reserve wegzuschließen. Dieses Tagesgeldkonto sollte dann erst recht bei einer anderen Bank als Dein Girokonto sein – Motto »Aus den Augen, aus dem Sinn«.

Darüber hinaus möchtest Du vielleicht ein zweites Konto haben, auf dem Du für die nächste größere Ausgabe sparst – der nächste Urlaub, Fahrrad, Auto, was eben so ansteht. Dort könntest Du sogar langsam das Eigenkapital für eine Immobilie ansparen, denn auch dieser Posten gehört in den meisten Fällen auf ein Tagesgeldkonto. Dafür kannst Du ein zweites Tagesgeldkonto eröffnen, als Sparkonto. Kostet ja nichts, ist nur etwas mehr Verwaltungsaufwand. Der Vorteil ist vor allem, dass Du auf einen Blick siehst, wie viel Du schon für Dein Ziel angespart hast.

Eine weitere Ausbaustufe wäre ein Spaßkonto. Du erinnerst Dich vielleicht, dass ich im Laufe dieses Kapitels gesagt hatte: Wenn Du das Sparen am Monatsanfang mithilfe eines Dauerauftrages automatisierst, kannst Du den Rest des Geldes guten Gewissens ausgeben. Gehörst Du zu den Menschen, denen das eher schwerfällt? Dann könntest Du Dir ein weiteres separates

Konto eröffnen und Dir dort immer zum Monatsersten eine Art Taschengeld überweisen. Das kann entweder ein weiteres Tagesgeldkonto oder auch ein kostenloses Girokonto sein, das Du nur für solche Freizeitausgaben verwendest. So hast Du Dein Budget im Griff, ohne Dein Hauptkonto zu belasten, und kannst Dir guten Gewissens kleinere Extras leisten. Vielleicht lautet die Regel ja sogar: Dieses Konto soll am Monatsende immer bei null stehen. Gönn Dir was!

Bei manchen Banken gibt es auch die Möglichkeit, Unterkonten zu Deinem Girokonto anzulegen. Das sind ebenfalls gute Möglichkeiten, ein Spar- und/oder ein Spaßkonto zu führen. Aber behalte im Auge, ob Du auf solche Unterkonten vernünftige Zinsen bekommst und ob sich ein extra Spar-Tagesgeldkonto nicht doch mehr lohnt.

Ob Du mit mehreren Töpfen besser klarkommst oder Dir ein einzelnes Konto reicht, ist Typsache. Probier's einfach aus und schau, was sich für Dich stimmiger anfühlt.

Das Wichtigste in Kürze

- Als finanzielles Polster für unvorhergesehene Ausgaben, als Notgroschen solltest Du drei bis sechs Nettogehälter auf der Seite haben.
- Der richtige Ort für dieses Geld ist ein Tagesgeldkonto. Das Geld liegt dort sicher und ist jederzeit kurzfristig verfügbar. Plus: Es gibt sogar Zinsen.
- Hier sparst Du auch auf mittelgroße Ziele wie den nächsten Urlaub, ein neues Fahrrad & Co.

3

Komme, was wolle: Welche Versicherungen Du wirklich brauchst

Juckt es Dich schon in den Fingern, Deine Geldanlage weiter anzugehen? Sehr gut – behalte diesen Impuls bei, denn wir werden auch in den folgenden Kapiteln weiter nach der Maxime »Endlich ins Tun kommen« vorgehen. Aber ich möchte Dir dringend ans Herz legen, Dich jetzt zuerst mit dem Thema Versicherungen auseinanderzusetzen. Denn ein einziger Schicksalsschlag wie ein schlimmer Fahrradunfall reicht aus, um Dein Leben finanziell völlig aus dem Ruder laufen zu lassen – sofern Du nicht dagegen versichert bist. Lass uns also kurz innehalten und uns darum kümmern, dass Du den Weg in Deine finanzielle Zukunft gut abgesichert gehen kannst.

Gerade in Deutschland kann das Überangebot an Versicherungen sehr verwirrend, manchmal sogar absurd sein. Du willst Brille, Reisegepäck oder einen Oktoberfestbesuch versichern? Kein Problem, Versicherungsunternehmen (er)finden alle möglichen Risiken, die Du absichern könntest. Und der Gedanke, dass wirklich etwas Schlimmes passieren könnte, ist alles andere als schön. Auch ich denke nicht gerne darüber nach, was es für finanzielle Folgen vor allem für meine Familie hätte, wenn ich schwer erkranken würde. Aber ich habe für die größten Risiken vorgesorgt.

Stellen wir uns also den Sorgen: Sollte wirklich der Ernstfall eintreten – Du wirst krank oder verursachst einen schlimmen Unfall –, kann das im schlimmsten Fall Deinen kompletten Vermögensaufbau und Dein Wohlergehen zunichtemachen. Fällt plötzlich Dein Einkommen wegen Krankheit weg oder musst Du an jemanden hohe Entschädigungen bezahlen, stehst Du schnell vor einem finanziellen Scherbenhaufen. Genau jetzt kommen Versicherungen ins Spiel: Sie schützen Dich vor den wirklich großen Risiken im Leben. Natürlich rede ich hier nicht von jeder kleinen Police, sondern von den essenziellen Absicherungen, die Dich und Deine Finanzen im Ernstfall retten können. Es geht darum, dass Du in jedem Fall die Kontrolle über Deine finanzielle Zukunft behältst.

In Deutschland sind wir typischerweise sehr empfänglich für das Thema Versicherungen und haben eher zu viele als zu wenige davon. Unbedingt freiwillig abschließen solltest Du aber nur mindestens drei (ich habe auch nur drei) und je nach Deiner Lebenssituation noch die eine oder andere zusätzlich. Gleichzeitig werden einige Versicherungen angeboten, die Du nicht brauchst, vielleicht aber sogar schon hast. Versicherungen lassen sich also in folgende Kategorien einteilen:

- Versicherungen, die gesetzlich Pflicht sind
- Versicherungen, die (fast) alle unbedingt haben sollten

- Versicherungen, die in bestimmten Lebenssituationen sehr wichtig sind
- Versicherungen, bei denen es auf Dein persönliches Sicherheitsbedürfnis ankommt
- Versicherungen, die Du abschließen, aber auch getrost links liegen lassen kannst.

Gesetzliche Pflichtversicherungen

Einige Versicherungen hast Du schon, weil sie gesetzlich vorgeschrieben sind: Du bist mit Sicherheit kranken- und pflegeversichert. Wenn Du angestellt bist, zahlst Du normalerweise in die gesetzliche Renten- und die Arbeitslosenversicherung ein. Außerdem musst Du, sofern Du ein Auto hast, eine Kfz-Haftpflichtversicherung haben.

Der Staat verpflichtet Dich also schon zu einigen wichtigen Absicherungen. So weit, so gut – aber tatsächlich reichen sie nicht aus. Deshalb stelle ich Dir im Folgenden Versicherungen vor, bei denen Du selbst aktiv werden musst. Hast Du hinter die wichtigsten Versicherungen einen Haken gemacht, brauchst Du Dich erst mal nicht mehr darum zu kümmern. Erst, wenn sich in Deinem Leben etwas wesentlich ändert – zum Beispiel wenn Du heiratest, eine Familie gründest oder ein Haus kaufst –, solltest Du das Ganze den neuen Lebensumständen anpassen.

Schließe wichtige Lücken bei Deinen Versicherungen mithilfe unseres Finanztip-Check-ups:

Versicherungen, die (fast) jeder haben sollte

Eine der wichtigsten Versicherungen ist die **private Haftpflichtversicherung.** Sie kommt für Schäden auf, die Du oder jemand aus Deinem Haushalt bei anderen Leuten verursachst – gemeint sind die kleinen und großen blöden Dinge, die im Leben passieren können. Dir fällt das Handy von jemand anderem herunter und das Display zerbricht? Natürlich musst Du den Schaden ersetzen – allerdings kommt Deine Haftpflicht für den Schaden auf. Oder viel schlimmer: Stell Dir vor, Du schaust beim Überqueren der Straße auf Dein Handy und übersiehst einen Radfahrer, der beim Ausweichen schwer stürzt – dafür bist Du voll haftbar und musst nicht nur Schmerzensgeld zahlen, sondern auch seinen Einkommensausfall ersetzen.

Auch hier schützt Dich Deine Haftpflicht vor den finanziellen Folgen. Die können, gerade wenn Personen zu Schaden kommen, siebenstellig werden und Dich in den Ruin treiben. Deshalb deckt eine gute Haftpflicht Schäden in zigfacher Millionenhöhe ab. Eine gute Haftpflicht zeichnet sich außerdem dadurch aus, dass sie garantiert immer die jeweils gleichen Leistungen wie der beste Tarif der Konkurrenz zahlt (Best-Leistungs-Garantie).

Eine Haftpflichtversicherung, selbst für Deine ganze Familie, kannst Du bereits für um die 50 € pro Jahr abschließen. Selbstredend habe ich eine und konnte sie gut gebrauchen, als mein Sohn mit dem Fahrrad einen fetten Kratzer in einen geparkten

Audi gefahren hat: Kostenpunkt 3.000 €, auf denen ich ohne Versicherung sitzen geblieben wäre.

Falls Du bereits eine Haftpflichtversicherung hast: Vergleiche alle zwei bis drei Jahre die Beiträge, denn ein Wechsel kann sich lohnen. Die Tarife verbessern sich stetig, manchmal sinken die Beiträge. Laufend aktualisierte Finanztip-Empfehlungen findest Du bei uns auf der Webseite. Falls Du noch keine private Haftpflicht hast, dann ist wieder Buchweglegen angesagt: Schließ jetzt eine online ab und lies erst danach weiter.

Haftpflicht für Paare

Sobald Ihr zusammenwohnt, könnt Ihr Euch gemeinsam versichern – das ist meist günstiger, als wenn jeder eine eigene Haftpflichtversicherung hat. Ihr braucht dafür nicht verheiratet zu sein, ein gemeinsamer Wohnsitz reicht aus. Seid Ihr nicht verheiratet, sollten beide Partner namentlich im Versicherungsschein eingetragen sein.

Habt Ihr beide bereits eine Haftpflichtversicherung, könnt Ihr den älteren Vertrag auf einen Paar-Tarif umstellen. Den jüngeren Vertrag könnt Ihr fristlos kündigen.

Kommen wir gleich zur zweiten Versicherung, die für Dein finanzielles Leben essenziell ist, nämlich zur **Auslandskrankenversicherung.** Wenn Du beim Skifahren stürzt oder in Übersee schwer erkrankst, vermiest das nicht nur den Urlaub, es drohen Dir auch hohe Kosten: In Spanien zahlst Du für einen Tag im Krankenhaus leicht 1.000 €, für eine akute Operation in der Türkei schon mal 16.000 €, und ein einzelner Krankenhaustag in den USA kostete die Debeka Krankenversicherung 194.000 €. Grundsätzlich zahlt bei Reisen in die EU, in die Türkei und in einige andere europäische Länder zwar auch die gesetzliche Krankenversicherung, allerdings meist nur einen Bruchteil der Behandlungskosten – nämlich nur das, was die dortige Krankenversicherung übernehmen würde. Das ist oft nicht viel. Gerade bei schweren Verletzungen oder wenn eine Operation notwendig sein sollte, kann es aber medizinisch sinnvoll sein, sich zu Hause behandeln zu lassen. Ein medizinischer Rücktransport allerdings wird von der gesetzlichen Krankenkasse nie übernommen und kann mehrere Zehntausend Euro kosten.

Kriegst Du bei solchen Summen auch direkt Bauchschmerzen? Keine Sorge, eine gute Auslandskrankenversicherung kostet pro Person um die 10 € im Jahr – ein Klacks im Vergleich zum Risiko, das Du ohne eingehen würdest. Sie gilt für Urlaubsreisen von sechs bis zehn Wochen (je nach Tarif), erstattet Dir Kosten für ambulante und stationäre Behandlungen und zahlt den medizinisch sinnvollen Rücktransport ins Heimatland. Falls Du es vergessen hast, kannst Du sie sogar noch online am Flughafen abschließen. Natürlich habe ich meine Auslandskrankenversicherung auch bei einer unserer Finanztip-Empfehlungen abgeschlossen, sodass wir während unseres letzten USA-Urlaubs optimal abgesichert waren.

Kommen wir noch zur dritten Versicherung, die Du unbedingt haben solltest: die **Berufsunfähigkeitsversicherung (BU).** Ich gebe zu, die BU ist mit Abstand die komplizierteste der wichtigen Versicherungen, aber sie deckt das wichtigste Element in Deinem finanziellen Leben ab, nämlich Dein Einkommen.

Für ein neues Auto würdest Du wahrscheinlich immer eine Vollkaskoversicherung abschließen. Was ist mehr wert: ein neues Auto oder Dein Einkommen? Okay, rhetorische Frage, denn schließlich reden wir über Dein Einkommen für den Rest Deines Arbeitslebens. Je nach Qualifikation liegt das wahrscheinlich bei insgesamt 1 bis 2 Millionen Euro! Wie wäre es also mit einer Vollkaskoversicherung für Dein Einkommen?

Die BU springt ein, wenn Du aus gesundheitlichen Gründen längere Zeit nicht arbeiten kannst und dadurch kein Geld mehr verdienst. Ohne diese Absicherung kann ein längerer Ausfall Deines Einkommens schnell Deine gesamte finanzielle Zukunft in Gefahr bringen. Da wird auch Dein Notgroschen nicht mehr reichen. Eine BU zahlt Dir in solchen Fällen eine monatliche Rente, die Dir hilft, Deinen Lebensstandard zu halten.

Wahrscheinlich kannst (und willst) Du Dir gar nicht vorstellen, dass Du einmal schlimm krank und damit berufsunfähig wirst. Verstehe ich, daran denkt niemand gerne. Deswegen unterschätzen auch viele Menschen das Risiko, im Laufe ihres Arbeitslebens aus gesundheitlichen Gründen ihren Beruf nicht mehr ausüben zu können. Tatsächlich ist aber das Risiko, im Beruf einmal für längere Zeit auszufallen, gar nicht so gering: Nach Daten der Deutschen Rentenversicherung fällt jeder Vierte während seines Erwerbslebens längerfristig aus. Dafür gibt es viele Gründe.

Ursachen für Berufsunfähigkeit

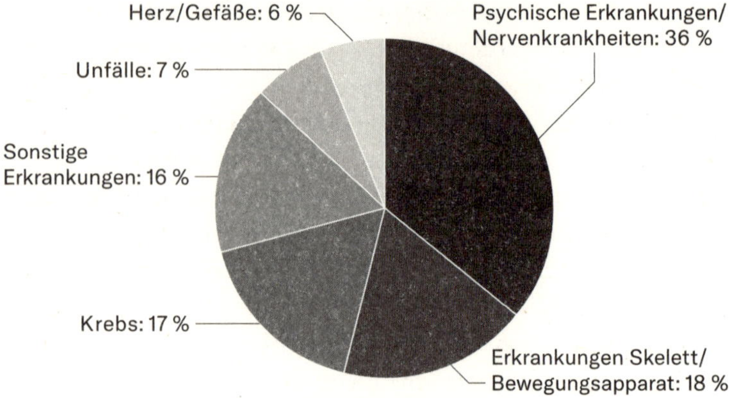

(Quelle: Morgen & Morgen, Mai 2025)

Die häufigsten Gründe für eine Berufsunfähigkeit sind psychische Erkrankungen wie Depressionen oder Burn-out mit mehr als 36%, gefolgt von Rückenleiden, Krebs, Herzinfarkt und Schlaganfall. Unfälle machen nur gut 7% aus. Fazit: Auch wenn Du im Büro arbeitest, kannst Du berufsunfähig werden. Ein wichtiges Fazit:

Im Krankheitsfall springt natürlich zunächst die Krankenkasse ein: In den ersten sechs Wochen bekommst Du als Angestellter Dein Gehalt weiter, im Anschluss von der Krankenkasse für maximal 72 Wochen Krankengeld. Dann gibt's noch die Erwerbsminderungsrente vom Staat, aber die ist erstens schwer zu bekommen, und zweitens reicht die in den meisten Fällen bei Weitem nicht aus.

Eine BU zahlt die im Vertrag vereinbarte monatliche Rente, wenn Du Deinen letzten Job für voraussichtlich mindestens sechs Monate nicht mehr machen kannst. Diese Rente sollte so hoch sein, dass mindestens Deine Lebenshaltungskosten und Deine Altersvorsorge gedeckt sind. Eine gute Faustregel sind gemäß der 50:30:20-Regel 80% Deines Nettoeinkommens, sodass Du noch etwas Spielraum hast. Berufsunfähig bedeutet meist nicht, schwer krank im Krankenhaus zu liegen, sondern viel Zeit zu Hause zu verbringen.

Ich verstehe nur zu gut, wenn Dir der Gedanke an Dein berufsunfähiges Ich mehr als unangenehm ist. Trotzdem solltest Du Dich frühzeitig mit diesem Thema auseinandersetzen, denn hier gilt wieder: Hast Du bisher keine BU abgeschlossen und arbeitest, dann geh die Sache am besten *jetzt* an. Je jünger Du bist, desto niedriger sind die Beiträge und desto größer ist die Wahrscheinlichkeit, dass Du sie überhaupt bekommst. Je älter Du wirst, desto wahrscheinlicher hast Du das eine oder andere Wehwehchen. Das macht die BU nicht nur teurer, sondern kann im schlimmsten Fall sogar dazu führen, dass Du keine BU mehr abschließen kannst. Wenn Du beispielsweise in den letzten fünf Jahren eine Psychotherapie gemacht hast, musst Du unter Umständen warten, bis die Therapie länger zurückliegt.

Ich habe mich um meine BU recht bald nach dem Studium gekümmert. Je nach Beruf ist es sogar sinnvoll, dass Du schon im Studium oder in der Ausbildung eine BU mit niedriger Rente abschließt, die Du später aufstockst. Auch ich habe meine BU nach und nach erhöht.

Leider ist eine BU nicht einfach mal schnell online abgeschlossen. Du musst einen Gesundheitsfragebogen ausfüllen, in dem Du nach Deinem aktuellen Gesundheitszustand, vergangenen Erkrankungen und Behandlungen sowie eventuellen Risikofaktoren, etwa gefährlichen Hobbys, gefragt wirst. Diese Angaben sind entscheidend, da der Versicherer auf Basis Deiner Antworten beurteilt, ob und zu welchen Bedingungen er Dir eine BU anbietet. Damit Du nicht aus Versehen falsche Angaben machst, solltest Du Dich bei Deinen Ärzten und Deiner Krankenkasse informieren, was genau in Deinen Krankenakten steht. Klingt kompliziert? Der Vorgang ist leider tatsächlich nervig, aber wichtig!

Deshalb rate ich Dir in Bezug auf die BU auch, sie bei einem kompetenten Versicherungsmakler abzuschließen. Er kann Dich beraten, welcher Tarif für Dich der richtige ist. Außerdem wird er bei mehreren Versicherern Anfragen starten, wenn der Abschluss bei Dir schwierig wird, oder Dich über Alternativen zu einer BU aufklären. Unsere Redaktion überprüft regelmäßig kompetente BU-Makler auf ihre Qualifikation, sodass Du dort, auch online, eine seriöse Beratung bekommen kannst.

Die BU ist wahrscheinlich mit Abstand die teuerste private Versicherung, die Du haben wirst. Je nachdem, in welchem Beruf Du arbeitest, wird Dich eine anständige Absicherung mindestens 50 €, durchaus auch 100 € im Monat kosten – und bei körperlich anstrengenden Berufen sogar deutlich mehr. Aber überleg mal, wie viele Tausende Euro Du von einer BU ausgezahlt bekommst, wenn Du wirklich ein paar Jahre aus dem Erwerbsleben raus bist. So viel lässt sich in der Zwischenzeit praktisch nicht ansparen, vor allem weil Dir ein Ausfall ja schon nach wenigen Jahren passieren kann. Mit diesen Versicherungskosten investierst Du in Deine finanzielle Sicherheit. Im Ernstfall kann das darüber entscheiden, ob Du sorgenfrei weiterleben kannst oder in ernste finanzielle Schwierigkeiten gerätst.

Versicherungen, die Du in bestimmten Lebenssituationen brauchst

Neben diesen drei Versicherungen, die praktisch alle Berufstätigen haben sollten, gibt es noch einige weitere, die abhängig von Deinen Lebensumständen essenziell sein können.

Besitzt Du beispielsweise eine eigene Immobilie, ist sie wahrscheinlich das Wertvollste, das Du besitzt. Entsprechend musst Du sie mit einer **Wohngebäudeversicherung** absichern. Diese Versicherung schützt Dich vor Kosten, die Sturm, Hagel, Feuer, Leitungswasser oder – gerade in Zeiten des Klimawandels besonders wichtig – die sogenannten Elementarschäden wie Überschwemmungen, Hochwasser oder Erdrutsche verursachen können. Solltest Du bereits eine Immobilie und damit verbunden eine Wohngebäudeversicherung Dein Eigen nennen, dann prüfe mal, wie gefährdet Dein Haus durch Elementarschäden ist, und versichere diese gegebenenfalls, auch wenn das ziemlich teuer ist.

Wie bei jeder Versicherung empfehle ich Dir, mehrere Angebote zu vergleichen, gerade auch, damit Du einen besseren Tarif bekommst.

Hast Du Kinder oder zahlst einen Hauskredit ab? Dann müssen wir unbedingt über etwas sehr Ernstes sprechen, das sich niemand gerne vorstellt: Was passiert, wenn Du plötzlich sterben solltest?

Also: Ist Deine Familie oder Dein Partner auf Dein Einkommen angewiesen, dann solltest Du vorsorgen, damit sie nicht auf dem Trockenen sitzen, wenn Dir etwas zustößt. Insbesondere wenn Du einen (Haus-)Kredit abzahlst, sollten dann Deine Hinterbliebenen nicht auf einem Berg Schulden sitzen bleiben. Dabei hilft eine **Risikolebensversicherung:** Im Falle Deines Todes wird eine vorher festgelegte Summe an Deine Hinterbliebenen ausgezahlt. Mit diesem Geld können Deine Liebsten dann beispielsweise den Kredit tilgen. Oder Dein Partner muss nicht so viel arbeiten und kann sich weiter um die Kinder kümmern. So stellst Du sicher, dass Deine Familie in Eurem Haus bleiben kann oder die Ausbildung Deiner Kinder finanziell abgesichert ist.

Die Kosten für diese Versicherung hängen vor allem von der Versicherungssumme und der geplanten Laufzeit ab. Außerdem kommt es auf Dein Alter, Deinen Gesundheitszustand und Deine Hobbys an. Erledige das Ganze am besten gleich – es wird sich enorm gut anfühlen, wenn Du Dich für Deine Nächsten darum gekümmert hast.

Ebenfalls zu den nicht so schönen Vorstellungen gehört die Möglichkeit, dass Du lange krank sein könntest. Bist Du angestellt und gesetzlich versichert, erhältst Du dann Krankengeld – davon haben wir ja weiter oben schon gesprochen. Gerade wenn Du gut verdienst, liegt das aber deutlich unter Deinem Nettoeinkommen. Ähnlich wie bei der BU muss mindestens für Deine Lebenshaltungskosten und Deine Altersvorsorge gesorgt sein. Wenn sich da eine erhebliche Lücke auftut, dann solltest Du die über eine **Krankentagegeldversicherung** abdecken. Die ist dafür da, wenn Du nach sechs Wochen kein Gehalt mehr vom Arbeitgeber bekommst, aber nicht gleich berufsunfähig bist. Bist Du privat versichert, hast Du in aller Regel bereits ein Krankentagegeld. Aber auch hier solltest Du prüfen, ob das ausreicht. Bist Du selbstständig und gesetzlich versichert, hast Du die Wahl zwischen Krankengeld und zusätzlichem Krankentagegeld.

Jetzt kommen wir endlich wieder zu den schönen Seiten des Lebens: Hast Du einen vierbeinigen Freund? Für den brauchst Du in jedem Fall eine gute **Hundehaftpflichtversicherung.** In vielen Bundesländern ist sie ohnehin Pflicht – ganz einfach weil ein Hund jederzeit Schäden verursachen kann, für die Du als Halterin bzw. Halter voll haftest, und zwar unbegrenzt. Ob Dein Hund beim Spielen jemandem das Handy aus der Hand schlägt, eine ältere Person zu Fall bringt oder gar auf die Straße läuft und einen Unfall verursacht – die Kosten können schnell in die Tausende oder sogar Hunderttausende gehen und sind nicht von Deiner privaten Haftpflichtversicherung abgedeckt.

Eine Hundehaftpflicht ist überraschend günstig, sie kostet meist nur ein paar Euro im Monat.

Diese Versicherungen kannst Du machen – oder hoffen, dass Dir nichts passiert

Eine Versicherung ist immer eine Risikoabwägung. Bei allen Versicherungen, die ich Dir bisher vorgestellt habe, ist der potenzielle Schaden viel zu hoch, als dass Du auf den Versicherungsbeitrag verzichten solltest: Tod, schwere Krankheit oder schlimme Verletzung eines anderen sind Katastrophen, die den finanziellen Ruin bedeuten können.

Nun gibt es aber eine ganze Reihe solcher Abwägungen, bei denen Du letztlich selbst entscheiden musst, ob Du das Geld für eine Versicherung ausgeben oder ob Du es lieber sparen willst. Ein typisches Beispiel dafür ist die **Zahnzusatzversicherung.** Ja, bei uns allen gehen irgendwann wahrscheinlich die Zähne kaputt, Zahnersatz kostet schnell Tausende Euro, und die gesetzliche Krankenkasse übernimmt nur einen Bruchteil, vor allem wenn Du eine gute Versorgung willst. Entsprechend hoch sind die Beiträge einer Zahnzusatzversicherung, meistens zwischen 20 € und 40 € im Monat. Entweder rechnest Du persönlich damit, dass bei Deinen Zähnen in den nächsten Jahren etwas Größeres anfällt – dann solltest Du eine gute Zahnzusatzversicherung abschließen. Oder Du setzt darauf, dass Deine Zähne noch viele Jahre gut bleiben und sparst die 20 € bis 40 € monatlich weg, sodass Du in vielen Jahren davon eine Zahnarztrechnung von mehreren Tausend Euro zahlen kannst.

Sehr beliebt in Deutschland ist außerdem eine **Hausratversicherung.** Mit ihr kannst Du Schäden an Deinem beweglichen Hab und Gut versichern: Möbel, Elektronik, Teppiche oder Kleidung. Stell gedanklich Deine Wohnung oder Dein Haus auf den Kopf: Alles, was rausfällt, ist Dein Hausrat. Hier sind die entscheidenden Fragen: Wie teuer ist Deine Einrichtung? Könntest Du Deinen Hausrat im Schadensfall problemlos neu kaufen? Wie hoch ist überhaupt das Risiko eines Schadens? Wenn Du relativ günstige Möbel hast, die Du im Falle eines Brandes leicht ersetzen könntest, kannst Du im Grunde darauf verzichten. Hast Du Dich dagegen hochwertig eingerichtet, ist eine Hausratversicherung keine schlechte Idee.

Ebenfalls beliebt ist eine **Rechtsschutzversicherung.** Ja, ein Rechtsstreit mit den entsprechenden Anwaltskosten kann ziemlich teuer werden. Aber auch die passende Versicherung ist mit mehreren Hundert Euro pro Jahr alles andere günstig. Und die Wahrscheinlichkeit, in einen Gerichtsprozess verwickelt zu werden, ist geringer, als Du vielleicht denkst: In einer repräsentativen Umfrage der Roland Rechtsschutzversicherung gaben Ende 2023 nur 23% der Befragten an, in den letzten zehn Jahren als Kläger, Beklagter oder Zeuge an einem Gerichtsprozess beteiligt gewesen zu sein. Bedenke bei Deiner Überlegung, ob Du dieses Risiko absichern willst, dass Dich Deine private Haftpflichtversicherung gegen unberechtigte Schadensersatzforderungen schützt.

Eine **Unfallversicherung** wird in Deutschland sehr oft verkauft. Dass Du nach einem Unfall medizinisch versorgt wirst, ist erst mal Sache Deiner Krankenversicherung. Eine Unfallversicherung zahlt vor allen Dingen, wenn Du nach einem Unfall dauerhafte Einschränkungen davonträgst. Sollten diese Einschränkungen dazu führen, dass Du zumindest teilweise nicht arbeiten kannst, dann ist das allerdings ein Fall für Deine BU. Wenn Du mich fragst, brauchst Du eine Unfallversicherung nur dann, wenn Du ein besonders gefährliches Hobby (etwa Motorradfahren oder Mountainbiken) hast oder keine BU bekommen kannst.

Wenn wir schon bei unbequemen Wahrheiten sind: Das Risiko, dass Du ein **Pflegefall** wirst, ist relativ hoch. Bereits heute ist rund die Hälfte der 85- bis 90-Jährigen auf Pflege angewiesen, ab 90 Jahren betrifft es sogar etwa drei Viertel. Ein Pflegeheimplatz kostet im Schnitt rund 2.500 € monatlich – das ist der Anteil, den die gesetzliche Pflegeversicherung nicht zahlt. Klar, möglicherweise lässt sich ein Eigenheim im Ernstfall zu Geld machen. Doch allein das zeigt: Pflegekosten können einen erheblichen Teil des Vermögens aufzehren – und damit auch das potenzielle Erbe der Kinder deutlich schmälern.

Vorsorgen kannst Du grundsätzlich auf zwei Wegen. Eine Pflegezusatzversicherung kostet recht hohe Beiträge, deckt aber eben auch ein großes Risiko ab. Wenn Du das Thema aber früh genug für Dich erkennst, kannst Du alternativ mehr Altersvorsorge ansparen und Deine Pflegekosten dann gegebenenfalls davon bezahlen. Solltest Du nicht Pflegefall werden, bleibt mehr für Deine Erben übrig. Letzteres ist mein Plan.

Es gibt noch zahlreiche weitere Versicherungen, die sehr gerne verkauft werden. Wenn Du Dich dazu informieren willst, findest Du auf finanztip.de einen guten Überblick.

Wenn Du Dich mit diesen Versicherungen auseinandergesetzt hast, sind die größten finanziellen Risiken in Deinem Leben abgedeckt, und in Kombination mit Deinem Notgroschen hast Du – zumindest aus finanzieller Sicht – alles Mögliche getan, damit Du ruhig schlafen kannst.

Das Wichtigste in Kürze

- Essenziell, um im Notfall Dein finanzielles Leben abzusichern, sind: private Haftpflichtversicherung, Auslandskrankenversicherung und Berufsunfähigkeitsversicherung
- Daneben brauchst Du je nach Lebenssituation unbedingt: Wohngebäudeversicherung, Risikolebensversicherung, Krankentagegeldversicherung, Hundehaftpflichtversicherung

4

Unbeschwert in die Zukunft: Wie Du Schulden loswirst und verhinderst

Bald kann es losgehen mit der Altersvorsorge – wir haben bereits dafür gesorgt, dass wir einen Notgroschen aufbauen und uns mit sinnvollen Versicherungen beschäftigt. Nun sollten wir noch über ein Thema sprechen, das vielen Menschen große Sorgen bereiten kann: Schulden. Bevor wir große Pläne für die Zukunft schmieden, sollten wir uns von diesem Ballast befreien. Lass uns zunächst einmal anschauen, was Schulden eigentlich sind und ob sie immer schlecht sein müssen.

Gute und schlechte Schulden

Schulden bedeuten, dass Du Dir etwas geleistet hast, wofür Du Dir Geld geliehen hast oder leihen musstest. Für kleinere Beträge nutzt Du hier vielleicht den Dispo, den Überziehungskredit Deines Girokontos. Oder Du wählst »Kauf auf Raten« bzw. »Kauf auf Rechnung« im Einzelhandel. Für größere Beträge nimmst Du dagegen bei einer Bank einen Kredit mit einer bestimmten Laufzeit auf. In jedem Fall musst Du das geliehene Geld früher oder später zurückzahlen - inklusive Zinsen. Deshalb solltest Du in jedem Fall darauf achten, dass Du Dir die Raten, also das Abzahlen des Kredits, aller Wahrscheinlichkeit nach leisten kannst.

Ein Beispiel: Du brauchst ein neues Auto und nimmst dafür einen Kredit von 10.000 € über fünf Jahre auf. Die monatliche Rate von 197 € aus der Werbung kommt Dir bezahlbar vor. Dahinter steckt aber ein effektiver Zinssatz von 7 % pro Jahr. Nach 60 Monaten ist der Wagen abbezahlt, aber neben den geliehenen 10.000 € hast Du 1.819 € an Zinsen gezahlt. Autsch, so günstig war das Auto dann doch nicht, oder?

Schulden müssen nicht unbedingt schlecht sein. Es kommt darauf an, wofür Du Dir das Geld leihst. Wenn Du das Geld in etwas steckst, das mit hoher Wahrscheinlichkeit im Wert steigt und Dich weiterbringt, nenne ich das »gute Schulden«. Nehmen wir an, dass Du Dir eine nicht zu teure Immobilie in guter Lage und gutem Zustand kaufst. Hier kannst Du davon ausgehen, dass es zumindest keine schlechte Investition ist. Oder Du nimmst einen Kredit für eine sinnvolle Aus- oder Weiterbildung auf, die Dich beruflich einen bedeutenden Schritt voranbringen wird. Damit hast Du in Dein Humankapital investiert, es lohnt sich für Dich.

Alle Arten von Konsumkrediten allerdings sind schlechte

Schulden. Denn Du leihst Dir Geld für etwas, das Du verbrauchst und das unweigerlich an Wert verliert: auf Pump gekaufte Elektronik, eine Reise auf Kredit und auch ein finanziertes Auto.

gute Schulden	schlechte Schulden
Bildungskredit Immobilienkredit Modernisierungskredit	Luxusartikel Urlaubskredit Elektronik Lifestyle evtl. Autokredit

Ist ein Auto eine Investition?

Wir in Deutschland lieben unsere Autos, und viele sind bereit, für ein schönes Auto einen Kredit aufzunehmen. Nun stellst Du Dir vielleicht die Frage, ob ein Autokredit zu den guten oder zu den schlechten Schulden zählt? Das hängt vor allem davon ab, wie stark Du wirklich auf das Auto angewiesen bist. Wenn Du ohne fahrbaren Untersatz nicht zur Arbeit kommst und Du nicht genug Geld auf der Seite hast, um Dir ein entsprechendes Auto zu kaufen, kommst Du an einem Autokredit nicht vorbei. Beim Leasing als weiterer Alternative zahlst Du eine langfristige Leihgebühr – im weiteren Sinne auch eine Art von Kredit. Ob Kredit oder Leasing, die richtige Frage lautet dann: Wie viel Auto muss es sein? Wie viel Platz brauchst Du wirklich, wie viele Extras und PS? Was brauchst Du essenziell, um von A nach B zu kommen, und – Hand aufs Herz – wie viel Statussymbol willst Du Dir gönnen?

Ein Auto ist in aller Regel ein Konsumgut und damit meistens keine gute Investition. Sein Wert nimmt ab, in den ersten Jahren besonders stark. Ich will Deinen Blick auf die schöne Karosserie ein wenig entzaubern: Ein Auto ist am Ende eine Maschine, die sich mit der Zeit abnutzt – ihr Wert sinkt mit jedem Kilometer, den Du fährst. Ich habe bisher nur einmal ein Auto finanziert, weil ich damals ohne Auto meinen Job nicht hätte machen können. Ansonsten fahre ich seit Jahrzehnten eine klare Linie: günstige Gebrauchtwagen in gutem Zustand. Ein altes Auto, das nicht viel verbraucht, ist am wirtschaftlichsten in den Jahren, bevor die großen Reparaturen kommen.

Endlich schuldenfrei werden

Warum ist es überhaupt wichtig, dass Du von Deinen Schulden runterkommst? Nehmen wir dazu das Beispiel des Autokredits über 10.000 € von vorhin. Da sind die 1.819 € Zinsen über fünf Jahre, die Du Dir bestimmt gerne sparen würdest. Wahrscheinlich sagt Dir Dein Gefühl schon: Diese 7% Zinsen sind ganz schön viel – und deutlich mehr, als Du an Sparzinsen bekommen würdest. Ja, Kredite sind teuer. Das hat mit der Hühnerleiter im Kapitalmarkt zu tun, die wir in Kapitel 6 besprechen.

Was Du aber auch beachten solltest, sind die 197 € Rate pro Monat. Aufs Jahr gerechnet sind das 2.364 €. Dazu kommt der Druck, den Du spürst, wenn Du diese Schulden mit Dir herumschleppst und immer im Hinterkopf hast. Es ist im wahrsten Sinne Ballast, den Du loswerden musst. Er hält Dich und Deinen Vermögensaufbau auf – finanziell und psychologisch. Ein Teil Deines Lebens fühlt sich fremdbestimmt an. Wenn Du also Konsumschulden möglichst rasch loswerden willst – wie gehst Du dabei konkret vor?

Erster Schritt: Wenn Du mehrere Kredite hast, solltest Du sie sortieren. Geh Deine Unterlagen durch und ordne sie nach ihren Zinssätzen. Oben auf die Prioritätenliste kommt der Kredit mit dem höchsten Zinssatz – der kostet Dich pro geliehenem Euro am meisten Geld. Danach kommt der Vertrag mit dem zweithöchsten Zinssatz, und so arbeitest Du Dich vor.

Du solltest auch prüfen, ob auf Deinem Tagesgeldkonto oder einem anderen Sparkonto ausreichend Geld zur Verfügung steht, um den teuersten Konsumkredit auf einen Schlag vorzeitig zurückzuzahlen. In aller Regel ist das möglich und kostet bei Konsumkrediten meistens auch nur eine kleine Gebühr von 1 % des restlichen Kredites, die sogenannte Vorfälligkeitsentschädigung. Aber Achtung: Dein Notgroschen bleibt, wo er ist! Er ist nicht dafür da, Deine Schulden zu tilgen – auch wenn das kurzfristig eine attraktive Lösung zu sein scheint. Geht aber gleich im Anschluss Dein Auto oder Deine Waschmaschine kaputt, stehst Du mit leeren Händen da und musst unter Umständen einen neuen Kredit aufnehmen. Deshalb verwende für planbare Dinge wie die Rückzahlung eines Kredits niemals Deinen Notgroschen.

Stellst Du nun fest, dass Du Deinen Kredit nicht auf einen Schlag zurückzahlen kannst, dann prüfe im zweiten Schritt, ob Du den Kredit »billiger« machen kannst. In den meisten Fällen kannst Du nämlich umschulden, sprich zu einer anderen Bank wechseln, die Dir einen niedrigeren Zins anbietet. Ziel ist, dass Du möglichst wenig Zinsen auf Deinen Kredit bezahlst.

Das Gleiche gilt übrigens, wenn Du Dein Girokonto regelmäßig überziehst. Die Zinsen auf den Dispokredit sind in aller Regel sehr hoch, typischerweise über 10 %! Bist Du dauernd im Minus, lohnt es sich, einmal einen günstigeren Kredit aufzunehmen und auf diese Weise Deinem Konto einen kleinen Puffer zu verschaffen.

Also, vergleiche einmal Deinen bestehenden Kredit und wechsle, wenn möglich und sinnvoll, die Bank. Wenn Du durch den günstigeren Zins die Kreditrate von z. B. 300 € auf 250 € senken könntest, wäre mein Tipp, trotzdem weiterhin 300 € abzuzahlen. Auf diese Weise bist Du einige Monate, vielleicht sogar Jahre, früher fertig mit dem Abstottern.

Wichtig dabei, wie auch beim Tagesgeld und vielen anderen Vergleichen: Trau Dich, zu einer anderen Bank zu wechseln und kette Dich nicht emotional an Deine alte Bank. Du suchst einfach nur jemanden, der Dir günstig Geld leiht. Falsche Treue kann da ganz schön teuer werden.

Günstige Kredite findest Du in unserem Kreditvergleich:

Im dritten Schritt verwenden wir unseren Sparanteil aus der 50:30:20-Regel, um Deine Schulden zu tilgen – ganz egal, ob Du gerade 20 % wegsparst oder vielleicht nur 5 %. Diesen Sparanteil richtest Du wie einen Feuerwehrschlauch der Reihe nach auf Deine Kredite, in der Reihenfolge, die Du vorhin aufgestellt hast. Du erhöhst die Tilgung und zahlst sie so schnell wie möglich ab. Das ist wichtiger als andere Sparverträge oder Altersvorsorgen, die Du schon am Laufen hast. Denn auf jeden getilgten Euro zahlst Du keine Kreditzinsen mehr. Und das ist eine sichere, garantierte Rendite. Und die bekommst Du in dieser Höhe (in unserem Auto-Beispiel vorhin waren es 7 %) anderweitig nicht garantiert.

Pausiere also wenn möglich alle Investments, bis Deine

Schulden abbezahlt sind. Das Motto ist: Weg mit dem ganzen Ballast, so schnell wie möglich.

Konsumschulden vermeiden

Kredite nimmt man aus vielen Gründen auf – weil man sich etwas zu Teures leistet, weil man das Geld für die eigene Ausbildung einsetzen will, weil einem das Leben übel mitgespielt oder weil man schlichtweg den Überblick über die eigenen Finanzen verloren hat. Grundsätzlich hilft Dir das Finanztip-Prinzip, genau solche Situationen zu vermeiden. Außerdem hast Du Dich ja gegen die gröbsten Schicksalsschläge versichert.

Aber: Das Finanztip-Prinzip schützt Dich nicht völlig vor Dir selbst. Das Wichtigste ist, dass Du über größere oder regelmäßige Ausgaben bewusst entscheidest. Frage Dich beispielsweise:

- Ist die Sache, die ich kaufen will, ihr Geld wirklich wert?
- Macht sie mich glücklich?
- Gibt es eine günstigere Lösung?

Ich für meinen Teil kaufe größere Dinge niemals spontan und schließe nie mal eben so ein Abo ab. Zuerst schlafe ich immer eine Nacht drüber. So gebe ich mir selbst die Chance herauszufinden, ob ich das wirklich brauche oder ob es eher nur ein kurzfristiges Verlangen war. Werde ich wirklich so viel Spaß an dem neuen Computerspiel haben, dass ich mehrere Wochenenden durchzocke, oder kann ich die Zeit mit etwas noch Schönerem verbringen?

Außerdem kaufe ich bei höheren Beträgen nie das erstbeste Angebot – einen Preisvergleich habe ich am Handy mit wenigen Klicks gemacht. Und wenn ich online bestelle: natürlich inklusive Versandkosten und Rückgabebedingungen. Gerade die Preise bei Amazon unterziehe ich einem Check, denn bei Weitem finde ich dort nicht immer das günstigste Angebot.

Das Vergleichen allein kostet Zeit, die ebenfalls hilft, dass ich mir in Ruhe eine Meinung bilden kann. Das regt Menschen in meinem Umfeld, die es gerne spontan haben, schon mal auf – aber dafür kennt mein Konto den Zustand »im Dispo« (praktisch) nicht.

Bei Finanztip untersuchen wir regelmäßig, welche Preisvergleiche am besten abschneiden:

Immobilienschulden, BAföG & Co.

Nun haben wir uns darum gekümmert, Deine Konsumschulden mit hohen Kreditzinsen abzubezahlen, und haben einen Plan, wie wir Konsumschulden in der Zukunft vermeiden. Aber was ist mit den guten Schulden – mit einem Immobilienkredit oder BAföG u.a.? Musst Du alles daransetzen, solche Kredite möglichst schnell zurückzuzahlen? Diese Frage lässt sich nicht pauschal beantworten und hängt vom jeweiligen Kredit ab.

Beim Thema BAföG kannst Du entspannt sein: An BAföG-Rückzahlungen ist noch niemand pleitegegangen, denn die Rückzahlungsbedingungen sind sehr kulant. Generell lohnt es sich, nach dem Studium Geld auf einem Tagesgeldkonto anzusparen, um einen möglichst großen Teil der BAföG-Schulden fünf Jahre später auf einmal zurückzuzahlen.

Hast Du eine Immobilie finanziert, musst Du erst mal eine feste monatliche Rate an die Bank zahlen. Alle 10 Jahre solltest Du jedoch prüfen, ob Du für Deine Immobilie einen günstigeren

Kredit finden kannst. Außerdem kannst Du in der Regel jedes Jahr eine sogenannte Sondertilgung machen, also einen Teil der Restschuld sofort zurückzahlen. Das ist grundsätzlich auch eine gute Idee, weil es Deinen Rucksack leichter macht und Du Deinen Kredit schneller loswirst. Aber vielleicht hast Du einen besonders günstigen Kredit zu sehr niedrigen Zinsen aufgenommen, wie es in den 2010er-Jahren möglich war. In dem Fall schau mal, ob Du anstelle einer Sondertilgung das Geld auf ein Festgeldkonto packen kannst, das einen deutlich höheren Zins bietet als bei Deinem Immobilienkredit. Bei einem Festgeldkonto bekommst Du einen bestimmten Zinssatz für eine bestimmte Laufzeit garantiert, kommst aber während dieser Zeit nicht an das Geld ran. Sagen wir, Du zahlst 1,5 % Zinsen auf Deinen Immobilienkredit. Aber Du findest gerade ein Festgeldkonto mit garantierten 3 % Zinsen. Dort legst Du das Geld für die Sondertilgung an. Nach Ablauf der Laufzeit des Festgelds nimmst Du den Betrag inklusive Zinsen und kannst auf einen Schlag mehr tilgen – ein sicheres und risikoloses Geschäft für Dich, auch wenn Du auf die 3 % Zinsen noch Steuern zahlen musst.

Finanztip-Nutzer fragen mich oft, ob sie denn ihre Immobilienschulden möglichst schnell abbezahlen oder lieber Geld in einen Aktien-ETF stecken sollen. Auf das Thema ETFs kommen wir ja später noch genauer zu sprechen. An dieser Stelle nur so viel: Letztlich ist das eine Frage Deiner persönlichen Risikobereitschaft. Wenn Du eine Sondertilgung machst, sparst Du Dir Zinsen auf den restlichen Kredit und hast damit eine sichere Rendite – in unserem Beispiel von eben sind es 1,5 %. Steckst Du dieses Geld stattdessen in einen breit gestreuten Aktien-ETF, setzt Du darauf, dass Du damit eine höhere Rendite erzielst, als Du an Zinsen zahlst. Voraussetzung ist, dass Du noch mindestens 15 Jahre lang Deine Immobilie abzahlen wirst. Du gehst damit ein begrenztes Risiko ein, nämlich dass der Aktien-ETF eine niedrigere Rendite als in unserem Beispiel 1,5 % pro Jahr abwirft. In Kapitel 5 lernst Du dieses Risiko besser einzuschätzen. Ob Sondertilgung oder Aktien-ETF: In jedem Fall musst Du so planen, dass Du Deine Immobilie längst abbezahlt hast, bevor Du in Rente gehst.

Ich hoffe, Du hast jetzt einen klaren Plan, wie Du Deine Altlasten loswirst. In den nächsten Kapiteln machen wir uns nun endlich daran, Dein Vermögen systematisch aufzubauen.

Das Wichtigste in Kürze

- Schulden kosten Zinsen und damit Geld.
- Bevor Du mit Deinem Vermögensaufbau beginnst, solltest Du Deine Konsumschulden tilgen. Mach Dir einen Plan dafür.
- Bei Immobilienkrediten kommt es darauf an, wie hoch die Zinsen im Vergleich zu anderen Anlagen sind.

5

Freu Dich aufs langsame Reichwerden: Mit ETFs Vermögen aufbauen und fürs Alter vorsorgen

Jetzt wird's spannend, denn wir sind endlich bereit, uns um Deinen Vermögensaufbau zu kümmern. Vielleicht hört sich das Wort »Vermögen« in Deinen Ohren erst mal falsch an. Vermögen, das ist nur was für reiche Leute, klingt nach Luxus, Whirlpool und Villa? Nun, das Wort »Altersvorsorge« bedeutet nichts anderes: Altersvorsorge ist Vermögensaufbau, denn Du brauchst im Alter Geld zum Leben. Denk noch einmal daran, wo wir beide eigentlich hinwollen: Du willst Deine Finanzen so klug aufstellen, dass Du mit Selbstvertrauen sagen kannst: »Ich habe alles getan, damit ich in Zukunft finanziell abgesichert bin.« Und genau dafür brauchst Du eine stabile finanzielle Basis, ein gutes Polster, das

Dir zusätzlich zur gesetzlichen Rente im Alter ein sorgenfreies Leben ermöglicht. Kurz gesagt: ein Vermögen. Über den Lauf von ein paar Jahrzehnten wirst Du ein paar Hunderttausend Euro aufbauen. Warum Du so viel Geld brauchst und wie Du das schaffen kannst, darum soll es in diesem Kapitel gehen.

Dunkle Wolken am Horizont: Rentenlücke und Inflation

Dieser Punkt ist wahrscheinlich nicht neu für Dich, trotzdem hier noch einmal schwarz auf weiß: Die gesetzliche Rente ist sicher – aber sie wird auch sicher nicht ausreichen. Du wirst im Alter mehr Geld brauchen, um Deinen Lebensstandard zu halten, als Du von der gesetzlichen Rentenversicherung bekommst – es entsteht die sogenannte Rentenlücke, die bei vielen Menschen wie eine dunkle Wolke die Aussicht auf eine sorgenfreie Zukunft verdunkelt. Fakt ist: Unterm Strich musst Du damit rechnen, dass Deine gesetzliche Rente weniger als die Hälfte Deines letzten Einkommens ausmacht.

Das muss man erst mal verdauen. Im Alter mit weniger als der Hälfte von Deinem derzeitigen Einkommen klarkommen? Als mir das damals nach dem Studium klar wurde, hat's mir den Boden unter den Füßen weggezogen. Ich hatte das Thema Rente zwar immer schon im Hinterkopf, aber in Zahlen sieht das Ganze doch wesentlich dramatischer aus. Selbst wenn irgendwann doch noch eine große Reform des Rentensystems kommt, wird diese an der Rentenlücke im Wesentlichen wenig ändern können. Das Rentensystem funktioniert wie folgt: Bist Du angestellt, gehen Deine Rentenbeiträge, die Dir vom Gehalt abgezogen werden, direkt an die heutigen Rentner. Wenn Du in Rente gehst, bekommst Du Geld von den Generationen nach Dir. Das Problem: Wir haben in Deutschland einfach zu wenig Kinder bekommen – dadurch reicht das Geld in diesem sogenannten Umlagesystem oft nur für weniger als die Hälfte Deines früheren Einkommens. 1988 finanzierten nach Daten des Bundesinstituts für Bevölkerungsforschung noch drei Beitragszahler einen Rentner, seit etwa 2003 beträgt das Verhältnis nur noch 2:1. Und da jetzt die Babyboomer, die geburtenstarken Nachkriegsjahrgänge, in Rente gehen, wird sich das Verhältnis laut IW Köln mit der Zeit auf etwa 3:2 verschlechtern.

Hinzu kommt, dass wir im Durchschnitt deutlich älter werden als früher und dadurch länger Rente beziehen. Für Frauen, die heute Mitte 30 oder jünger sind, rechnet das Statistische Bundesamt damit, dass 44 % von ihnen älter als 90 werden, 5 % sogar älter als 100 Jahre. Bei den Männern werden 30 % älter als 90 und 2 % über 100.

Wie viele 1993 geborene Frauen und Männer überleben welches Alter?

Alter	Frauen	Männer
90	44,2 %	29,9 %
94	24,9 %	14,4 %
98	9,8 %	4,7 %
100	5,1 %	2,2 %

(Quelle: Stat. Bundesamt 2024)

Schon jetzt dürfte Dir klar sein, dass Du selbst aktiv werden und frühzeitig genug Geld auf die Seite legen solltest. Mit wie viel Rente Du rechnen kannst und wie viel Du sparen solltest, dazu kommen wir später in diesem Kapitel – jetzt möchte ich Dir erst einmal zeigen, wie einfach die Lösung für das Problem sein kann.

Ein Vermögen aufzubauen ist weder schwierig, noch brauchst Du eine besondere Ausbildung oder tiefes fachliches Wissen. Für den Vermögensaufbau ist ein ganz anderer Faktor entscheidend: Zeit. Du brauchst Zeit, damit sich das von Dir angelegte Geld vermehrt – und zwar so stark, dass es Dir im Ruhestand und vor allem trotz Inflation ausreicht.

Inflation heißt im Klartext: Alles wird mit der Zeit teurer. Mal steigen die Preise schneller, mal langsamer – aber sie steigen fast immer. Das Geld wird dadurch immer weniger wert. Langfristig gedacht ist das ein ziemliches Problem: Selbst wenn die Preise jedes Jahr im Schnitt um »nur« 2 % steigen – was übrigens als gesunde Inflation gilt –, dann sind 100 €, die Du heute unters Kopfkissen legst, in 35 Jahren nur noch die Hälfte wert. Oder anders gesagt: Was heute 100 € kostet, wird im Mittel in 35 Jahren 200 € kosten.

Die Inflation bekommst Du bei ganz alltäglichen Dingen zu spüren: An welchen Preis für eine Kugel Eis kannst Du Dich noch erinnern? Als ich ein Kind war, kostete sie 50 Pfennig, also 25 Cent – und so lange ist meine Kindheit nun auch nicht her. Heute sind wir eher bei 2 € pro Kugel. Größer geworden sind die Portionen aber nicht. Der Preis für eine Kugel Eis hat sich also verachtfacht. Über gut 40 Jahre liegt die Eiskugelinflation damit bei rund 5 % pro Jahr.

Noch ein Beispiel für ein Gut, das sich – im Gegensatz zu Autos beispielsweise – in der Qualität praktisch nicht verändert hat: 1959 hat die Maß Bier auf dem Oktoberfest 1,90 Mark, also 97 Cent, gekostet. Heute sind wir bei um die 15 €. Das sind über 4 % Steigerung pro Jahr. Wenn das so weitergeht, dann sind wir in 35 Jahren bei – jetzt bitte einmal tief durchatmen – gut 60 € pro Maß. Prost Mahlzeit!

Solche Preise müssen wir natürlich im richtigen Verhältnis betrachten: Bis dahin wird ziemlich sicher auch Dein Einkommen gestiegen sein. Verdienst Du heute 2.500 € netto und steigt Dein Einkommen im Gleichschritt mit der Inflation um 2 % pro Jahr, wirst Du in 35 Jahren 5.000 € netto nach Hause bringen!

Wenn die Preise stark steigen, steckt dahinter oft eine Kettenreaktion: Klettern beispielsweise – wie zuletzt im Zusammenhang mit dem Ukrainekrieg – die Strom- und Energiepreise nach oben, merken wir das auch beim Einkaufen. Denn wird der Strom teurer, kostet es den Bäcker mehr Geld, Brot zu backen. Also hebt er den Preis für Brot an.

Damit Du Dir im Alter Brot, Strom, vielleicht eine Maß Bier oder das eine oder andere Eis für Deine Enkel gut leisten kannst, musst Du dafür sorgen, dass Dein Vermögen deutlich schneller wächst, als die Inflation es entwertet. Zinsen allein reichen dafür nicht! Tagesgeldkonto und andere Sparkonten bringen langfristig kaum mehr ein, als die Inflation wieder aufisst. Um Dein Vermögen wirklich zu schützen und zu vermehren, führt kein Weg an einer Anlageform vorbei, mit der wir uns in Deutschland immer noch schwertun: Aktien.

Was sind Aktien?

Investment in Aktien an der Börse hat in Deutschland leider immer noch keinen guten Ruf. Viele Menschen verbinden damit ein großes Risiko, das alles scheint undurchsichtig und vor allem etwas, das nur Finanzexperten vorbehalten ist. Vielleicht ist auch bei Dir das Wort »Aktien« mit dem Gedanken an Spekulation und einen Börsencrash verknüpft.

Das hat auch damit zu tun, wie uns Aktien und die Börse im Alltag begegnen. Im Radio hörst Du Meldungen wie »Der DAX ist um 2 % gefallen, der Dow Jones startet im Minus.« Im Fernsehen oder im Internet siehst Du Charts, die verkünden: »Allianz +1,3 %, Siemens −0,5 %«. Dabei geht es um die Kursgewinne und -verluste am jeweiligen Tag. Die Nachrichten liefern uns hauptsächlich einen sehr kurzfristigen, tagesaktuellen Blick auf Aktien. Unterschwellig kommt bei uns an: Aktien sind instabil und schwanken von Tag zu Tag – fast undurchschaubar. Und das ist eine völlig falsche Perspektive.

Mir geht's darum, dass Du die Kursentwicklung von Aktien nicht von Tag zu Tag, nicht nur über Jahre, sondern sogar über Jahrzehnte betrachtest. Dann spielen diese Schwankungen von Tag zu Tag, selbst von Jahr zu Jahr, keine Rolle mehr – wenn Du nicht auf einzelne Aktien, sondern auf den Aktienmarkt insgesamt schaust. Denn der geht über Jahrzehnte betrachtet immer nur in eine Richtung – nach oben.

Das klingt schon mal nach einer interessanten Botschaft, oder? Das sehen wir uns gleich noch genauer an. Aber damit Du verstehen kannst, wie das sein kann, klären wir erst mal: Was genau sind Aktien eigentlich, und wie kannst Du Dir ihre Funktionsweise sehr praktisch vorstellen?

Aktien im Alltag

Du wachst auf. Was machst Du als Erstes? Wahrscheinlich schaust Du auf Dein Handy. Wer hat das hergestellt? Apple oder Samsung vielleicht? Du schaltest das Licht an. Von wem kommt der Strom? Von E.ON oder RWE womöglich? Du wäschst Dir die Haare mit Schwarzkopf oder Syoss, hergestellt von Henkel? Beim Frühstück hörst Du vielleicht Musik – über Spotify? Ziehst Du später Schuhe von Nike oder Adidas an?

Jeden Morgen und jeden Tag hast Du mit Produkten von Firmen zu tun, die Aktiengesellschaften sind. Du gibst ihnen jeden Tag Dein Geld, weil Du ihre Produkte kaufst und benutzt. Mit Deinem und unser aller Geld machen diese Unternehmen Gewinne – und zwar nicht gerade wenig. Wenn Du einen Nike-Schuh kaufst, dann zahlst Du in aller Regel deutlich mehr, als Nike für Herstellung, Marketing usw. dieses Schuhs zahlen muss. Die Weltwirtschaft verdient ganz gut an Dir, an mir, an uns allen.

Jetzt kommt der Clou: *Hol Dir doch einen Teil dieser Gewinne, die die Firmen mit Deinem Konsum machen, wieder zurück!* Hier kommen Aktien ins Spiel. Als Aktionärin bzw. Aktionär wirst Du Miteigentümer der jeweiligen Aktiengesellschaft und bist beteiligt am erwirtschafteten Gewinn. Nehmen wir an, Du kaufst heute eine Aktie von Apple. Mit ihr gehört Dir dann ein kleiner (zugegeben, ein winziger) Teil an der Firma Apple Inc. und damit auch ein (sehr kleiner) Teil der Gewinne, die Apple mit dem Verkauf von iPhones, iPads & Co. macht.

Diesen Gewinn fährst Du auf zwei unterschiedliche Arten ein: Zum einen kann Apple einen Teil des Gewinns direkt ausschütten. Hast Du Apple-Aktien, erhältst Du die Gewinnausschüttung, die sogenannte Dividende, direkt auf Dein Konto ausgezahlt. Zum anderen kann der Kurs der Apple-Aktie steigen, sie wird mehr wert. Das bedeutet, dass Du Deine Aktie zu einem höheren Preis verkaufen kannst, als Du sie ursprünglich gekauft hast – auch damit erzielst Du einen Gewinn. Die Rendite, also der Ertrag von Aktien setzt sich also aus zwei Teilen zusammen:

Gesamtrendite = Kursrendite + Dividendenrendite

Die Frage ist jetzt: Wie verlässlich ist diese Rendite? Und wie kriegst Du es hin, mit Aktien eine verlässliche Rendite einzufahren?

Breite Streuung als Schlüssel für sicheren Vermögensaufbau

Kennst Du die alte Weisheit: »Lege nicht alle Eier in einen Korb«? In der Finanzwelt meint man damit, dass Du Dein Geld nicht in eine einzige oder in wenige Anlagen stecken solltest, da das Verlustrisiko dann viel zu hoch ist. Niemand kann mit Sicherheit sagen, wie sich ein bestimmtes Unternehmen entwickelt und ob es nicht sogar irgendwann pleitegeht. Für Deinen Vermögensaufbau und Deine Altersvorsorge darfst Du nicht das Risiko eingehen, dass Dein Geld im Lauf von 30, 40 oder 50 Jahren irgendwann einfach weg ist.

Es ist viel klüger, Dein Geld breit zu streuen – also in sehr viele verschiedene Aktien zu investieren. Diese Streuung, auch **Diversifikation** genannt, ist die wichtigste Grundlage dafür, dass Du beim Vermögensaufbau langfristig erfolgreich sein wirst.

Bei der Streuung helfen Dir Fonds. Stell Dir einen Fonds wie einen großen Topf vor, in dem Aktien vieler Unternehmen liegen. Ein Fonds sammelt Geld von vielen Anlegern ein und investiert es wiederum in die Aktien, die der Topf enthält.

Wenn Du in einen solchen Fonds einzahlst, wird Dein Geld automatisch auf viele verschiedene Aktien verteilt. Zum Beispiel auf Unternehmen, die direkte Konkurrenten sind, etwa Google und Microsoft – damit profitierst Du von Gewinnen in der Tech-Branche, egal welches Unternehmen gerade die Nase vorn hat. Gleichzeitig investierst Du aber auch in völlig unterschiedliche Branchen, etwa in Automobilhersteller, Versicherungen oder Energiekonzerne. Das macht Dich unabhängig vom Erfolg bestimmter Zweige und lässt Dich an der gesamten wirtschaftlichen Entwicklung teilhaben. Während einzelne Branchen schwächeln, boomen andere – durch die Streuung wird Dein Risiko entscheidend gesenkt. Die beste Streuung erzielst Du über einen weltweit anlegenden Fonds, der u. a. die USA, Europa und Asien beinhaltet.

So ein Aktienfonds ist in der Regel enorm groß – meist verwaltet er Hunderte Millionen, wenn nicht sogar Milliarden von Euro. Du kannst schon mit sehr wenig Geld einsteigen, z. B. schon mit einem monatlichen Sparplan von 25 € oder einmalig 500 € investieren, und Du kannst das Geld jederzeit wieder rausholen. Zuerst aber kaufst Du Anteile an einem solchen Fonds und bist darüber automatisch in alle unterschiedlichen Unternehmen investiert, von denen der Fonds Aktien hält. So bist Du auch an den Gewinnen dieser Firmen beteiligt, ohne vorher lange überlegen zu müssen, wie sich einzelne Unternehmen entwickeln werden.

Bevor wir damit loslegen, möchte ich Dir aber noch wichtige Unterschiede zwischen verschiedenen Arten von Fonds vorstellen – denn hier kommt dann der entscheidende Topf des Finanztip-Prinzips, der ETF, ins Spiel.

ETF – die richtige Anlage für Deine Altersvorsorge

Das Bequeme an Aktienfonds ist, dass Du Dich nicht darum kümmern musst, welche Aktien wann gekauft und wieder verkauft werden. Bei traditionellen Aktienfonds machen das die Fondsmanager. Banken, Fondsgesellschaften und viele Finanzberater werben damit, jeweils die besten Fondsmanager zu haben, die selbstverständlich nur das Beste für Kundinnen und Kunden herausholen. Das Problem: Diese Fondsmanager und die Werbung für sie musst Du teuer bezahlen. Die Gebühren dafür werden von dem Geld abgezogen, das Du in den Fonds investiert hast – und das schmälert Deine Rendite oftmals ordentlich. Die traditionellen Aktienfonds kosten pro Jahr meist 1,5 % des angelegten Geldes und mehr, manchmal über 2 %. Vielleicht klingt das für Dich nicht nach einer hohen Zahl, aber das ist vergleichbar mit den Zinssätzen, die Du typischerweise auf ein Tagesgeldkonto bekommst – nur dass das Geld aus Deinem Depot verschwindet, statt Deinem Konto gutgeschrieben zu werden. Das muss so ein Fonds erst mal wieder reinwirtschaften.

Ein gewisser John C. Bogle dachte sich in den 1970er-Jahren, dass das Ganze doch auch günstiger und smarter gehen muss. Inspiriert von Nobelpreisträger Paul Samuelson entwickelte er eine bahnbrechende Idee: Statt aktiv Aktien auszuwählen und teuer zu verwalten, sollte ein Fonds einfach einen ganzen Markt abbilden. Anstatt sich also konkret zu überlegen, welche Aktien ein bestimmter Fonds kaufen sollte, nahm er die Liste der größten Aktienunternehmen als Grundlage – einen sogenannten Index. Indexfonds folgen also einer solchen Liste, die laufend aktualisiert wird.

Wahrscheinlich kennst Du den Aktienindex DAX. Das ist eine Liste der 40 größten deutschen Aktiengesellschaften – Du kennst die Namen: Siemens, BMW, Adidas usw. Packst Du diese 40 Aktien nun in einen Fonds, verläuft der praktisch genauso wie der DAX. Wenn ein Unternehmen aus den Top 40 fliegt, rückt automatisch ein anderes nach. Die Anteile an diesem Indexfonds kannst Du an jedem Werktag an der Börse kaufen und verkaufen. So einen börsengehandelten Indexfonds nennt man – Du hast darauf gewartet – Exchange Traded Fund, kurz ETF. In unserem Beispiel handelt es sich um einen ETF, der den DAX abbildet.

Dieses simple Prinzip hat die Finanzwelt revolutioniert: Weniger Aufwand bedeutet weniger Kosten und dadurch auf die Dauer in aller Regel bessere Renditen als bei traditionellen aktiv gemanagten Fonds. Aktien-ETFs haben typischerweise Kosten zwischen 0,1–0,5 % pro Jahr – aktiv gemanagte Fonds sind also ungefähr fünf- bis zehnmal so teuer!

Wie wirkt sich das in Euro aus? Sagen wir, ein aktiver Fonds auf deutsche Aktien hat Kosten von 1,5 % pro Jahr, liefert über 20 Jahre eine durchschnittliche Performance ab und läuft damit vergleichbar wie der DAX. Wenn wir annehmen, dass der DAX im Schnitt moderate 6 % pro Jahr zulegt, gehen davon leider 1,5 % Kosten weg, sodass nur 4,5 % effektiv an Rendite verbleiben. Aus 10.000 € werden über 20 Jahre in diesem Fonds gut 24.100 €. Ein DAX-ETF mit nur 0,2 % Kosten pro Jahr liefert effektiv 5,8 % Rendite pro Jahr und nach 20 Jahren knapp 30.900 €. Der ETF bringt also einen Vorteil von rund 6.800 €!

Mit ETFs wird breit gestreutes Investieren also kostengünstig – und dazu auch noch entspannt: Du musst Dir keine Sorgen machen, ob das Management Deines Fonds die richtigen Aktien ausgewählt hat oder im richtigen Moment wieder verkauft, sondern Du setzt einfach auf den langfristigen Erfolg der Wirtschaft. John Bogle war Gründer des ETF-Anbieters Vanguard und hat mit seiner Idee den Grundstein für das passive Investieren gelegt – eine entspannte, langfristige Anlagestrategie, mit der Du Dich zurücklehnst und von der langfristigen Marktentwicklung profitierst. Du merkst schon: ETFs passen einfach hervorragend zum Finanztip-Prinzip.

Und in welchen ETF solltest Du jetzt investieren? ETFs unterscheiden sich im Wesentlichen darin, welchen Index sie abbilden. Du solltest keinen DAX-ETF nehmen wie vorhin in unserem Beispiel, denn 40 ausschließlich deutsche Aktien sind keine gute Streuung. Der bekannteste Weltaktienindex ist der MSCI World. Er enthält über 1.300 Unternehmen (Stand Juni 2025) aus 23 Industrieländern. Hier ist das Who is Who der Weltwirtschaft vertreten: Microsoft, Apple, Amazon, Google, Nestlé – aber auch alle 40 DAX-Konzerne zum Beispiel. Es lohnt sich also, sich diesen Index einmal genauer anzusehen.

Lohnt sich der DAX?

Der DAX hat seit 1996 seinen Wert um das 9,7-fache gesteigert, der MSCI World hat sich seitdem verzehnfacht. Gleichzeitig ist der DAX deutlich stärker geschwankt und hat beispielsweise einen maximalen Verlust von 68 % erlitten, während es beim MSCI World »nur« maximal 56 % waren. So heimisch-vertraut uns Allianz, Siemens & Co. auch vorkommen – der DAX stellt nur einen relativ kleinen Aktienmarkt dar und ist deshalb auch riskanter als der Weltaktienmarkt.

Langer Atem lohnt sich: Wie der Weltaktienmarkt über 50 Jahre gestiegen ist

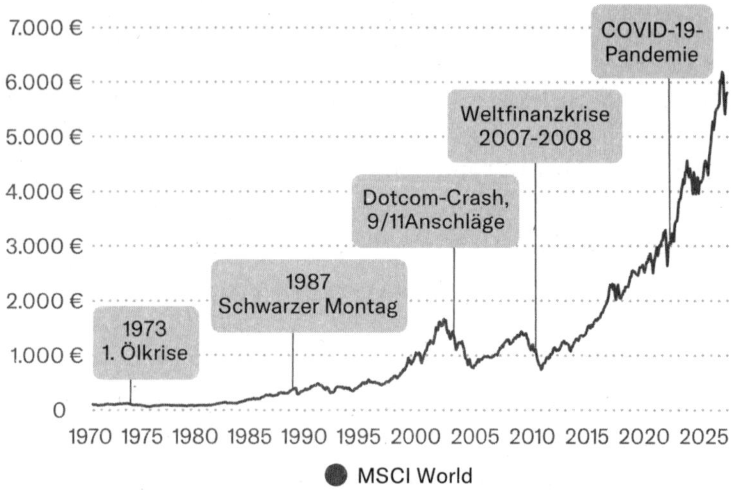

(Stand: Dezember 1969 = 100 €, Quelle: MSCI, Finanztip)

Hier liegt die entscheidende frohe Botschaft für Dich: Mit einem weltweit anlegenden Aktien-ETF minimieren wir unser Risiko durch breite Streuung. Auch wenn es zwischenzeitlich mal heftig bergab geht an den Börsen, sorgt diese Streuung dafür, dass sich der ETF langfristig nicht nur wieder erholt, sondern insgesamt deutlich zulegt. Mit einem Aktien-ETF wirst Du so manches Auf und Ab an der Börse mitmachen – aber trotz aller Einbrüche und globaler Krisen schwankt der ETF mit den Jahren nach oben. Dein Depot wird nach und nach wachsen und zu einem echten Vermögen, zu Deiner Altersvorsorge. Mach Dir aber klar, wie heftig die zwischenzeitlichen Kursstürze über die Jahrzehnte waren:

Krise	Zeitraum	Verlust	Verlust aufgeholt nach
1. Ölkrise	Jan. 1973 bis Dez. 1974	−52 %	8 Jahren, 1 Monat
Börsencrash in den USA	Sept. 1987 bis Nov. 1987	−28 %	16 Monaten
geplatzte Technologieblase	Sept. 2000 bis März 2003	−54 %	13 Jahren, 6 Monaten
weltweite Finanzkrise	Nov. 2007 bis Feb. 2009	−49 %	5 Jahren, 8 Monaten
Zolldrohungen von Donald Trump	seit Jan. 2025	−13 %	offen

(Stand: 1.7.2025, Quelle: MSCI, Finanztip)

Wenn Du 10.000 € im November 2007 in einem MSCI World-ETF investiert hättest, dann wären davon im Februar 2009 nur noch 5.100 € übrig gewesen. So ein Kursverlust erscheint aber zunächst nur in Deinem Depot. Erst wenn Du den ETF verkaufst, machst Du aus dem Kursverlust einen realen Verlust. Aber solche Kursverluste musst Du erst mal verkraften können und darfst dann eben nicht in Panik verkaufen, weil Du überall in den Nachrichten hörst, wie rund um den Globus Banken pleitegehen. Denn nur wenn Du das durchstehst, dann hättest Du Deine 10.000 € nach 5 Jahren und 8 Monaten wieder im Depot gehabt, also Mitte 2013. Und noch wichtiger: Ab 2013 kamen viele hervorragende Aktienjahre, sodass aus Deinen 10.000 € bis Juli 2025 mehr als 37.000 € geworden wären – trotz Coronapandemie, Ukrainekrieg und Trump, die für kurzzeitige Verluste gesorgt haben.

Und die nächste Börsenkrise kommt definitiv. Nur kann Dir keiner sagen wann. Damit Du sie aber durchstehst und dabeibleibst, hilft Dir als entscheidender Puzzlestein im Finanztip-Prinzip: Dein ETF-Sparplan. Er hilft Dir, ein geduldiger, stoischer Investor zu sein. Du musst nicht jeden Monat neu entscheiden, in was und wie viel Du investieren willst, sondern Du hast Deine grundlegende Investitionsentscheidung einmal getroffen und bleibst einfach dabei. Du musst gar nicht versuchen, den besten Einstiegspunkt in den Markt zu finden oder ständig im Hinterkopf haben, was die derzeitige Weltlage mit Deinem Depot anstellt. Bei einem Börsencrash, wenn Du mit News bombardiert wirst, wie schlimm es gerade mal wieder um die Welt steht, ist Dein ETF-Sparplan Dein Anker im Sturm, der Dir Halt gibt.

Und das zu Recht, wenn wir uns ETF-Sparpläne langfristig ansehen. Je länger die nämlich laufen, desto sicherer ist die Rendite, die Du mit ihnen erzielt hast.

Jährliche Rendite von Sparplänen auf den MSCI World mit 5–30 Jahren Laufzeit

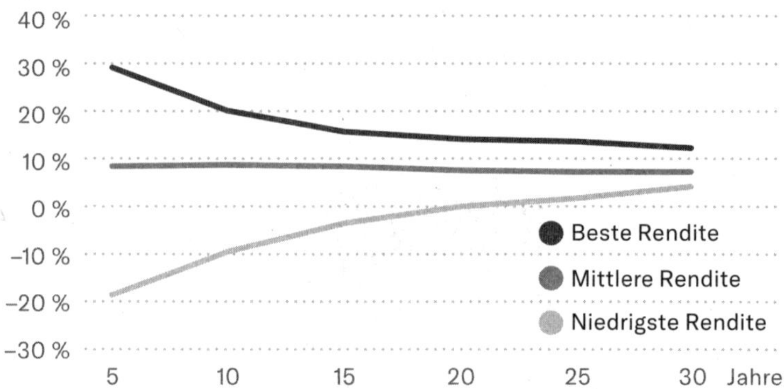

(Quelle: MSCI, Finanztip)

Mit einem Sparplan über 10 Jahre auf den MSCI World hast Du seit 1970 im Mittel 9 % Rendite pro Jahr erzielt – ganz schön ordentlich. In den besten 10 Jahren sogar 20 %! Aber im schlechtesten Fall (über die 2000er-Jahre hinweg nämlich) -9 % pro Jahr. Du kannst an der Grafik aber erkennen, wie die schlechtesten und die besten Renditen sich der mittleren Rendite annähern, je länger der Sparplan läuft. Bei 20 Jahren Sparplan lag der schlechteste Fall immerhin bei 0,3 % pro Jahr, der beste »nur noch« bei 15 % pro Jahr.

In einen ETF zu investieren ist einfach. Dabei zu bleiben, die Nerven zu behalten, wenn die Welt mal wieder durchdreht, ist der schwierige Part. Die Weltwirtschaft, die letztlich hinter den Hunderten Aktien in so einem ETF steht, ist nie kaputtgegangen, egal ob uns scheinbar das Öl ausgeht, das weltweite Bankensystem am Rande des Kollaps steht oder ein Demagoge im Weißen Haus den Welthandel bedroht. Die wichtigste Eigenschaft, die Du für die langen Jahrzehnte des geduldigen, langsamen Reichwerdens entwickeln solltest: Gelassenheit.

Das achte Weltwunder: Der Zinseszinseffekt

Dass ein weltweiter ETF langfristig so steil nach oben steigt, wie Du es vorhin auf dem Chart des MSCI World gesehen hast, liegt an der Macht des Zinseszinseffekts. Und den unterschätzen wir in aller Regel enorm. Das möchte ich Dir anhand eines kleinen Gedankenexperiments klarmachen: Was würdest Du lieber nehmen – eine Million Euro sofort auf die Hand oder einen Euro, der sich 30 Tage lang täglich verdoppelt?

Auch bei mir sagt der erste Reflex: Nimm die Million in bar. Aber rechnen wir es mal durch: Wenn Du einen Euro jeden Tag verdoppelst, sind es nach 15 Tagen über 16.000 €. Bereits nach 21 Tagen hättest Du mehr als eine Million, und nach 30 Tagen stünden unglaubliche 536.870.912 € zu Buche. Unser menschliches Gehirn tut sich schwer, solch exponentielles Wachstum richtig abzuschätzen.

Lass uns den Zinseszinseffekt nun mit realistischen Zahlen in der Praxis betrachten: Wenn Du 1.000 € anlegst und damit 6% Rendite erzielst, hast Du nach einem Jahr 1.060 €. Fährst Du im zweiten Jahr wieder 6% ein, gibt es die aber nicht nur auf die ursprünglichen 1.000 €, sondern auch auf die 60 € Gewinn aus dem ersten Jahr – das macht dann 1.123 €. Vielleicht beeindruckt Dich das nicht besonders. Aber auch hier unterschätzen viele Menschen den langfristigen Effekt. Lass uns das Ganze mal mit einem ETF-Sparplan von 200 € im Monat durchrechnen:

Einzahlung 200 € mtl.	**Einzahlungen gesamt**	**6 % pro Jahr (Aktien-ETF)**	**2 % pro Jahr (Tagesgeld)**
nach 20 Jahren	48.000 €	91.000 €	59.000 €
nach 30 Jahren	72.000 €	196.000 €	98.000 €
nach 40 Jahren	96.000 €	384.000 €	147.000 €

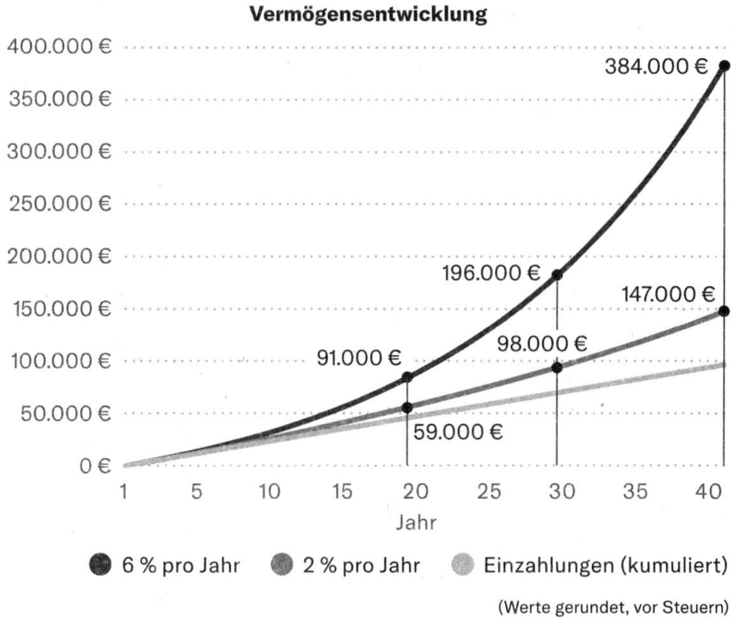

Wenn Du 6% Rendite pro Jahr mit einem Aktien-ETF erzielst, geht Dein Vermögen mit der Zeit rapide in die Höhe. Fängst Du früh an und Dein Sparplan läuft 30 statt 20 Jahre, hast Du am Ende 24.000 € mehr eingezahlt – aber 196.000 € statt 91.000 € im Depot, über 100.000 € mehr! Bist Du jung und fängst so früh an, dass Du sogar 40 Jahre lang einzahlst, dann kommst du auf 384.000 € statt 196.000 €, also sogar 188.000 € mehr. Genau deshalb hat Albert Einstein den Zinseszinseffekt angeblich mal als das »achte Weltwunder« bezeichnet.

Wie viel diese scheinbar kleinen Unterschiede über die Zeit ausmachen, zeigt der Vergleich mit einem üblichen Sparkonto, auf dem so viele Menschen in Deutschland ihr Geld »sicher« anlegen. Wenn das durchschnittlich nur 2% Rendite pro Jahr bringt, erreichst Du mit dem gleichen Sparplan nach 30 Jahren beispielsweise nur 98.000 € und bist gegenüber dem ETF-Sparplan fast 100.000 € im Nachteil.

Die zwei zentralen Erkenntnisse daraus sind:

- In Aktien-ETFs investieren vs. Geld »sicher auf die Seite legen« macht über Jahrzehnte einen Unterschied von Zehntausenden, wenn nicht Hunderttausenden Euro aus!
- Fang so früh wie möglich mit dem Investieren an. Denn die eigentliche Power des Zinseszinseffekts liegt darin, wie lange Du investiert bist.

Vielleicht hast Du eine clevere Frage: »Aktien zahlen doch keine Zinsen – wo kommt da der Zinseszinseffekt her?« Denk noch einmal daran zurück, wie die Aktien-Rendite entsteht:

Gesamtrendite = Kursrendite + Dividendenrendite

Bei der Dividendenrendite ist das schnell erklärt: Du bekommst Gewinne als Dividende ausgeschüttet. Wenn Du die Dividende jedes Jahr wieder anlegst, erzielst Du Gewinne auf die wieder angelegten Gewinne.

Bei der Kursrendite ist der Zinseszinseffekt schwerer zu sehen: Die Unternehmen investieren einen Teil ihrer Gewinne wieder ins Unternehmen – etwa in Forschung und Entwicklung oder in Marketing.

Auf diese Weise können sie ihre Gewinne von Jahr zu Jahr steigern – und langfristig wächst der Aktienkurs mit diesen Gewinnsteigerungen mit.

ETF-Sparplan Schritt für Schritt

Faszinierend, wie Geld sich von selbst vermehrt, oder? Natürlich gibt es noch viele kleine Details, die man beim Investieren beachten kann und sollte. Aber mit dieser ersten Grundlage sind wir schon ganz gut ausgestattet.

Jetzt geht es darum, dass Du ins Tun kommst mit Deiner Altersvorsorge - und das kannst Du heutzutage ganz einfach von Deinem Smartphone aus innerhalb weniger Minuten erledigen. Im Grunde sind es nur drei Schritte: Zunächst suchen wir Dir ein Wertpapierdepot, dann wählen wir den passenden ETF für Dich, und im Anschluss legen wir einen ETF-Sparplan an. Keine Sorge, wenn Du an manchen Stellen noch offene Fragen hast - wir gehen im nächsten Kapitel noch auf viele tiefergehende Fragen ein. Wenn Du bereits ein Depot hast, kannst Du die Schritte trotzdem durchgehen und prüfen, ob Du mit Deinen Entscheidungen noch zufrieden bist.

Schritt 1: Ein Depot eröffnen

Möchtest Du Geld in Aktien bzw. ETFs anlegen, brauchst Du ein Wertpapierdepot. Was ist das eigentlich? Stell Dir das Wertpapierdepot wie einen digitalen Safe vor, in dem Deine ETF-Anteile, Fondsanteile und andere Wertpapiere wie Aktien sicher aufbewahrt werden. Im Grunde genommen ist ein Wertpapierdepot einfach ein spezielles Konto, auf dem keine Geldbeträge, sondern eben Deine Wertpapiere liegen. Deshalb ist es genau wie Girokonto, Kreditkarte und Tagesgeldkonto ein Topf im Finanztip-Prinzip. Nur dass hier Dein ETF und damit Deine Altersvorsorge liegen wird.

Grundsätzlich kannst Du Dein Depot bei nahezu jeder Bank

eröffnen, auch bei der Bankfiliale um die Ecke. Allerdings sind Onlinebanken meist deutlich kostengünstiger. Ich bin ein Fan davon, dass das Depot nicht bei der gleichen Bank ist wie das Girokonto: Dein Vermögensaufbau bleibt bewusst getrennt vom Zahlungsverkehr auf Deinem Konto und kann in Ruhe ablaufen. Auf Dein Girokonto schaust Du wahrscheinlich regelmäßig. Aber liegt das Depot woanders, achtest Du nicht jedes Mal auf die tagesaktuellen Bewegungen, wenn Du Dein Girokonto checkst. Und das hilft Dir, gelassen zu bleiben, wenn es an den Märkten mal nach unten geht. Genau wie beim Notgroschen, den Du auf einem gesonderten Tagesgeldkonto hast, ist auch das getrennte ETF-Depot ein einfaches, aber wirkungsvolles Detail des Finanztip-Prinzips. Tatsächlich genügt es, wenn Du Dein Depot einmal im Jahr überprüfst – und zwar im Rahmen Deines Jahreschecks, den wir am Ende dieses Buches besprechen. Wichtig an dieser Stelle: Langfristiges Investieren bedeutet, den Kurs gemäß unserer passiven Investionsstrategie zu halten statt jeder Marktschwankung hinterherzujagen.

Um ETFs zu kaufen und einen Sparplan anzulegen, empfehlen wir bei Finanztip eine Reihe von Online-Anbietern, die alle niedrige Gebühren im Vergleich zu Deinem langen Anlagehorizont haben.

Mit unserem Vergleich von Wertpapierdepots gewinnst Du einen guten Überblick:

Ich persönlich finde wichtig, dass der Anbieter den ETF-Sparplan automatisch per Lastschrift von meinem Girokonto abzieht und ich nicht umständlich per Dauerauftrag überweisen muss.

Wie schon beim Tagesgeldkonto rate ich Dir: Leg dieses Buch kurz weg und eröffne ein Wertpapierdepot. Folgst Du unseren Empfehlungen, machst Du fürs

Investieren mit ETFs nichts falsch. In aller Regel wirst Du Dir dafür eine App herunterladen und Dich (meist per Video) identifizieren müssen. Hol also Dein Ausweisdokument und lies erst weiter, sobald Du Dir ein Depot eingerichtet hast. Bei unseren Empfehlungen kostet das nichts und ist in der Regel in ein paar Minuten erledigt.

Welcome back! Du hast jetzt ein Depot eröffnet – und mit ihm auch ein Verrechnungskonto, das gehört zu einem Depot immer mit dazu. Wenn Du ETF-Anteile (oder andere Wertpapiere) kaufst, wird das Geld vom Verrechnungskonto abgebucht. Verkaufst Du Wertpapiere oder bekommst Du Ausschüttungen oder Dividenden aus Deinen Wertpapieren, landet das Geld wiederum auf dem Verrechnungskonto. Dieses fungiert also als ein Umschlagplatz für Dein investiertes Geld.

ETF-Sparplan für Paare

Ihr erinnert Euch: Ich hatte Euch am Anfang des Buches empfohlen, dass in einer Partnerschaft jeder seine eigenen vier Töpfe hat – das gilt auch für das eigene Depot. Das hat vor allem den Vorteil, dass Ihr jeweils so anlegen könnt, wie es der eigenen Risikobereitschaft entspricht – die kann sich nämlich deutlich unterscheiden! Damit hat auch jeder von Euch eine eigene Altersvorsorge. Wir kommen noch dazu, wie Ihr das fair gestalten könnt, wenn einer von Euch sich mehr um die Familie kümmert.

Ihr könnt auch ein gemeinsames Depot haben und gemeinsam einen ETF besparen. Das erfordert allerdings viel Absprache. Seid Ihr verheiratet, wäre bei einer Scheidung die Aufteilung eines gemeinsamen Depots grundsätzlich kein Problem. Viel wichtiger ist allerdings, dass Ihr regelmäßig darüber kommuniziert – beide Partner sollten wissen, was im Depot passiert, und damit einverstanden sein.

Schritt 2: Den passenden ETF finden

Das Angebot an Aktien-ETFs ist unübersichtlich groß. Trotzdem wirst Du schnell den passenden für Dich finden, denn wir setzen auf die großen Weltindizes, deren Unterschiede sich in Grenzen halten. Das Entscheidende ist die Streuung eines Welt-ETFs, die Dir langfristig Sicherheit gibt.

Lass Dir bei der Auswahl am besten von unserem ETF-Finder auf finanztip.de helfen:

Unsere Empfehlungen beinhalten die renditestärksten weltweiten ETFs, die mindestens fünf Jahre bestehen und mindestens 100 Millionen Euro enthalten. Solche ETFs haben sich also bereits bewährt, wodurch die Gefahr gering ist, dass sie in absehbarer Zeit vom Markt genommen oder mit einem anderen ETF verschmolzen werden. Passiert das, ist das ärgerlich, weil Dir Dein Geld dann entweder automatisch ausgezahlt und versteuert wird oder Du es selbst herausholen willst, weil der neue ETF Dir nicht gefällt.

Wenn Du Dir einen ETF aussuchst, wirst Du auf zwei wichtige Begriffe stoßen: »ausschüttend« und »thesaurierend«.

Was ist damit gemeint? Ein Aktien-ETF sammelt regelmäßig die Dividenden der Unternehmen ein, deren Aktien er hält. Die Frage ist jetzt, was er mit den Dividenden macht. Hier gibt es zwei Möglichkeiten:

1. **Ausschüttender ETF** (engl. dis. = distributing): Die Dividenden werden gesammelt und regelmäßig, z.B. jährlich oder vierteljährlich, an Dich ausgezahlt. Das Geld landet auf Deinem Verrechnungskonto, und Du kannst entscheiden, was Du damit machst.
2. **Thesaurierender ETF** (engl. acc. = accumulating): Der ETF behält die Dividenden ein und kauft davon weitere Aktien der Unternehmen. Thesaurierend bedeutet wiederanlegend – der ETF reinvestiert die Dividenden.

Um Dir den Vermögensaufbau so einfach wie möglich zu machen, mach's wie ich: Ich habe einen thesaurierenden ETF. So muss ich mich nicht um die Dividenden kümmern, und mein Kapital wächst ganz automatisch – Vermögensaufbau auf Autopilot.

Hast Du Deinen Wunsch-ETF in unserem ETF-Finder gefunden? Du brauchst ihn nicht mühsam in Deinem Depot zu suchen, sondern kannst ihn ganz einfach über die sogenannte ISIN (Internationale Wertpapierkennnummer) aufrufen. Jeder ETF und jedes Wertpapier hat eine ISIN und lässt sich über diese eindeutige Kennung weltweit identifizieren. Hier drei Beispiele für bekannte weltweite Aktien-ETFs:

ETF	ISIN
iShares Core MSCI World UCITS ETF USD Acc.	IE00B4L5Y983
SPDR MSCI ACWI UCITS ETF USD Acc.	IE00B44Z5B48
Vanguard FTSE All-World UCITS ETF USD Acc.	IE00BK5BQT80

Die Indizes des zweiten (MSCI ACWI) und des dritten ETFs (FTSE All-World) umfassen im Gegensatz zum MSCI World nicht nur Aktien aus Industrie-, sondern zu einem kleinen Teil auch aus Schwellenländern wie China oder Indien. Das bedeutet etwas mehr Streuung über die Welt, ist aber kein Gamechanger. Mit allen diesen Welt-ETFs bist Du ausreichend diversifiziert, weshalb wir auch alle empfehlen (zur Zusammensetzung der Welt-ETFs kommen wir noch ausführlicher in Kapitel 6). Auch hier gilt wieder: Tappe nicht in die Falle, zu lange zu grübeln, mit welchem dieser ETFs Du starten solltest. Ich kann Dir nicht vorhersagen, ob der eine oder der andere in Zukunft besser laufen wird – und das kann auch niemand anderes seriöserweise. Wichtig ist zuerst einmal, dass Du mit dem ETF-Sparen überhaupt anfängst.

Schritt 3: Einen Sparplan anlegen

Du hast ein Depot eröffnet und Dir einen der grundlegenden Welt-ETFs ausgesucht. Nun richten wir Dir einen Sparplan ein – genau wie beim Tagesgeldkonto gilt die Devise: Nicht zu lange grübeln, sondern einfach starten, anpassen kannst Du jederzeit ohne viel Aufwand. Wähle einen Sparbetrag, der Dir für Deine Altersvorsorge sinnvoll erscheint – den Feinschliff machen wir später in diesem Kapitel.

Als grobe Orientierung hilft Dir die 50:30:20-Regel: Es wäre gut, wenn Du es schaffst, insgesamt 20 % Deines Nettoeinkommens wegzusparen und gezielt **15 %** davon für Deine Altersvorsorge in den ETF zu investieren.

Verdienst Du 2.700 € netto, wären das rund 400 € monatlich in Deinen ETF-Sparplan. Mach Dir aber keinen Stress, falls das aktuell nicht machbar ist oder Du erst mal ein Gefühl für das Ganze in der Praxis entwickeln willst – starte erst mal mit einem kleineren Betrag wie 100 € oder 200 € und passe ihn später an.

Vergiss dabei nicht: Jeder Euro, den Du in einen Aktien-ETF steckst, solltest Du langfristig weglegen – rechne damit, dass Du ihn die nächsten 15 Jahre nicht antastest. Investier also kein Geld, das Du womöglich kurz- oder mittelfristig brauchst – das gehört auf Dein Tagesgeldkonto.

Das Gute an einem ETF-Sparplan ist aber, dass er maximal flexibel ist: Wie beim Dauerauftrag aufs Tagesgeldkonto kannst Du ihn jeden Monat verändern, ihn erhöhen oder aussetzen, und so auf aktuelle Ereignisse in Deinem Leben reagieren.

Du gehst in Elternzeit und hast plötzlich weniger Geld zur Verfügung? Kein Problem, reduziere auch Deinen monatlichen Sparbetrag.

Du wechselst den Job und machst einen schönen Gehaltssprung? Dann solltest Du auch Deine Sparrate entsprechend raufsetzen.

Vielleicht möchtest Du genauer verstehen, wie viel Du für die Altersvorsorge brauchst und wie hoch Dein Vermögen zur Rente mal sein sollte. Darum geht es im nächsten Unterkapitel.

Deine eigene Rentenlücke: Wie viel musst Du monatlich wegsparen?

Ich hoffe, Du hast bis hierhin bereits einen ETF-Sparplan angelegt. Vielleicht sparst Du dorthin einfach »so viel wie geht« – also so viel, wie für Dich ohne einschneidende Einschränkungen machbar ist. Vielleicht sagt Du: »Die Daumenregel 15 % vom Netto gefällt mir gut, mehr muss ich nicht wissen.« Vielleicht fragst Du Dich aber: Geht es nicht etwas genauer, wenn es um die Altersvorsorge geht? Wie viel solltest Du Dich im Hier und Jetzt einschränken, um später besser leben zu können?

Über die dunkle Wolke der Rentenlücke hatten wir schon gesprochen. Die lässt sich für Dich einigermaßen genau berechnen und darauf basierend auch Deine Sparrate für die Altersvorsorge. Lass uns das mal zusammen anhand konkreter Beispielzahlen durchrechnen.

Wie viel wirst Du später einmal brauchen?

Gehen wir mal davon aus, dass Du auch im Alter gut leben und nicht jeden Euro zweimal umdrehen willst – Du möchtest Deinen Lebensstandard beibehalten. Wenn Du genau wissen möchtest, wie hoch der eigentlich ist, dann kannst Du eine Zeit lang ein Haushaltsbuch führen und Deine Kosten sehr genau aufdröseln. Wie das genau geht, erfährst Du in Kapitel 9.

Du kannst es Dir aber auch einfacher machen: Wenn Du jetzt die 50:30:20-Regel befolgst, wirst Du im Alter noch etwa 80 % Deines letzten Nettoeinkommens brauchen. Du musst Deine

Lebenshaltungskosten bestreiten können, und die 30 % Spaß und Freizeit sind ja genau der Lebensstandard, den Du halten möchtest. Die 20 % Sparquote für die Altersvorsorge fällt dann weg. Das Gute daran ist: Die hast Du ja idealerweise Dein Arbeitsleben lang weggespart und hast sie nicht ausgegeben. Insofern sollte es Dir auch nicht schwerfallen, mit 80 % von Deinem Einkommen klarzukommen.

Wenn Du in Deiner eigenen Immobilie wohnst und diese noch abbezahlst, solltest Du beachten, dass Du bis zur Rente den Kredit (hoffentlich) zurückgezahlt hast und die Kreditrate deshalb weggefallen ist. Dann sinken Deine Lebenshaltungskosten deutlich.

Machen wir ein einfaches Beispiel: Sagen wir, Du bist 30 Jahre alt und verdienst angestellt 2.700 € netto im Monat (entspricht 50.000 € Bruttogehalt im Jahr als Single). Du gibst im Monat im Schnitt 2.150 € aus (50 % + 30 %). In 37 Jahren, wenn Du 67 bist, wird das, was Du heute für 2.150 € kaufst, erheblich teurer sein. Bei 2 % durchschnittlicher Inflation pro Jahr wirst Du dann monatlich schon gute 4.500 € brauchen – netto! Das klingt erst mal nach sehr viel Geld. Ist aber machbar, wie Du gleich sehen wirst.

Wie viel Rente wirst Du mal bekommen?

Dass die gesetzliche Rente Deinen Lebensstandard nicht decken können wird, weißt Du schon. Aber natürlich ist wichtig, wie viel Du erwarten kannst. Schau dazu mal auf Deine gesetzliche Renteninformation. Du erhältst sie jährlich, wenn Du 27 Jahre alt bist und schon mindestens fünf Jahre in die Rentenkasse eingezahlt hast.

Darauf kommt es an: Muster einer Renteninformation mit den wichtigsten Kennzahlen

Renteninformation 2025

Ihre Renteninformation

Sehr geehrte Frau Musterfrau,

in dieser Renteninformation haben wir die für Sie vom 01.09.1987 bis zum 31.12.2024 gespeicherten Daten und das geltende Rentenrecht berücksichtigt. Ihre **Regelaltersrente** würde am **01.02.2038** beginnen. Änderungen in Ihren persönlichen Verhältnissen und gesetzliche Änderungen können sich auf Ihre zu erwartende Rente auswirken. Bitte beachten Sie, dass von der Rente auch Kranken- und Pflegeversicherungsbeiträge sowie gegebenenfalls Steuern zu zahlen sind. Auf der Rückseite finden Sie zudem wichtige Erläuterungen und zusätzliche Informationen.

Rente wegen voller Erwerbsminderung

Wären Sie heute wegen gesundheitlicher Einschränkungen voll erwerbsgemindert, bekämen Sie von uns eine monatliche Rente von:	1.384,39 EUR

Höhe Ihrer künftigen Regelaltersrente

Ihre bislang erreichte Rentenanwartschaft entspräche nach heutigem Stand einer monatlichen Rente von:	1.059,67 EUR
Sollten bis zum Rentenbeginn Beiträge wie im Durchschnitt der letzten fünf Kalenderjahre gezahlt werden, bekämen Sie ohne Berücksichtigung von Rentenanpassungen von uns eine monatliche Rente von:	1.480,41 EUR

Rentenanpassung

Aufgrund zukünftiger Rentenanpassungen kann die errechnete Rente in Höhe von 1.480,41 EUR tatsächlich höher ausfallen. Allerdings können auch wir die Entwicklung nicht vorhersehen. Deshalb haben wir - ohne Berücksichtigung des Kaufkraftverlustes - zwei mögliche Varianten für Sie gerechnet. Bei … Anpassungssatz 1 Prozent, so ergäbe sich eine monatliche Rente von 1.680 EUR. Bei einem jährlichen Anpassungssatz von 2 Prozent ergäbe sich eine monatliche Rente von etwa 1.910 EUR.

Zusätzlicher Vorsorgebedarf

Da die Renten im Vergleich zu den Löhnen künftig geringer steigen werden und sich somit die spätere Lücke zwischen Rente und Erwerbseinkommen vergrößert, wird eine zusätzliche Absicherung für das Alter wichtiger ("Versorgungslücke"). Bei der ergänzenden Altersvorsorge sollten Sie - wie bei Ihrer zu erwartenden Rente - den Kaufkraftverlust beachten.

Mit freundlichen Grüßen

Ihre Deutsche Rentenversicherung
Bund

Bitte nehmen Sie diesen Beleg zu Ihren Rentenunterlagen.

Das ist die Renteninformation einer Person, die 54 ist. Bist Du jünger, stehen in Deiner Renteninformationen wahrscheinlich höhere Zahlen, weil die Renten mit der Zeit steigen. Wie kannst Du Deine Zahlen einschätzen? Dazu erspare ich Dir eine ausführliche Erklärung der ganzen Zahlen. Lass uns gleich die entscheidende raussuchen: Wie viel Rente wirst Du voraussichtlich mit 67 bekommen? Die entscheidende Info versteckt sich im Abschnitt »Rentenanpassung«. Hier findest Du zwei Zahlen: Wie hoch Deine Rente sein wird, wenn Du weiterhin ungefähr so viel verdienst wie in den letzten fünf Jahren und sich die Rente **um 1%** bzw. **um 2%** pro Jahr erhöht. Das ist durchaus realistisch, denn die gesetzliche Rente steigt mit den Löhnen und Gehältern. Aber welcher Wert ist jetzt der relevantere?

Wir bei Finanztip haben das analysiert und rechnen damit, dass die Renten wahrscheinlich ungefähr nur um 1,7 % pro Jahr steigen werden, wenn die Gehälter um 2 % pro Jahr steigen, also im gleichen Maße wie die Inflation. Die Renten werden also langfristig hinter den Einkommen zurückbleiben. 1,7 % jährliche Rentensteigerung entsprechen übrigens einem Rentenniveau von ca. 43 % des letzten Einkommens. Vom Rentenniveau hörst Du vielleicht in der politischen Diskussion: Es gibt an, wie hoch die Rente vor Steuern im Vergleich zum letzten Einkommen bei einem Eckrentner liegt, also jemandem, der 45 Jahre lang in die Rentenkasse eingezahlt hat.

1,7 % pro Jahr klingen nicht nach viel, tatsächlich ist das aber angesichts des demografischen Wandels relativ hoch. Wir erwarten, dass künftige Bundesregierungen auch in Zukunft häufig zugunsten der Rentnerinnen und Rentner entscheiden werden, denn die sind eine stark wachsende Wählergruppe. Zur Wahrheit gehört auch, dass die arbeitende Bevölkerung das durch ansteigende Rentenbeiträge finanzieren müssen wird, denn so funktioniert das Umlagesystem.

Kommen wir zu Deiner Renteninformation zurück: Um zu wissen, wo Deine Rente brutto mal liegen wird, suchst Du die beiden Werte für 1 % und 2 % jährliche Rentenanpassung, nimmst die **Mitte** zwischen den beiden Werten und legst noch ein bisschen was drauf, sodass Du ungefähr bei 1,7 % landest. Wenn Du es ganz genau rechnen willst, nimmst Du den Wert für 1 % Rentenanpassung und addierst 70 % der Differenz zu 2 %.

In unserem Beispiel nehmen wir an, dass Dein Bruttogehalt in Höhe von 50.000 € im Schnitt um 2 % pro Jahr ansteigt, bis Du 67 bist. Dann wirst Du etwa 3.350 € gesetzliche Rente bekommen. Das kannst Du wie oben beschrieben schon heute Deiner Renteninformation entnehmen.

Jetzt kommt leider der nächste Haken: Die Zahlen auf der

Renteninformation sind brutto. Von den 3.350 € gehen Steuern und Sozialversicherung weg, vor allem Beiträge zu Kranken- und Pflegeversicherung. Faustformel: Ziehe grob 20 % ab. Von 3.350 € Rente bleiben Dir dann ca. 2.700 € netto.

Du erinnerst Dich, dass wir in Schritt 1 ausgerechnet hatten, dass Du 4.500 € jeden Monat brauchen wirst? Also beträgt Deine Rentenlücke mit 67:

4.500 € – 2.700 € = 1.800 € pro Monat

Du würdest also 2.700 € zum Leben haben, wenn Du nicht privat vorsorgst. Das entspricht etwa 60 % von den 4.500 €, die Du bräuchtest, um Deinen Lebensstandard zu halten. Frag Dich mal, wie gut Du heute zurechtkommen würdest, wenn Du nur noch 60 % Deines Lebensstandards bezahlen könntest. Wenn Du (wie die meisten) feststellst, dass das kein gutes Leben wäre, dann musst Du diese 1.800 € jeden Monat privat organisieren, also Dir aus Deiner Altersvorsorge auszahlen. Das klingt auch erst mal utopisch. Aber wie wir gleich sehen werden: Das kriegst Du hin, wenn Du rechtzeitig anfängst!

Wie viel hast Du heute schon?

Um genau zu bestimmen, wie viel Du monatlich in einen ETF stecken solltest, müssen wir noch eine wichtige Frage klären: Wie steht es eigentlich um Dein Altersvorsorge-Vermögen heute?

Mach dazu einen gründlichen Kassensturz Deiner gesamten Geldanlagen. Addiere wirklich Dein komplettes flüssiges Vermögen zusammen, ob ETFs, andere Fonds, bestehende Altersvorsorgeverträge, Sparkonten, Wertpapiere oder Gold. Ob Du solche Anlagen behalten sollst, besprechen wir in Kapitel 8. Immobilien lassen wir außen vor, denn laufende Kosten der Immobilien und Mieteinnahmen solltest Du bereits bei der Berechnung Deines Rentenbedarfs berücksichtigt haben.

Wenn Du diesen Überblick hast, dann überlege, wie viel Du davon langfristig für Deine Altersvorsorge zurücklegen kannst. Dazu musst Du Geld abziehen, das Du in den nächsten Jahren für Dinge wie einen Umzug oder ein neues Auto brauchen wirst. Auch das Eigenkapital für eine Immobilie zählt hier nicht – darauf gehen wir in einem späteren Kapitel ein. Und Dein Notgroschen bleibt natürlich auch unangetastet.

Dafür wird ein anderes Thema jetzt wichtig: Dein Erbe. Wirst Du mal etwas erben – ein erhebliches Vermögen, vielleicht eine Immobilie? Den genauen zukünftigen Wert wirst Du heute wahrscheinlich noch nicht kennen, aber versuch ihn grob abzuschätzen und rechne diese Summe zu Deinem Vermögen dazu. Eine sehr schwierige Schätzung, aber wenn bei Dir so gut wie sicher eine substanzielle Erbschaft in der Zukunft ansteht, wäre es unrealistisch, das für Deine Altersvorsorge überhaupt nicht einzurechnen. Andererseits solltest Du Dich auch nicht auf ein Erbe verlassen, über das Du nicht explizit Bescheid weißt. Hier hilft es natürlich ungemein, wenn Ihr in der Familie über das Thema Erbe offen sprechen könnt.

Je nachdem wie Geld, das Du mal erben wirst, heute angelegt ist, als auch bei Immobilien als Erbe kannst Du eine gewisse Wertentwicklung bis zu dem Zeitpunkt des Erbfalls annehmen. Setz diese Wertentwicklung aber im Zweifelsfall recht niedrig an, dann bist Du auf der sicheren Seite.

Es macht natürlich erheblich etwas aus, ob Ihr z. B. als zwei Geschwister jeweils »nur« die Hälfte von Eurem Elternhaus erben werdet – oder ob Du Einzelkind bist. Vielleicht ist das jetzt auch ein guter Anlass, dazu das Gespräch mit Deinen Eltern zu suchen. Kein einfaches Thema, aber Dein Erbe bestimmt wesentlich, wie sehr Du Dich in Deinem Arbeitsleben einschränken musst – oder nicht.

Wie viel solltest Du sparen?

Nun haben wir die Faktoren für Deine monatliche Sparrate beisammen: Deine zu erwartende Rentenlücke und Dein bestehendes Altersvorsorgevermögen. Lass uns mal für verschiedene Beispielfälle schauen, wie hoch eine Sparrate ausfallen müsste.

Wie viel Geld verschiedene Beispielfälle monatlich via Aktien-ETFs sparen müssten, um die Rentenlücke zu schließen

	Alter	Gehalt	Erspartes	Netto	Monatsrate	% vom Netto	Vermögen mit 67
Anton	20	30.000 €		1.778 €	192 €	10,8 %	726.666 €
Bruno	25	40.000 €		2.253 €	282 €	12,5 %	772.812 €
Chiara	30	30.000 €		1.778 €	296 €	16,6 %	579.710 €
Carla	30	50.000 €		2.709 €	429 €	15,8 %	839.776 €
Carla II	30	50.000 €	25.000 €	2.709 €	332 €	12,3 %	845.778 €
Carla III	30	50.000 €	50.000 €	2.709 €	235 €	8,7 %	850.679 €
Daniel	35	35.000 €		2.018 €	393 €	19,5 %	542.171 €
Eva	40	60.000 €	25.000 €	3.145 €	685 €	21,8 %	762.160 €
Friedrich	45	55.000 €	50.000 €	2.929 €	696 €	23,8 %	610.223 €
Gerd	50	60.000 €	75.000 €	3.145 €	950 €	30,2 %	574.173 €
Durchschnittsverdiener I	35	50.000 €		2.709 €	523 €	19,3 %	722.025 €
Durchschnittsverdiener II	40	50.000 €		2.709 €	669 €	24,7 %	635.131 €

Carla ist unser Beispielfall (30, 50.000 € brutto) und sollte 429 € pro Monat oder 15,8 % von ihrem Netto in einen Aktien-ETF stecken. Wenn Du aber mit 30 bereits 25.000 € in einem Aktien-ETF hast (Carla II), dann musst Du nur 332 € oder 12,3 % wegsparen. Wenn Du mit 20 30.000 € brutto verdienst, reicht es, wenn Du Dein Arbeitsleben lang nur 11 % in einen ETF-Sparplan steckst.

Mein eigener ETF-Sparplan liegt schon seit langer Zeit bei gut 20 % meines Nettoeinkommens. Damit weiß ich mich auf der sicheren Seite, dass mir das im Alter auf alle Fälle gut reichen wird. Ich habe in meine ordentliche Sparquote auch über den Daumen eingerechnet, dass ich früher, als ich selbstständiger Finanzberater war, ein paar Jahre nicht in die Rentenversicherung eingezahlt habe. Aber klar, 20 % vom Netto muss man sich auch erst mal leisten können.

Wenn Du in die Tabelle schaust und feststellst, dass Du Dir die angegebene Sparrate nicht leisten kannst, vielleicht auch, weil Du zu spät mit der Altersvorsorge angefangen hast, dann nimm die Tabelle als Ziel, wo Du hinwillst, und wirf die Flinte nichts ins Korn: Du sparst eben, was möglich ist! Vielleicht wirst Du Dich im Alter etwas einschränken müssen, aber je mehr Du beiseite schaffst, desto weniger schlimm wird es in der Rente. Und: Wir haben recht vorsichtig gerechnet (u. a. langfristig mit einer ETF-Rendite von 6 % pro Jahr) – Du kannst immer noch hoffen, dass Dein Aktien-ETF besser läuft als hier angenommen.

In der Tabelle haben wir auch sicherheitshalber eingerechnet, dass Männer 98 und Frauen 100 Jahre alt werden – wie am Anfang des Kapitels beschrieben. D. h. das Geld wird nach dieser Rechnung rund 31 bis 33 Rentenjahre lang reichen. Steuern sind natürlich auch schon eingerechnet. Und auch, dass die Inflation über diese 31 bzw. 33 Jahre alles noch mal teurer macht.

Auch diese steigenden Kosten wirst Du bis ins hohe Alter aus Deiner ETF-Geldanlage bezahlen können.

Im Internet gibt es übrigens zahlreiche Rechner, mit deren Hilfe Du Deine Rentenlücke bestimmen kannst. Viele davon sind aber leider unzuverlässig, denn sie berücksichtigen weder Steuer noch Inflation korrekt. Auf unsere Tabelle kannst Du Dich verlassen – genauer hat es kaum jemand ausgerechnet.

Wie viel sollten Frauen sparen?

Alle meine Tipps gelten natürlich sowohl für Männer als auch für Frauen. Zum einen investieren aber noch viel zu wenige Frauen in ETFs. Zum anderen wäre es wünschenswert, wenn die Care-Arbeit für die Kinder gleichmäßig unter den Partnern aufgeteilt wäre. Aber in der gesellschaftlichen Realität ist es oft doch die Frau, die für die Kinder häufiger und auch länger zu Hause bleibt als der Mann.

Der ETF-Sparplan bzw. die Altersvorsorge sollte trotz Care-Arbeit aber weiterlaufen – im Zweifelsfall zahlt der Partner, der mehr arbeitet, dem anderen einen Ausgleich für die geleistete Care-Arbeit. Denn wenn z.B. Du Deine Arbeitszeit verringerst, verdienst Du nicht nur weniger, Du zahlst auch weniger in die gesetzliche Rente ein. Die Höhe Deiner Sparrate sollte sich nach Eurem gemeinsamen Lebensstandard als Familie richten. Es lassen sich gute Argumente dafür finden, dass Eure beiden Sparraten gleich hoch sein sollten. Das Wichtigste: Sprecht frühzeitig und offen darüber.

Passe Deinen Sparplan Deinem Leben an

Ein ETF-Sparplan lässt sich zum Glück jederzeit verändern. Höchstwahrscheinlich wird Dein Einkommen mit der Zeit steigen – schon allein um die Inflation auszugleichen, solltest Du immer wieder die eine oder andere Gehaltserhöhung bekommen. Und so wie Dein Einkommen hoffentlich mindestens mit der Inflation steigt, sollte auch Deine Sparrate mithalten. Ganz konkret: Sparst Du 400 € im Monat und bekommst 5 % mehr Nettogehalt, dann solltest Du Deine Sparrate auf 420 € erhöhen. Natürlich darfst Du Dir bei einer Gehaltserhöhung ruhig mal was gönnen. Aber vergiss nicht, auch Deine Altersvorsorge zu belohnen. Bei manchen Depotanbietern kannst Du Deinen ETF-Sparplan auch dynamisieren, also jedes Jahr automatisch erhöhen lassen. Das sollte aber zu Deiner Gehaltsentwicklung passen.

Für das Endergebnis macht das viel aus: Bei Carla steht in der Tabelle ein Vermögen von rund 840.000 € mit 67. Die werden auch dadurch möglich, dass Carla ihren Sparbetrag von anfangs 429 € jedes Jahr um 2 % erhöht und mit 67 dann 893 € wegspart – aber sie wird dann auch gut 5.600 € netto verdienen.

Ich selbst überprüfe deshalb im Rahmen meines Jahreschecks, ob ich es schaffe, 50 € oder 100 € monatlich mehr auf die Seite zu legen.

Gleiches gilt, wenn Sondereinnahmen hereinflattern: Du bekommst eine Steuerrückzahlung vom Finanzamt, einen Jahresbonus oder Urlaubsgeld. Legst Du normalerweise 15 % fürs Alter zurück, dann würde ich z. B. von 1.000 € vom Finanzamt 150 € in den ETF packen. Ich überweise von jeder Sondereinnahme immer so grob ein Fünftel bis ein Viertel auf mein Depot.

Umgekehrt kann Dein Einkommen und damit Dein Lebensstandard natürlich auch sinken, z. B. wenn Du Deinen Arbeitsplatz verlierst oder Deine Arbeitszeit reduzierst. In diesem Fall kannst Du Deinen ETF-Sparplan im gleichen Verhältnis zu Deinem gesunkenen Einkommen herabsetzen. Entsprechend werden Deine Altersvorsorge und Dein Auskommen im Alter geringer ausfallen.

Die richtige Aktienquote: Wie viel Risiko kannst Du gehen?

Es gibt eine Frage, die immer wieder auftaucht: Wie viel von Deinem ganzen Geld kannst Du eigentlich auf die Dauer in Aktien-ETFs halten? 40 %? 60 %? 80 %? Wie viel sollte umgekehrt sicher auf Tagesgeld & Co. angelegt sein? Das ist eine strategische Entscheidung, die Du grundsätzlich für Dich treffen und eher nur einmal im Jahr überdenken – und nicht bei jedem heftigen Ausschlag der Börsen nach unten oder nach oben infrage stellen solltest.

Die Frage ist auch deswegen wichtig, weil Dein ETF-Depot langfristig stärker wachsen wird als Dein Tagesgeldkonto – nicht nur, weil Du dort mehr einzahlst, sondern auch, weil die Rendite langfristig viel höher ist. Irgendwann kann das ETF-Depot im Vergleich zum Tagesgeld zu groß werden. Wie findest Du jetzt raus, wie hoch die richtige Aktienquote für Dich persönlich ist?

Hierzu sollten wir zunächst feststellen, wie viel Risiko Du objektiv in den nächsten Jahren gehen kannst. Wie viel Geld brauchst Du sicher kurz- bis mittelfristig? Zeichnet sich bei Euch ein Umzug ab, oder steht eine größere Investition in Eure Immobilie an? Diese absehbaren Ausgaben dürfen natürlich nicht auf einem Aktien-ETF liegen – der Anlagehorizont wäre viel zu kurz und das Risiko zu groß, dass Dein ETF im Minus steht, wenn Du in ein paar Jahren Geld brauchst. Wenn Dein Ziel eine eigene Immobilie ist und Du dafür Eigenkapital ansparst, dann wirst Du das nahezu komplett sicher anlegen und somit wahrscheinlich eine Aktienquote von nahe Null fahren müssen (mehr dazu in Kapitel 7). Umgekehrt wären 100 % in Aktien ein zu hohes Risiko; mindestens Dein Notgroschen sollte auf einem Tagesgeldkonto liegen, da objektiv immer unvorgesehene Ausgaben auftreten können.

Bei mir beispielsweise ist die Situation so, dass in den nächsten Jahren ein neues Auto hermuss, da mein altes jederzeit kaputtgehen kann. Das Geld für einen vernünftigen Gebrauchtwagen habe ich längst sicher geparkt.

Die nächste spannende Frage: Wie viel Risiko hältst Du aus? Wie viel zwischenzeitlichen Verlust verträgt Dein Magen? Um das abzuschätzen, machen wir ein Gedankenexperiment. Stellen wir uns vor, Du hast insgesamt ein Vermögen von 30.000 €. Jetzt stell Dir eine heftige Börsenkrise vor. In Deiner Depot-App leuchtet knallrot ein Verlust auf. Wie hoch darf diese Zahl in Euro maximal sein, sodass Du noch gut schlafen kannst und nicht in Panik verkaufst? Wenn da in Rot zum Beispiel »–10.000 €« steht, hältst Du das noch aus? Es ist wichtig, dass Du Dir diesen zwischenzeitlichen Verlust in Euro vorstellst – das wirkt noch mal deutlich eindrücklicher, als wenn wir über »–33 %« sprechen. Wenn für Dich beispielsweise 10.000 € an Verlust die Grenze des Ertragbaren sind, dann kannst Du das Doppelte, nämlich 20.000 €, in einen Aktien-ETF investieren. Das ist eine Faustregel, die sich daran orientiert, dass der weltweite Aktienmarkt in den schlimmsten Krisen historisch grob um die Hälfte eingebrochen ist. Die restlichen 10.000 € gehören als Sicherheitsbaustein aufs Tagesgeldkonto – das entspricht dann einer Aktienquote von 67 %. Wenn Dir aber bei der Vorstellung, zwischenzeitlich mit 10.000 € im Minus zu sein, so richtig schlecht wird, dann solltest Du kein so hohes Risiko eingehen. Wenn Du sagst: 8.000 € im Minus, das halte ich gerade noch aus – dann kannst Du 16.000 € in einen Aktien-ETF packen.

Ich verstehe übrigens sehr gut, wenn Du Dir unsicher bist, wie viel Verlust Du emotional vorübergehend verkraften könntest. Ich hätte das vor 20 Jahren auch nur schwer beantworten können. Mittlerweile bin ich durch den einen oder anderen Crash ganz schön abgebrüht. Als am Montag, den 15. September 2008, die US-Investmentbank Lehman Brothers auf dem Höhepunkt der großen Finanzkrise pleiteging, kam ich nicht in mein Depot. Meine Bank war nicht zu erreichen. Da machte sich in meinem Magen schon Panik breit: »Ist mein Geld womöglich weg?« War es natürlich nicht, aber es schrumpfte in dieser Zeit um rund die Hälfte.

Ich habe aus diesen turbulenten Jahren vor allem einen Gedanken mitgenommen, der mich durch den Corona-Crash und andere Krisen gebracht hat: Ich brauche das Geld in meinem Depot aktuell nicht und noch ganz lange nicht – deswegen ist es auch nicht wichtig, wie mein Depot aktuell steht.

Daher fahre ich seit vielen Jahren eine konsequente Strategie: Ungefähr 80 % meines Vermögens liegt in Aktien-ETFs, der Rest meiner Rücklagen auf meinem Tagesgeldkonto bzw. einem Geldmarkt-ETF (siehe Kapitel 9). Die 20 %, die insgesamt dort liegen, sind weit mehr als mein Notgroschen. Dass ich dort nur wenige Prozent Zinsen kassiere, ist meine bewusste Entscheidung. Mit dieser Aufteilung fühle ich mich sehr wohl – all-in Aktien kommt für mich nicht infrage, denn die möglichen Verluste in einer großen Krise muss man erst mal aushalten. Auch ich brauche 20 % Sicherheitsbaustein in der Hinterhand.

Was musst Du zu Steuern auf ETFs wissen?

Wir haben noch nicht über Steuern gesprochen, die Du auf Deine Geldanlagen zu zahlen hast. Keine Sorge, wir werden da ganz pragmatisch vorgehen. Wenn Dich das Thema nicht interessiert, musst Du eigentlich nur wissen, wie viel Geld Du immer am Jahresanfang auf dem Verrechnungskonto Deines Depots bereithalten musst, damit dort eine Steuer abgebucht werden kann. Den Rest der Steuerthematik kannst Du auch überspringen – oder Dir von mir die Prinzipien erklären lassen, denn so kompliziert sind die nicht.

Also, gleich das Wichtigste zur Steuer am Jahresanfang: Haben Deine ETFs oder Fonds im Jahresverlauf Gewinn gemacht, musst Du grundsätzlich am Anfang des nächsten Jahres Steuern zahlen. Das Finanzamt will nämlich nicht 20, 30 oder sogar 40 Jahre warten, bis Du in Rente gehst und anfängst, ETF-Anteile zu verkaufen – es hätte gerne schon vorher ein bisschen Steuern. Dein Depotanbieter berechnet die sogenannte Vorabpauschale, eine Art Zwischengewinn, und zieht auf diese automatisch etwas Steuer ab – meist im Januar. Damit das reibungslos funktioniert, solltest Du ein kleines Polster auf Deinem Verrechnungskonto haben. Damit Du einen Eindruck hast: Für 10.000 €, die Du Ende 2024 in einem Aktien-ETF hattest, musstest Du im Januar 2025 rund 35 € Steuern zahlen. Bei 20.000 € im ETF wären es rund 70 € gewesen, und so weiter. Da sich die Steuer jedes Jahr ändert, rechnest Du den Betrag am besten Ende des Jahres kurz aus – wir haben dafür einen praktischen Rechner auf unserer Homepage.

Wenn Du es mit der Steuer so einfach wie möglich halten willst, dann war's das eigentlich schon! Der Rest erledigt sich über Deine Steuererklärung, über die wir in Kapitel 9 sprechen.

Schon mal vorab: Eine Steuererklärung ist ohnehin quasi jedes Jahr Pflicht, denn sonst schenkst Du dem Staat wahrscheinlich eine Menge Geld.

Du willst noch mehr zum Thema Steuern auf Geldanlagen wissen? Prima, dann gehen wir der Reihe nach durch, wie das mit den Steuern und ETFs genau funktioniert. Wir sprechen hier über die Kapitalertragsteuer, auch Abgeltungssteuer genannt. Die fällt grundsätzlich auf alle Erträge aus Deinen Geldanlagen an – also auf Zinsen, Dividenden, Ausschüttungen und Gewinne bei Verkauf von Aktien und ETFs/Fonds. Sie beträgt aktuell 25% auf diese Erträge plus Solidaritätszuschlag, was 26,375% entspricht. Dazu kommt noch Kirchensteuer, falls Du Mitglied bist.

Die Steuer wird in der Regel automatisch von Deiner Bank oder Deinem Depotanbieter einbehalten und ans Finanzamt abgeführt. Deine Steuerschuld ist damit sofort abgegolten (deswegen heißt sie auch Abgeltungssteuer) – Du musst Dich also um nichts kümmern. Klingt bequem, oder? Trotzdem solltest Du das Thema nicht abhaken. Denn meistens wird Dir zu viel abgezogen, und Du kannst Dir Kapitalertragsteuer eben über Deine Steuererklärung zurückholen.

Auf die Zinsen Deines Tagesgeldkontos (oder z.B. eines Bausparvertrags) zahlst Du aktuell 26,375%. Bei Aktien-ETFs und Aktienfonds sieht es etwas besser aus: Hier sind 30% aller Erträge, also von Dividenden, Ausschüttungen, Verkaufsgewinnen und von der Vorabpauschale zu Jahresbeginn steuerfrei. Damit beträgt der effektive Steuersatz hier rund 18,5%. Aber immerhin gibt es einen jährlichen Freibetrag, über den wir jetzt kurz sprechen sollten.

Sparer-Pauschbetrag

Um kaum eine andere Steuergröße macht sich unsere Finanztip-Community mehr Gedanken als um den sogenannten Sparer-Pauschbetrag. Jedes Jahr hast Du einen Freibetrag an Kapitalerträgen, auf den Du keine Steuern zahlen musst. Seit 2023 liegt dieser Betrag für Singles bei 1.000 €, bei Verheirateten bzw. eingetragenen Lebenspartnerschaften bei 2.000 € pro Jahr. Die Bank wendet diese 1.000 € pro Person aber nicht automatisch an, sondern zieht Dir grundsätzlich erst mal Abgeltungssteuer ab. Damit Dir diese 1.000 € zugutekommen, kannst Du Dich auf zwei Arten darum kümmern – und weil wir es ja möglichst einfach wollen, rate ich Dir zur ersten Methode: Mach eine Steuererklärung! Wenn Du in Deiner Steuererklärung die Jahressteuerbescheinigungen einträgst, die Du von Deinen Banken bekommst (wie genau, erfährst Du in Kapitel 9), werden Dir die 1.000 € Freibetrag automatisch angerechnet. Steuern, die Du zu viel gezahlt hast, bekommst Du dann zurück. Ich mache jedes Jahr eine Steuererklärung (mittels einer Steuersoftware) und finde dieses Vorgehen das unkomplizierteste: Ich nehme die Jahressteuerbescheinigungen meiner verschiedenen Banken – für mein Girokonto, für mein Tagesgeldkonto sowie für mein ETF-Depot – und trage die paar relevanten Zahlen in meiner Steuersoftware ein. So stelle ich sicher, dass mein Freibetrag optimal genutzt wird. Die Mathematik dahinter macht das Finanzamt für mich.

Die zweite und kompliziertere Möglichkeit ist, sogenannte Freistellungsaufträge zu erteilen. Das bedeutet, Du teilst Deinen verschiedenen Banken mit, wie viel von den 1.000 € Freibetrag sie für Dich jeweils nicht versteuern sollen.

Dazu ein Beispiel: Angenommen, im Januar hast Du bei Bank A ein Tagesgeldkonto mit 10.000 € und bei Bank B ein Depot mit 20.000 € in einem Aktien-ETF.

Erst mal musst Du schätzen, wie viel Zinsen Du bei Bank A übers Jahr bekommen wirst (der Zinssatz kann sich ja ändern). Bei 2 % würdest Du 200 € an Zinsen bekommen. Zur Sicherheit erteilst Du Bank A einen Freistellungsauftrag über 300 €. Jetzt kannst Du dort bis zu 300 € an Zinsen kassieren, ohne dass Dir Steuer abgezogen wird. Anschließend könntest Du über die restlichen 700 € einen Freistellungsauftrag an Bank B stellen. Da ja 30 % der Erträge aus einem Aktien-ETF steuerfrei sind, würde Bank B auf bis 1.000 € an Ertrag keine Steuern abziehen. Auch die Vorabpauschale fällt unter den Freistellungsauftrag.

Die Höhe der Freistellungsaufträge solltest Du jedes Jahr anpassen, je nach Zinssätzen und wie sich Dein Depot entwickelt hat. Wenn Du Deine Freistellungsaufträge auf diese Art auf die Banken verteilst, solltest Du unbedingt eine kleine Excel-Tabelle führen, damit Du nicht den Überblick verlierst. Ich habe das früher ein paar Jahre lang gemacht, und meine Erfahrung war: Am Ende habe ich mir doch über die Steuererklärung ein paar Euro zurückgeholt, weil irgendein Freistellungsauftrag nicht optimal gepasst hat. Also habe ich beschlossen, die Freistellungsaufträge links liegen zu lassen und alles über die Steuererklärung zu regeln. Dass das Finanzamt ein paar Monate Geld von mir hat, das es mir schuldet: geschenkt.

Ein pragmatischer Mittelweg ist, dass Du nur einen einzigen Freistellungsauftrag über 1.000 € erteilst. Und zwar der Bank, bei der Du voraussichtlich am meisten versteuern musst. Eventuelle Steuern, die Du bei Deinen anderen Banken zu viel zahlst, holst Du Dir über Deine Steuererklärung wieder zurück.

Den Sparer-Pauschbetrag optimal ausnutzen

Wenn Du noch kein hohes Vermögen hast, wirst Du mit den Zinsen auf Deinem Tagesgeld und mit der Vorabpauschale auf Deinen thesaurierenden ETF Deine 1.000 € Freibetrag nicht ganz aufbrauchen. Was übrig ist, kannst Du jedes Jahr optimal ausnutzen (mitnehmen ins nächste Jahr geht nicht). Dafür hast Du zwei Möglichkeiten:

- **Mit einem ausschüttenden ETF starten:** Wenn Du mit Deiner Altersvorsorge beginnst, kannst Du auch einen ausschüttenden ETF wählen. Dieser zahlt regelmäßig (manchmal bis zu viermal pro Jahr) Erträge aus. Die Ausschüttungen werden direkt versteuert und nutzen Deinen Sparerpauschbetrag aus. Die Ausschüttungen solltest Du dann wieder reinvestieren – entweder indem Du Deinen laufenden Sparplan um die Ausschüttungen erhöhst oder indem Du mit den Ausschüttungen manuell ETF-Anteile nachkaufst.
  Du musst allerdings aufpassen, dass Dein ausschüttender ETF nicht zu groß wird, sodass Du nicht unnötig Steuern zahlst. Pragmatisch könntest Du Deinen Ausschütter bis auf 20.000 € hochlaufen lassen, die 20.000 € liegen und wachsen lassen und dann Deinen Sparplan und alle weiteren Investitionen in einen thesaurierenden ETF stecken.
- **Thesaurierender ETF und Teilverkauf:** Falls Du bereits einen thesaurierenden ETF hast, der in einem Jahr Gewinne erzielt hat, kannst Du am Jahresende etwas aus Deinem ETF verkaufen und so Deinen Sparerpauschbetrag manuell ausnutzen – solange Du dabei Deine 1.000 € nicht überschreitest. Wie viel Du verkaufen solltest, ist schwer auszurechnen. Du kannst pragmatisch mehrmals ein bisschen was verkaufen und Dich an die 1.000 € rantasten. Auch hier solltest Du das Geld anschließend wieder investieren, entweder durch einen erhöhten Sparplan oder durch eine Einmalanlage. Das Ganze

lohnt sich nur mit einem Depot mit sehr niedrigen Gebühren und ist recht fummelig.

Welche Methode Du wählst, hängt von Deinen Präferenzen ab. Hab zwei Dinge im Kopf: Erstens wird die Vorabpauschale auf einen thesaurierenden ETF tendenziell immer höher, weil der ETF wächst. 2024 hättest Du mit knapp 90.000 € in einem Aktien-ETF Deine 1.000 € bereits voll ausgenutzt, sodass Du keine weiteren Steuern hättest sparen können.

Und zweitens: Ja, Du kannst etwas Steuern über die beiden Methoden sparen. Aber über 30 oder 40 Jahre macht das kaum einen Unterschied. Das Wichtigste ist, dass Du regelmäßig investierst und langfristig denkst. Mach Dir also keinen Stress wegen des Sparerpauschbetrags.

Musst Du Deine Erträge zweimal versteuern?

Von Finanztip-Fans höre ich oft die Sorge, dass sie auf ihre Erträge doppelt Steuern zahlen müssen – einmal, wenn sie Geld aus ihrem ETF erhalten (durch Ausschüttungen oder Verkäufe), und dann noch einmal, wenn sie das wiederangelegte Geld in der Rente aus dem ETF entnehmen. Falls Du diesen Gedanken auch hattest, kann ich Dich beruhigen: Das ist nicht der Fall!

Sobald Du Geld vom Verrechnungskonto Deines Depots nimmst und neue ETF-Anteile kaufst, behandelt die Bank es einfach als Dein eigenes Geld. Sie kann nicht wissen, ob das Geld ursprünglich von Ausschüttungen, von einem Verkauf oder aber von Deinem regulären Einkommen stammt.

Das bedeutet, dass Du auf wiederangelegtes Geld nie Steuern zahlen wirst, weil es eben Dein eigenes Geld ist. Im Fall von Ausschüttungen oder Verkäufen hast Du es ja bereits versteuert. Das wiederangelegte Geld wird aber langfristig wiederum Gewinne machen (Stichwort Zinseszinseffekt), und die musst Du natürlich ganz normal versteuern.

Abgeltungssteuer langfristig optimieren: Die Finanztip-3 × 10-Strategie für Fortgeschrittene

Wenn Du schon jahrelang in ETFs investiert hast, habe ich einen einfachen, aber wichtigen Steuertipp für Dich: Du solltest ungefähr alle 10 Jahre einen neuen ETF besparen und den alten liegen lassen. Der neue ETF kann auf den gleichen Index wie der alte laufen oder einen anderen Welt-Index. Du könntest also nach 30 Jahren z. B. drei verschiedene ETFs auf den MSCI World oder auch einen z. B. auf den MSCI ACWI im Depot haben.

Die Idee ist, dass Du in der Rente diese ETFs dann in umgekehrter Reihenfolge »entsparst«, also verkaufst. Du entnimmst als Erstes Geld aus dem ETF, in den Du zuletzt investierst hast. Wenn der leer ist, dann aus dem zweitjüngsten usw. Was soll das Ganze? Du umgehst so die sogenannte FIFO-Regel (*first in, first out*), nach der die Anteile, die zuerst ins Depot gekommen sind, auch zuerst wieder verkauft werden. Diese alten Anteile in Deinem allerersten ETF haben aber am meisten Gewinn gemacht, und auf sie musst Du am meisten Steuer zahlen. Und deswegen hältst Du sie so lange wie möglich im Depot und zögerst die Steuer hinaus. Die Finanztip 3 × 10-Strategie kann Dir so über Dein Leben leicht einen Steuervorteil von mehreren Zehntausend Euro bringen. Und sie ist einfach umzusetzen. Ich nutze sie auch und bespare seit 2024 einen zweiten Welt-ETF, weil mein erster ungefähr 10 Jahre alt ist. Wie genau der Steuervorteil zustande kommt, kannst Du auf finanztip.de nachlesen.

Startkapital für die Jüngsten: ETF für Dein Kind

Ein ETF-Sparplan für Dein Kind ist eine super Idee – schließlich ist Zeit der entscheidende Faktor, wenn es um den Vermögensaufbau geht. Du kannst zum Beispiel einen kleinen Sparplan einrichten, der über die Jahre hinweg für Dein Kind wächst. Wenn Du das Ganze schon machst, während Dein Kind noch klein ist, hat das Geld mindestens 15 Jahre Zeit zu wachsen, bis das Kind volljährig wird – das ist eine echt gute Ausgangslage.

Du hast zwei Möglichkeiten: Du kannst den ETF entweder in Deinem eigenen Depot anlegen oder ein separates Depot für Dein Kind eröffnen. Der Vorteil bei einem separaten Kinderdepot ist u.a., dass auch Dein Kind einen Steuerfreibetrag von 1.000 € pro Jahr hat, den Du nutzen kannst – bis zu diesem Betrag sind Kapitalerträge steuerfrei.

Ein eigenes Kinderdepot ist übrigens perfekt, um Deinem Kind, wenn es vielleicht 13 oder 15 wird, zu erklären, wie da Geld für sie oder ihn angelegt ist, was ein Aktien-ETF ist und warum das so wichtig ist. Jugendliche interessieren sich meiner Erfahrung nach sehr für das Thema, sobald sie einen eigenen Bezug dazu haben. Mit 18 Jahren hatte Deine Tochter oder Dein Sohn dann Zeit zum Nachdenken und kann eine gut überlegte Entscheidung treffen: Wird das Geld ausgegeben, z.B. für das erste eigene Auto, oder bleibt es für den langfristigen Vermögensaufbau stehen? Bei Zweiterem hat Dein Kind den erheblichen Vorteil, dass es in seinem Leben nicht mehr so viel selbst für die Altersvorsorge tun muss.

Gute Depots für Kinder und weitere Tricks rund herum findest Du auf unserer Webseite.

Wie lebst Du im Alter von Deinem ETF?

Jetzt sind wir schon beim Thema Entsparen. Wenn Du an den Tag denkst, an dem Du in Rente gehst und zum ersten Mal regelmäßig Geld aus Deinem Depot entnimmst, dann kommt Dir die Frage: »Wie und wie viel Geld soll ich dann aus meinem Depot entnehmen?«

Vorweg ein wichtiger Grundsatz: Nur weil Du in Rente gehst, heißt das nicht, dass sich an Deiner Geldanlage viel ändern muss. Was jahrzehntelang in Deinem Arbeitsleben funktioniert hat, ist auch für die Jahrzehnte Deiner Rente eine gute Idee. Dein ETF, der Dich viele Jahre lang begleitet hat, bleibt auch im Ruhestand Dein Begleiter – sehr wahrscheinlich bis zum Lebensende. Dabei gehen wir davon aus, dass Du die große Masse des Depots nicht auf einmal brauchst, sondern Dir eben laufend eine Zusatzrente selbst auszahlst, die einen Teil Deines Lebensstandards deckt.

Praktisch läuft das ganz einfach so, dass Du jeden Monat oder auch jedes Quartal (wenn Du es nicht so oft machen möchtest) ETF-Anteile verkaufst. Es gibt auch keinen Grund, im Alter auf einen ausschüttenden ETF umzusteigen – auch so eine Frage, die ich oft bekomme. Du holst Dir einfach durch Verkäufe Geld aus Deinem thesaurierenden ETF. Ich rechne übrigens damit, dass in Zukunft immer mehr Depotanbieter einen automatischen Entnahmeplan anbieten werden, also das Gegenteil zum Sparplan.

Die größte Änderung zu Rentenbeginn ist, dass es sinnvoll ist, Deine Altersvorsorge in zwei Töpfe zu splitten: in einen Basistopf und in einen Spaßtopf. Der Basistopf ist der Teil Deines Vermögens, aus dem Du Deinen wesentlichen Lebensstandard deckst. Dazu zählen etwa Miete oder Lebensmittel, aber auch mal Essengehen am Wochenende oder das Minimum an Urlaub, das jedes Jahr immer drin sein muss – also all das, worauf

Du auf keinen Fall verzichten willst und das durch die gesetzliche Rente nicht abgedeckt ist. Der Spaßtopf wiederum ist für alles, was Du Dir gönnen willst, aber worauf Du auch verzichten kannst: der große Übersee-Urlaub, hochpreisige Klamotten, die Du kaum anziehen wirst, oder ein eigentlich zu teures Auto. Für die Aufteilung in Basis- und Spaßtopf kannst Du ein zweites Depot bei einem anderen Anbieter eröffnen. Manche Banken bieten an, dass man mehrere Depots bei ihnen haben kann.

Die Idee dahinter: Aus dem Basistopf entnehmen wir in Maßen, sodass er so gut wie sicher bis an Dein Lebensende reicht. Wenn die Börse im Alter mal crasht, musst Du keine Panik bekommen, dass Dir irgendwann das Geld ausgeht. Solche Crashes sind schon eingerechnet. Aus dem Spaßtopf kannst Du dagegen nach Lust und Laune ohne schlechtes Gewissen entnehmen. Falls der Spaßtopf irgendwann leer ist, musst Du ja trotzdem auf nichts Wesentliches verzichten. Dahinter steckt auch zu einem gewissen Grad die Annahme, dass Du in der ersten Zeit Deiner Rente noch viel unternehmen wirst können, später dagegen aus gesundheitlichen Gründen Deine Freizeitausgaben ohnehin geringer ausfallen.

Die Aufteilung Deines Depots in Basis- und Spaßtopf hängt u. a. davon ab, wie hoch Deine gesetzliche Rente ausfällt und wie hoch Du Deinen wesentlichen Lebensstandard ansetzt. Etwa die Hälfte bis zwei Drittel Deines gesamten Vermögens sollte im Basistopf stecken. Wenn Du eine ordentliche Rente hast und im Alter mit nur 60 % Deines vorherigen Nettoeinkommens gut auskommst, dann reicht wahrscheinlich die Hälfte im Basistopf. Lebst Du standardmäßig eher mit 70 % Deines Einkommens, sollten es eher mindestens zwei Drittel im Basistopf sein. Nicht vergessen: Wir haben Deine Altersvorsorge für 80 % Deines Einkommens ausgelegt, weil Du die übrigen 20 % ja ansparst, was im Alter wegfällt.

Für die Entnahme aus dem Basistopf gilt die sogenannte 3 %-Regel: Wenn Du bei Renteneintritt beispielsweise 300.000 € im Basistopf hast, ist es sinnvoll, jedes Jahr etwa 3 % davon zu entnehmen, also 9.000 € pro Jahr bzw. 750 € pro Monat.

Diese 3 % sind bewusst vorsichtig angesetzt. Denn ein Börsencrash kurz vor oder kurz nach Deinem Renteneintritt trifft Dich besonders schwer: Denn in diesen Jahren hast Du viel Geld angehäuft, das potenziell noch für mehr als 30 Jahre reichen muss. Wenn Du aber nur 3 % pro Jahr entnimmst, wird sich Dein Depot auch von einem Crash in diesen Jahren gut wieder erholen, ohne dass Du zu viel entnommen hast. Das haben wir bei Finanztip in Hunderten Fällen durchsimuliert. Das Risiko, dass Du Dich im hohen Alter gewaltig einschränken musst, damit Dir nicht das Geld ausgeht, ist minimal.

Den Rest Deines Vermögens steckst Du in den Spaßtopf. Die 3 %-Regel gilt hier nicht – denn das Prinzip ist ja, dass Du auf Ausgaben aus diesem Topf auch verzichten kannst. Die Denke ist eher andersherum: Wenn es ein besonders gutes Börsenjahr gibt, kannst Du Dir auch mal einen extravaganten Urlaub o. Ä. gönnen. Denn der jahrzehntelange Vermögensaufbau soll gerade im Ruhestand richtig Spaß ermöglichen.

Dieser ganze Entnahmeplan ist wirklich vorsichtig gestaltet, damit eben ein Crash im ungünstigen Moment nicht dafür sorgt, dass Dir weit vor Deinem Tod das Geld ausgeht. Aber lass uns mal auf die Sonnenseite schauen: Selbst wenn es an der Börse während Deiner Rente nur durchschnittlich gut läuft (siehe 6% pro Jahr), kannst Du Dir dank Deines Spaßtopfs zum einen immer schöne Dinge leisten, und Dir wird das Geld lebenslang nicht ausgehen. Zum anderen wirst Du aber sogar recht wohlhabend ins Grab gehen und Deinen Erben ein gutes Polster für ihre eigene Altersvorsorge hinterlassen.

Was passiert mit Deinem Depot nach Deinem Tod?
Wir haben schon oft gesagt, dass ein ETF-Depot so einfach zu handhaben ist – und das gilt auch für Deinen Todesfall: Es ist total leicht zu vererben.
Rentenversicherungen werden gerne damit beworben, dass Dir die Rente in jedem Fall lebenslang ausgezahlt wird. So wie wir Deine ETF-Altersvorsorge aufgesetzt haben, kannst Du mit ihr auch steinalt werden. Bei einer Rentenversicherung ist es aber so, dass die ausgezahlte Rente verfällt, sobald Du stirbst (manchmal wird die Rente an Deine Erben weitergezahlt, wenn Du früh verstirbst). Dein ETF-Depot wie auch Dein Tagesgeld bleiben natürlich über Deinen Tod hinaus bestehen und werden vererbt. Deine ETF-Anteile können dann unkompliziert unter Deinen Erben aufgeteilt werden. Im Gegensatz zu Immobilien oder Unternehmen gibt es bei Wertpapieren keine langwierigen Verkaufsprozesse oder komplizierten Besitzverhältnisse. Deine Erben können sich ihre jeweiligen ETF-Anteile auf ihr eigenes Depot übertragen oder die Anteile verkaufen. Selbstverständlich fällt auch das ETF-Depot unter die Erbschaftssteuer.

Wenn Du meinen Empfehlungen gefolgt bist, hast Du Dir in diesem Kapitel einen tollen Grundstein für Deine Altersvorsorge gelegt. Vielleicht fühlt sich das Ganze noch gar nicht nach einem großen Erfolg an, weil Du ja erst am Anfang stehst. Doch im Gegensatz zu vielen anderen, die das Thema ewig vor sich herschieben, hast Du Dich nicht nur aktiv mit Deiner Rentenlücke beschäftigt, sondern Du bist schon auf dem Weg, sie zu schließen – im Grunde geht's jetzt nur noch ums geduldige Durchhalten. Klopf Dir dafür ruhig einmal auf die Schulter!

Wenn Du noch offene Fragen zum Thema ETFs hast, dann ist das nächste Kapitel ein super Anlaufpunkt für Dich – denn dort werde ich auf die wichtigsten Unsicherheiten, Mythen und offenen Diskussionen rund ums ETF-Investieren eingehen.

Das Wichtigste in Kürze

- Die gesetzliche Rente wird im Alter nicht ausreichen. Daher brauchst Du eine zusätzliche private Altersvorsorge.
- Mit einem Sparplan auf einen globalen Aktien-ETF legst Du regelmäßig Geld in vielen Unternehmen an und hast an deren Gewinnen teil. Gerade für einen langfristigen Vermögensaufbau ist das sinnvoll.
- Für einen ETF-Sparplan brauchst Du ein Wertpapierdepot. Danach musst Du auswählen, welchen ETF Du besparen willst.
- Fange jetzt sofort an zu sparen, z. B. 15 % Deines Nettoeinkommens – aber leg nur Geld zur Seite, das Du mindestens die nächsten 15 Jahre nicht brauchst.

6

Begründete Zweifel an ETFs? Die wichtigsten Fragen geklärt

Vielleicht bist Du auf unserem Weg bis hierhin schon über die eine oder andere Frage gestolpert.

Vielleicht hört sich das alles zu gut für Dich an, oder Du hast zwar das Konzept des passiven Investierens in ETFs verstanden, aber bei einzelnen Aspekten willst Du noch mehr in die Tiefe gehen.

Oder Du hast Kritik an ETFs in anderen Medien gesehen.

In diesem Kapitel gehen wir mehr ins Detail und klären die Fragen, die vielleicht bisher unbeantwortet geblieben sind.

Scheinbare Streuung: Steckt zu viel USA im MSCI World?

Du stößt eventuell auf Berichte, die den MSCI World nicht ausschließlich positiv bewerten: Ist der nur scheinbar so gut gestreut, wie ich Dir das bisher dargestellt habe? Steckt nicht viel zu viel USA in ihm? Lass uns das einmal kurz zusammen durchdenken: Richtig ist, dass der MSCI World von seinem Wert her ganz grob 70 % US-Aktien enthält (der Anteil schwankt mit der Zeit). Das hat den einfachen Grund, dass der US-Aktienmarkt mit Abstand der größte und am besten entwickelte Aktienmarkt der Welt ist.

Anteile von Ländern am MSCI World nach Börsenwert

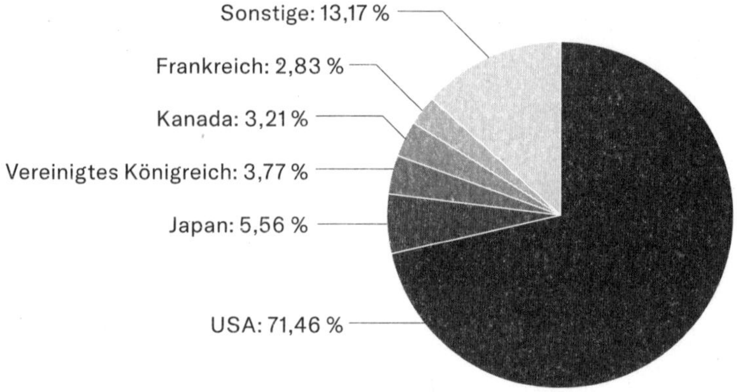

(Quelle: MSCI, Stand 30.6.2025)

Kann man dann wirklich noch von breiter Streuung sprechen? Musst Du Angst haben, weil mit einem ETF auf den MSCI World ein zu großer Teil Deines Vermögens in den USA steckt? Meine Antwort lautet ganz klar »Nein«, und zwar aus mehreren Gründen.

Firmen wie Apple oder Microsoft haben zwar ihren Hauptsitz in den USA, sind aber globale Konzerne. Sie verdienen ihr Geld nicht nur auf dem amerikanischen Markt. Apple beispielsweise verkauft iPhones ja nicht nur in den USA, sondern auch u.a. in China, in Deutschland und in Australien und machte 2024 über 63 % seines Umsatzes außerhalb der USA.

Top 10 Unternehmen im MSCI World

Unternehmen	**Gesamtumsatz 2024 (in Mrd. US-$)**	**Umsatz USA 2024 (in Mrd. US-$)**	**Anteil ex-USA**
Alphabet	350	170	51,3 %
Amazon	638	438	31,3 %
Apple	391	142	63,6 %
Berkshire Hathaway	261	229	12,3 %
Broadcom	52	13	75,0 %
Meta	165	60	63,7 %
Microsoft	245	125	49,1 %
Nvidia	130	61	53,1 %
Tesla	98	48	51,1 %
Walmart	681	558	18,1 %
		Durchschnitt (gewichtet)	**38,8 %**

(Quelle: Finanztip)

Du siehst: Viele der US-Giganten verdienen mehr als die Hälfte ihres Geldes nicht auf dem US-Binnenmarkt. 2024 kamen bei den zehn größten Unternehmen im MSCI World 38,8 % des Umsatzes von außerhalb der USA. Das heißt: Obwohl ein großer Teil Deines Geldes in US-Firmen steckt, sind diese Teil der Weltwirtschaft.

Damit kannst Du sofort erkennen, dass Du über den Anteil, den die Apple-Aktie an Deinem ETF hat, auch am Gewinn in China beteiligt bist. Insgesamt ist der US-Anteil von grob 70 % nur scheinbar sehr hoch. Denn tatsächlich sind Deine 70 % nicht ausschließlich in die USA, sondern eben in die Weltwirtschaft investiert.

Übrigens geht mit dieser Tatsache noch etwas anders einher, nämlich dass Du einen Großteil Deines Geldes in US-Dollar und nicht in Euro anlegst. Auch das trägt zur Diversifikation Deines Vermögens bei: Dein Einkommen und später auch Deine Rente erhältst Du in Euro. Dein Arbeitsplatz hängt sehr stark von der deutschen sowie der europäischen Wirtschaft ab. Wenn die US-Wirtschaft langfristig besser läuft als die deutsche, dann kannst Du davon ausgehen, dass der Dollarkurs und damit auch Dein Aktienkurs steigt. Genauso ist aber auch das Gegenteil möglich: Falls die europäische Wirtschaft stärker wächst als die US-amerikanische, könnte der Euro gegenüber dem Dollar aufwerten. In diesem Fall profitierst Du davon, dass Dein Einkommen und Deine Rente in einer stabilen oder sogar erstarkenden Währung ausgezahlt werden.

Welches der beiden Szenarien eintritt, lässt sich nicht vorhersagen. Indem Du in weltweite Aktien investierst, bereitest Du Dich auf beide vor und streust Dein Vermögen entsprechend. Und auch die US-Aktien profitieren ja von ihrem Auslandsumsatz, wenn der Euro oder andere Währungen gegenüber dem Dollar steigen. Denn für ihre Gewinne in Euro bekommen sie dann mehr Dollar. Sie streuen ihr Geschäft – und Du mit ihnen.

Passives Investieren: Sind ETFs dumm?

Hast Du schon mal gehört, dass ETFs »dumm« sind? Ich persönlich finde diesen Kritikpunkt an ETFs schon beinahe amüsant. In gewisser Weise stimmt es ja sogar – denn ETFs folgen blind dem jeweiligen Index und investieren automatisch in die darin enthaltenen Unternehmen, ohne zu analysieren, welche gut oder schlecht laufen.

Das bedeutet, dass in einem ETF immer sowohl Gewinner als auch Verlierer vertreten sind. Aber genau das ist der Punkt: Entscheidend ist nicht die Entwicklung einzelner Aktien, sondern die durchschnittliche Rendite des gesamten Portfolios. Solange diese langfristig über der Inflation liegt, erfüllt der ETF seinen Zweck – ganz ohne kluge oder weniger kluge Anlageentscheidungen. Trotzdem gibt es immer wieder Kritik aus dem Finanzvertrieb, von Fondsmanagern oder Vermögensverwaltern, die ihre eigenen Produkte verteidigen und verkaufen wollen.

Im Grunde geht es hier um das Thema aktiv gemanagte vs. passive Fonds, das uns schon bei der Vorstellung von ETFs begegnet ist. Noch mal zur Erinnerung: Ein ETF ist ein passiver Fonds, weil er nur passiv anhand einer bestimmten Liste, nämlich des Index, einkauft und damit stumpf einen bestimmten Markt abbildet. Bei aktiv gemanagten Fonds gibt es ein Management, das bestimmte Aktien oder andere Wertpapiere auswählt – weil dieses Management zu wissen glaubt, dass sich die ausgewählten Titel besonders gut entwickeln werden. Das klingt natürlich erst mal vielversprechend, wir vertrauen ja nur zu gerne auf Expertenwissen. Allerdings bestätigt die Realität die vermeintliche Überlegenheit der Experten nicht: In einer Studie des Analyseunternehmens Morningstar von 2023 liefen knapp 83% der aktiven Aktienfonds über 10 Jahre schlechter als vergleichbare passive Fonds (meist ETFs). Und wenn wir nur auf den Weltaktienmarkt schauen: Die Ratingagentur S&P gibt an, dass Ende 2024 92 % der globalen Aktienfonds über 15 Jahre den Durchschnitt des Marktes nicht schlagen konnten. Das liegt nicht nur daran, dass der Aktienmarkt extrem schwer vorauszusagen ist, sondern es liegt auch einfach an den Kosten, die ein aktives Management verursacht. In den meisten Fällen schaffen es die aktiven Fonds nicht, diese Mehrkosten durch ein gutes Management wieder einzuspielen.

Mein Rat in dieser Sache ist ganz deutlich: Lass das Argument mit den »dummen ETFs« mit einem Grinsen an Dir abperlen. Mit ETFs stellst Du sicher, dass Du die durchschnittliche Rendite des Marktes abschöpfst. Damit kannst Du Dir langfristig ein ordentliches Vermögen aufbauen, ohne die Risiken eines schlecht gemanagten Fonds oder gar der Zockerei mit Einzelaktien einzugehen.

Grünes und ethisches Anlegen: Können ETFs nachhaltig sein?

Vielen Menschen ist das Thema Nachhaltigkeit heute sehr wichtig. Vielleicht hast auch Du Dich schon gefragt, ob so ein Welt-ETF mit Deinem Verantwortungsgefühl vereinbar ist, inwiefern Dein investiertes Geld dazu beiträgt, den Klimawandel zu beschleunigen? Auf den ersten Blick gehen ETFs und Klimaschutz nicht Hand in Hand, immerhin investierst Du in Unternehmen, die jede Menge CO_2 in die Atmosphäre blasen, Umweltzerstörung in Kauf nehmen und teilweise sogar Kinderarbeit in Entwicklungsländern fördern.

Mit einem Standard-Welt-ETF investierst Du ganz automatisch in die gesamte Weltwirtschaft – und die ist leider nicht immer so nachhaltig oder sozial, wie wir es uns wünschen würden.

Du investierst so, wie die meisten Menschen der entwickelten Welt auch konsumieren. Aus diesem Konsum kommt das Geld her, das die Gewinne der Aktiengesellschaften und damit der Aktien-ETFs befördert.

Die gute Nachricht ist: Du hast die Wahl! So kannst Du, statt einen klassischen ETF zu besparen, ganz gezielt auf nachhaltige ETFs setzen.

Zunächst solltest Du Dir bewusst machen, dass es Deine ganz persönliche moralisch-ethische Entscheidung ist, was Du als nachhaltig ansiehst und was nicht – es gibt nicht die eine allgemeingültige Definition von Nachhaltigkeit, die für alle passt, aber es gibt ETFs, die nach bestimmten Nachhaltigkeitsfaktoren aufgebaut sind.

Wenn Du Dich dafür entscheidest, Deinen Vermögensaufbau und Deine Altersvorsorge mit nachhaltigen Geldanlagen zu gestalten, solltest Du dabei ein wesentliches Prinzip der Geldanlage nicht aus den Augen verlieren: die **Diversifikation,** also die Streuung Deines Investments. Wenn es um Deine Altersvorsorge geht, ist ein erhebliches Risiko, nur auf sehr wenige und bestimmte grüne Unternehmen oder Branchen zu setzen, wie es bestimmte grüne ETFs oder Fonds tun. Denn nur weil ein Unternehmen besonders nachhaltig wirtschaftet, heißt das nicht, dass es langfristig vor einer Pleite geschützt ist. Ich habe selbst in den 2000ern in einen deutschen Solarfonds investiert – und dann sind damals die deutschen Solarunternehmen böse unter die Räder geraten.

Wir bei Finanztip raten Dir also dazu, einen Kompromiss zwischen Nachhaltigkeit und Diversifikation einzugehen: Wir empfehlen ETFs, die zum einen bestimmte Branchen von vornherein ausschließen: Alkohol, Tabak, Glücksspiel, Rüstung, Atomkraft, Pornografie, Gentechnik. Da wird schon klar, dass sich über Nachhaltigkeit trefflich streiten lässt: Für manche haben beispielsweise Rüstung oder Atomkraft nichts mit Nachhaltigkeit zu tun, für andere sind es notwendige Mittel in unseren Zeiten.

Zum anderen wählen diese ETFs dann gezielt Unternehmen aus, die die sogenannten ESG-Kriterien besser erfüllen als andere:

- **E** steht für *Environmental* – also Umweltschutz, z. B. gemessen am CO_2-Ausstoß eines Unternehmens.
- **S** steht für *Social* – soziale Verantwortung und faire Arbeitsbedingungen, z. B. die Vermeidung von Kinderarbeit.
- **G** steht für *Governance* – eine verantwortungsvolle und transparente Unternehmensführung, meint u. a. Vorbeugung gegen Korruption.

Innerhalb jeder Branche wählen die ETFs Unternehmen aus, die diese Kriterien am besten erfüllen, die also ökologische, soziale und ethische Prinzipien in ihre Geschäftspraxis integrieren.

Das bedeutet jedoch nicht, dass ausschließlich vollkommen nachhaltige Unternehmen enthalten sind – ein völlig emissionsfreies Unternehmen wird kaum zu finden sein. Du wirst in diesen ETFs auch Fluggesellschaften oder Autobauer finden, allerdings solche, die im Vergleich zur Konkurrenz effizienter wirtschaften und weniger CO_2 ausstoßen. Nachhaltige Geldanlage bedeutet also nicht, dass Du ausschließlich in makellose Unternehmen investierst, sondern in solche, die in ihrer Branche zu den Vorreitern gehören.

Das Ergebnis sind dann nachhaltige ETFs, die immer noch über mehrere Hundert Aktien breit streuen und die Du deshalb anstatt eines ETFs (und nicht zusätzlich zu einem) auf den MSCI World oder einen anderen Standard-Index nehmen kannst. Sie eignen sich also absolut, um ausschließlich mit ihnen Deine Altersvorsorge aufzubauen. Alle von uns empfohlenen nachhaltigen ETFs findest Du auch auf finanztip.de.

Die Hühnerleiter am Kapitalmarkt: Werden Aktien immer steigen?

Vielleicht bist Du skeptisch, ob Aktien und ETFs auch in Zukunft wirklich so attraktive Renditen abwerfen werden wie in der Vergangenheit. Wer sagt denn, dass das immer so weitergeht?

Natürlich sind 6%, 7% oder sogar 8% pro Jahr nicht garantiert. Aber etwas anderes ist sehr wahrscheinlich: dass Du mit Aktien langfristig – also über 15 Jahre und mehr – im Schnitt eine Rendite erzielen wirst, die deutlich über der Inflationsrate liegt. Dein Geld vermehrt sich damit nicht im gleichen Maße, wie die Preise allgemein steigen, sondern stärker. Deine Kaufkraft steigt an – damit sind wir der Inflation einen Schritt voraus und können so ein Vermögen aufbauen, von dem Du Dir in Jahrzehnten tatsächlich genug kaufen kannst.

Wichtig dabei ist, dass Du einen realistischen Zeithorizont im Blick hast: Kurzfristig betrachtet schwankt ein Welt-Aktien-ETF stark, zwischenzeitliche Kursverluste von 10% sind keine Seltenheit. Es wird für Dich gar nicht so leicht sein, so abgebrüht zu werden, dass Dich solche kurzfristigen Einbrüche nicht nervös machen. Zu wissen, dass ein Welt-Aktien-ETF auf 15 Jahre noch nie Verluste gemacht hat, ist die eine Sache. Einen wirklich langfristigen Blick drauf zu haben und die nötige Geduld zu bewahren, ist eine andere.

Aber warum steigen Aktien eigentlich langfristig? Unternehmen sind unweigerlich darauf ausgerichtet, dass ihre Gewinne immer größer werden. Was aber gibt Dir die Sicherheit, dass das auf Dauer auch funktioniert? Dazu stellen wir uns den Kapitalmarkt mal als Hühnerleiter vor.

Die Hackordnung in der Welt der Finanzen sieht in etwa so aus: Die Aktionäre und Unternehmer oben auf der Hühnerleiter verdienen im Mittel mehr als Kreditgeber (z.B. Banken), die ihr Geld verleihen. Und Letztere kassieren höhere Zinsen, als die Sparer für ihr angelegtes Geld bekommen. Während die Hühner auf der obersten Sprosse ein gutes Leben führen können, wird es immer ungemütlicher, je tiefer man als Huhn sitzt.

Viel zu viele Menschen in Deutschland sind noch Sparer-Hühner und tragen ihr ganzes Geld einfach zur Bank auf ein Sparbuch, Tagesgeld o.Ä. Aber hast Du Dich schon einmal gefragt, was die Bank eigentlich mit dem Geld macht? Sie verwahrt es sicherlich nicht in Schließfächern, damit es niemand stehlen kann. Eine Bank ist in erster Linie ein Kreditinstitut – ihre Hauptaufgabe ist es, Kredite zu vergeben: Sie nimmt das Geld, das Du und ich auf dem Tagesgeldkonto liegen haben, und verleiht es an jemanden – vielleicht an eine junge Familie, die ein Haus bauen will.

Diese Familie muss dann nicht nur den Kredit für ihr Haus zurückzahlen, sondern auch eine Leihgebühr an die Bank, also Zinsen. Und diese Kreditzinsen sind höher als die Zinsen, die Du auf einem Tagesgeld- oder Sparkonto bekommst. Diese Zinsdifferenz ist ein Kerngeschäft von Banken, weshalb diese als Kreditgeber auf der zweiten Sprosse der Hühnerleiter sitzen. Die Hühner eine Sprosse weiter unten kriegen natürlich den Mist und die Eier von oben ab. Ganz unten auf der Hühnerleiter zu sitzen ist nicht schön. (Aber notwendig für sicher angelegtes Geld auf Deinem Tagesgeldkonto.)

Wenn wir als Huhn also nicht ständig das Gefühl haben wollen, dass wir auf einer unteren Sprosse benachteiligt sind, muss unser Ziel sein, die Hühnerleiter hinaufzusteigen. Nun ist es für eine Einzelperson wie Dich oder mich eine relativ komplizierte Angelegenheit, Kreditgeber zu werden und damit auf die Sprosse der Banken zu kommen. Tatsächlich ist es einfacher, zwei Sprossen weiter nach oben zu steigen. Hier sitzen die Unternehmer und Aktionäre. Auch Unternehmen müssen Kredite aufnehmen, um Geld in neue Standorte zu investieren, in zusätzliche Mitarbeitende, in Forschung und Entwicklung und vieles andere mehr. Die Unternehmen müssen für diese Kredite ebenfalls Zinsen an die Banken zahlen und stehen daher unter dem Druck, auf die Dauer höhere Gewinne zu erzielen, als sie an Zinsen zahlen. Außerdem müssen sie ihre Gewinne immer weiter steigern, denn auch ihre Kosten steigen wegen der Inflation langfristig. Natürlich schaffen das nicht alle Unternehmen, deswegen gehen über die Jahre immer wieder welche pleite. Die große Masse der Unternehmen aber wirtschaftet erfolgreich – sonst wäre die gesamte Weltwirtschaft ja längst den Bach runtergegangen. Anders gesagt: Die Gewinne der Unternehmen liegen (vereinfacht gesagt) im Schnitt über den Zinsen, sonst würde es sich im Allgemeinen nicht mehr lohnen, Unternehmen zu sein. Die Unternehmen sind quasi dazu verdammt, dass ihre Gewinne immer steigen.

Für Dich ist es also nur logisch, Dich selbst zum Unternehmer, zur Unternehmerin zu machen – nur nicht zum Unternehmer einer einzelnen Firma mit entsprechend hohem Pleiterisiko, sondern zum Unternehmer der Weltwirtschaft, indem Du als Aktionär in breit gestreute ETFs investierst. So kassierst Du langfristig Gewinne, die höher sein werden als die Zinsen.

Vergangenheit ist nicht gleich Zukunft: Mit welcher ETF-Rendite kannst Du realistisch rechnen?

Der MSCI World hat seit seiner ersten Berechnung von Anfang 1970 bis Mitte 2025 pro Jahr durchschnittlich 7,7 % dazugewonnen. Kannst Du also auch in Zukunft mit 7 % oder 8 % pro Jahr für Deinen ETF rechnen? Hier müssen wir berücksichtigen, dass die allgemeinen Zinsen seit den 1980er-Jahren in einem sehr langen Sinkflug waren, wie Du gut an den Leitzinsen sehen kannst.

Diskontsatz der Bundesbank (bis 1999) und Hauptrefinanzierungssatz der EZB (ab 1999)

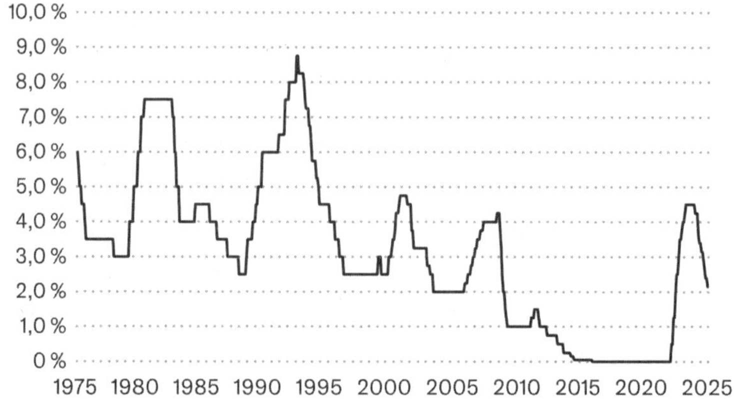

(Quelle: Bundesbank, Finanztip)

Langfristig sind die Zinsen seit Anfang der 1980er-Jahre gesunken. Damals haben unsere Eltern durchaus **7%** und mehr pro Jahr bekommen, wenn sie dem deutschen Staat Geld geliehen haben – unvorstellbar heute. Zuletzt 2022 hat sich dieser Trend umgekehrt. Die seit Jahrzehnten sinkenden Zinsen waren günstig für den Aktienmarkt. Denn dadurch wurden sichere Anlagen wie Staatsanleihen immer uninteressanter und Aktien im Vergleich immer attraktiver, was deren Kurse beflügelte. Wie sieht dieser Zinssinkflug seit den 1980ern aus, wenn wir noch viel weiter zurückschauen? Dazu haben wir uns bei Finanztip den S&P 500, den Index der 500 größten US-Aktien, seit dem Jahr 1900 angesehen. Und seit 1900 hat der S&P 500 im Schnitt 9,6% pro Jahr erzielt – seit 1970 aber sogar 10,4% pro Jahr.

Daran können wir erkennen, dass die Jahrzehnte seit 1970 eben eine ziemlich gute Aktienzeit waren. Wir können nun nicht davon ausgehen, dass der Weltaktienmarkt und damit die breite Weltwirtschaft in Zukunft so gut laufen wird wie der S&P 500. Denn diese 10,4% beim S&P 500 bilden natürlich ab, dass die USA und große US-Unternehmen besonders in dieser Zeit zur alles dominierenden Wirtschaftskraft der Welt aufgestiegen sind.

Dass der S&P 500 seit 1970 um fast einen Prozentpunkt pro Jahr besser gelaufen ist als seit 1900, ist ein deutlicher Hinweis, dass wir für die Zukunft auch für den MSCI World mit etwas niedrigeren Gewinnen rechnen sollten. Denn wir müssen annehmen, dass der Weltaktienmarkt zu einem langfristigen mittleren Niveau zurückkehren wird – der statistische Fachausdruck dazu lautet »Regression zum Mittelwert«. Und dafür ist auch auf Sicht von Jahrzehnten eine niedrigere Rendite quasi nötig – die wir etwas vorsichtig bei **6%** pro Jahr veranschlagen. Dahinter steckt auch unsere Annahme, dass die Zinsen eben nicht mehr langfristig sinken, sondern sich eher auf einem normalen

Niveau einpendeln werden – das wir zum Beispiel beim Tagesgeld bei 2 % pro Jahr sehen.

Das Problem mit Einzelaktien: Geht's nicht spannender als mit ETFs?

Immer wieder mal höre ich Bekannte oder Kollegen prahlen: »Hey, Aktie XY geht so ab, die hat sich bei mir ver-x-facht...« Kennst Du das auch, dass Du Dich dann ein bisschen unter Druck gesetzt fühlst? Dass Du was verpasst, wenn Du nicht auf einzelne Aktien setzt? Kommen Dir ETFs vielleicht sogar langweilig vor?

Ich gebe Dir mal zwei Beispiele: Zum einen eine grundsolide Aktie, eine der wertvollsten Marken der Welt überhaupt: Coca-Cola. Die Aktie von Coca-Cola steigt seit Jahrzehnten stetig und schüttet auch kontinuierlich Dividenden aus. Von 2005 bis 2025 hättest Du Dein Geld mit Coca-Cola-Aktien inkl. der Dividenden mehr als versechsfacht.

Stell Dir zum anderen vor, dass ein Bekannter Dir erzählt: »Hey, ich hab da eine Aktie von einer Firma, die sind einer der großen globalen Player beim Bezahlen im Internet, und die Aktie hat sich jetzt in nur sechs Jahren verzehnfacht! Und Bezahlen im Internet, das wird doch nur noch mehr auf der Welt!« Kribbelt es bei Dir da? Würdest Du auf den Zug aufspringen – mit einem signifikanten Teil Deines Gelds? Diese Aktie gibt es wirklich – das ist die Story von Wirecard, die im Anschluss an diese Verzehnfachung von 2012 bis 2018 spektakulär im Juni 2020 insolvent gegangen sind. Die Aktie ist seitdem nur noch ein paar Cent wert, die meisten Wirecard-Aktionäre haben de facto einen Totalverlust erlebt.

Schau Dir mal den dramatischen Vergleich von Coca-Cola und Wirecard an:

Entwicklung des Aktienkurses von Coca-Cola und Wirecard

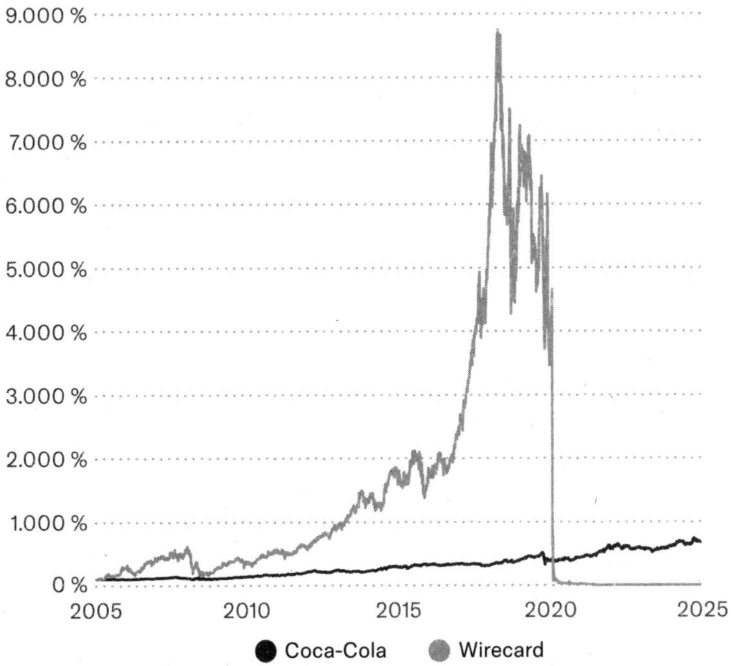

(Februar 2005 = 100 %, Quelle: Finanztip)

Die Lehre daraus ist nicht: Das hätte man ja ahnen müssen bei Wirecard. Denn hinterher ist man immer schlauer, und den Betrug bei Wirecard hatten auch viele hochbezahlte Experten nicht kommen sehen. Die Lehre lautet vielmehr: Kein einzelnes Unternehmen und keine Marke der Welt ist immer eine sichere Bank – nicht einmal Coca-Cola. Denn niemand kann wissen, ob nicht eines fernen Tages eine andere Getränkemarke Coca-Cola den Rang abläuft.

Auch wenn das jetzt zwei extreme Beispiele sind, unterm Strich können wir uns vor allem eines merken: Für den Aufbau der Altersvorsorge wäre es viel zu riskant, auf Einzelaktien zu setzen. Es spricht nichts dagegen, wenn Du Spielgeld, auf das Du verzichten kannst, in einzelne Titel investierst - mehr dazu in Kapitel 8. Aber für Deinen eigentlichen Vermögensaufbau kann ich es nicht genug betonen: Die wichtigste Sicherheit lautet hohe Diversifikation. Freu Dich an Deinem großen bunten ETF-Blumenstrauß! Der ist nämlich absichtlich (ein wenig) langweilig.

Der Mythos vom Cost-Average-Effekt: Solltest Du eine große Summe auf einmal oder stückchenweise investieren?

Gerne wird behauptet, dass Du mit einem Sparplan auf Aktien oder ETFs höhere Gewinne erzielst, und zwar dadurch, dass Du günstig einkaufst, wenn die Kurse zwischenzeitlich mal fallen. Die Idee: Wenn Du jeden Monat 300 € investierst und die Kurse zwischendurch sinken, bekommst Du für die 300 € bei niedrigerem Kurs mehr Anteile. Langfristig soll sich dieser Cost-Average-Effekt positiv auswirken: Angeblich senke man so die durchschnittlichen Anlagekosten. Klingt erst mal logisch - aber kann zu einem Fehlschluss führen: Wenn Du eine größere Summe investieren willst, spricht aus wissenschaftlicher Sicht nichts dafür, sie zu stückeln und über Monate oder Jahre in Raten nach und nach anzulegen. Ganz im Gegenteil: Je länger Du das Geld aus dem Markt heraushältst, desto größer ist das Risiko, dass Du Rendite verpasst. Der Cost-Average-Effekt ist ein Mythos, denn er berücksichtigt einen ganz einfachen Grundsatz nicht: dass die Aktienmärkte zwar schwanken, aber langfristig steigen. Der Trend geht über Jahrzehnte nach oben. Das ist ja die Grundlage, warum wir überhaupt in Aktien-ETFs investieren. Deshalb sollte jeder Euro, den Du langfristig anlegen kannst, möglichst »sofort rein in den Markt«. Ob es kurzfristig nach oben oder nach unten geht, kannst Du nicht vorhersehen. Aber im Mittel ist die Chance größer, dass Du mehr Rendite machst, je früher Dein Geld in Aktien-ETFs angelegt ist. Streckst Du eine größere Summe über eine längere Zeit, liegt ein größerer Teil des Geldes nur rum und hat keine Chance, Aktienrendite einzufahren.

Es ist etwas anderes, wenn Du das zwar rational verstanden hast, Dich nun mal aber einfach nicht traust, eine große Summe auf einmal in einen ETF zu stecken. Dann ist es besser, das Geld Stück für Stück zu investieren, bevor Du es Monate und Jahre auf dem Konto lässt, weil Du vergeblich »auf den richtigen Zeitpunkt« wartest. Das ist mir übrigens Anfang der 2010er-Jahre auch passiert: Ich habe mit ein paar Tausend Euro Ewigkeiten auf einen weiteren großen Rücksetzer gewartet, der nie kam.

Super-GAU: Kann ein ETF pleitegehen?

Okay, eine grundsätzliche Frage schwebt noch über allem: Wir sprechen dauernd von Streuung. Bekommst Du ein mulmiges Gefühl, wenn Du Dir vorstellst, dass Du auf die Dauer mehrere Hunderttausend Euro in nur einem einzigen Topf, nämlich in Deinem ETF, haben wirst? Beim Tagesgeldkonto gibt es ja die Einlagensicherung bis 100.000 €. Wie sieht es jetzt beim Depot aus – gibt es hier nicht das Risiko eines Totalausfalls, und dann stehst Du vollkommen ohne Altersvorsorge da? Eine berechtigte Frage.

Ich kann Dich beruhigen. Es ist praktisch unmöglich, dass ein Welt-Aktien-ETF wertlos wird. Stell ihn Dir noch einmal als Topf vor, in dem über tausend unterschiedliche Aktien aus der ganzen Welt schwimmen. Dass alle diese Aktien oder große Teile davon auf Null gehen, ist sehr unrealistisch und käme einem

Weltuntergang schon recht nahe. Die Aktien gehören wiederum nicht dem ETF-Anbieter (also z.B. iShares oder Vanguard) selbst, sondern werden bei einer separaten Depotbank gelagert. So sind sie geschützt, auch wenn der ETF-Anbieter selbst pleitegehen sollte – das kann nämlich durchaus passieren. Dein Geld parkt nicht direkt beim ETF-Anbieter, sondern ist – gesetzlich vorgeschrieben – als sogenanntes Sondervermögen sicher von seinem Vermögen getrennt. Selbst wenn der ETF-Anbieter also Insolvenz anmeldet, können Gläubiger des ETF-Anbieters nicht auf die Aktien des ETFs zugreifen. Deine ETF-Anteile gehören Dir weiterhin und werden dann einstweilen von der Depotbank verwaltet.

Wie würde es in so einem Fall weitergehen? Der ETF würde entweder von einem anderen Anbieter übernommen oder abgewickelt. Letzteres würde bedeuten, dass Deine Anteile verkauft werden – Dein Geld wäre also nicht verloren, sondern würde Dir ausgezahlt. Leider müsstest Du in diesem Fall vorzeitig Steuer auf Deine Gewinne zahlen.

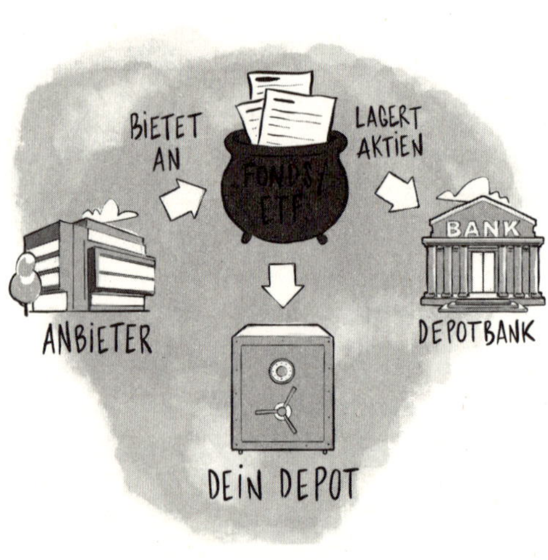

Das Ganze funktioniert übrigens auch auf kleinerer Ebene: Deine ETF-Anteile liegen ja in Deinem Wertpapierdepot. Sollte Dein Depotanbieter pleitegehen, sind Deine Anteile nicht verloren, sondern bleiben weiterhin Dein Eigentum. Dein Depot ist geschützt und gehört nicht zur Insolvenzmasse des Depotanbieters. Du kannst Dir Dein Depot wie einen digitalen Safe vorstellen, in dem Deine Wertpapiere liegen. Im Falle einer Insolvenz Deines Depotanbieters wird dieser Safe quasi aus der Wand genommen und bei einer anderen Bank wieder eingebaut: Dein Depot wird zu einem anderen Anbieter übertragen. Alternativ kannst Du auch die Möglichkeit bekommen, Deine Wertpapiere aus dem Safe zu nehmen und entweder zu verkaufen oder in ein neues Depot zu übertragen. Das Schlimmste, das Dir passieren kann, ist, dass Du eine Zeit lang nicht an Deine Wertpapiere herankommst, also keine Wertpapiere verkaufen kannst. Trotzdem sind Deine Investments und damit Deine Altersvorsorge immer sicher.

Das Wichtigste in Kürze

- Dass ein Welt-ETF einen hohen US-Anteil hat, muss Dich nicht beunruhigen. Die meisten US-Konzerne verdienen viel Geld weltweit, nicht nur in den USA.
- Kurz- und mittelfristig kann niemand die Entwicklung des Aktienmarkts oder einzelner Aktien zuverlässig vorhersagen. Mit einem ETF setzt Du geduldig auf die langfristigen Gewinne und Kursanstiege.
- Ein ETF kann nicht pleitegehen. Die Aktien und Deine Anteile sind als Sondervermögen vor einer Pleite des ETF-Anbieters geschützt.

7

Die größte Finanzentscheidung Deines Lebens: Kaufen oder mieten?

Wir haben uns in den bisherigen Kapiteln damit beschäftigt, Deine Finanzen nach dem Finanztip-Prinzip zu organisieren – Du hast Dein Budget im Blick und sorgst mit klugen Sparplänen und ETF-Investments für eine entspannte Rentenzeit vor. Lass uns jetzt in die Zukunft blicken: Wie stellst Du Dir eigentlich Deinen Ruhestand vor? Sitzt Du im Geiste schon gemütlich mit einer Tasse Tee auf Deiner Terrasse, schaust ins Grüne? Dir geht es gut, das Leben ist schön, das Haus ist schon lange abbezahlt … Moment, abbezahlt? Sitzt Du in Deiner Vorstellung vor Deinem eigenen Haus? Für viele – und vielleicht auch für Dich? – gehören die eigenen vier Wände zur Vorstellung vom perfekten Leben.

Und ja, ein Eigenheim, ob nun das Häuschen im Grünen oder die schöne Stadtwohnung, kann auch eine gute Altersvorsorge sein. Schließlich musst Du, wenn das Haus oder die Wohnung mal abbezahlt ist, weder eine Kreditrate an die Bank noch eine Miete zahlen – da fällt schon einmal ein großer Kostenblock weg. Außerdem kannst Du die Immobilie auch vermieten oder wieder verkaufen, wenn Du selbst nicht mehr drin wohnen willst. Auf den ersten Blick scheint da also nichts dagegen zu sprechen.

Der Weg zur eigenen Immobilie ist aber alles andere als einfach. Die Preise sind im letzten Jahrzehnt stark gestiegen, und historisch niedrige Kreditzinsen, die den Kauf noch vor einigen Jahren erleichtert haben, gehören aktuell der Vergangenheit an. Eine Immobilie zu kaufen ist eine Entscheidung fürs Leben und will gut durchdacht sein. Dabei wird die Frage »Kaufen oder mieten?« meistens eher emotional als rational angegangen.

Frage an Dich: Wie bist Du aufgewachsen? Hat Deine Familie, als Du noch ein Kind warst, im Eigenheim oder zur Miete gewohnt? Wenn Du hauptsächlich im Eigenheim aufgewachsen bist, ist es wahrscheinlich, dass der Wunsch nach Deinen eigenen vier Wänden tief in Dir verwurzelt ist. Sie gehören für Dich zu Deiner Vorstellung von einem guten Leben einfach dazu – auch weil sie sich nach etwas Handfestem und damit nach Sicherheit anfühlen. Miete wiederum fühlt sich für Dich nur nach »verlorenem« Geld an.

Bei mir war das Gefühl anders. Meine Eltern und ich haben immer (günstig) zur Miete gewohnt. Als ich schließlich mit meiner eigenen Familie vor 15 Jahren selbst vor der Entscheidung stand, schüchterte mich die Perspektive, einen Riesenhaufen Schulden aufzunehmen, mehr ein als jemanden, der ein eigenes Haus und die damit verbundenen Verpflichtungen schon kannte: Ich hatte von meinen Eltern unterschwellig eine Angst vor dem Schuldenmachen geerbt.

Bei der Entscheidung »Kaufen oder mieten?« geht es also immer auch um die Vorstellung vom eigenen Leben, bei der viele Gefühle eine Rolle spielen. In diesem Kapitel geht es mir darum, dass Du auch die rationale Seite der Eigenheim-Entscheidung kennenlernst. Ich möchte, dass Du eine Immobilie auch als Investition betrachtest – so wie Aktien-ETFs. Insgesamt spielen bei der Entscheidung viele unterschiedliche – finanzielle, berufliche und persönliche – Faktoren eine große Rolle und wollen gut durchdacht sein. Deshalb kann es gut sein, dass Du Jahre brauchen wirst, bis Du Dir – wahrscheinlich mit Deinem Partner oder Deiner Partnerin – über alles im Klaren bist und die Entscheidung treffen kannst. Damit während dieser ganzen Zeit Dein Geld nicht jahrelang auf Deinem Konto dahindümpelt, sondern für Dich arbeiten kann, haben wir auf der letzten Etappe bereits über ETF-Anlagen gesprochen. Du hast mit Deinem Vermögensaufbau schon mal losgelegt. Und da ETFs ja total flexibel sind, kannst Du jederzeit auf den Immobilien-Pfad abbiegen.

Bevor wir uns ausführlich mit den rationalen Facetten der Eigenheimfinanzierung beschäftigen, möchte ich drei grundsätzliche Punkte verdeutlichen, damit Du mit dem richtigen Mindset über eine Immobilie nachdenkst:

Entweder–Oder

Die Finanzierung einer Immobilie ist für Dich wahrscheinlich eine Alternative zum ETF-Sparplan – das heißt: entweder Eigenheim oder ETF. Nur die wenigsten werden sich beides leisten können. Triff möglichst früh im Leben eine klare Entscheidung, ob Du auf Kaufen oder auf Mieten (und ETF) setzt. Und wenn die Entscheidung »Kaufen« lautet, dann musst Du Dich von Deinem ETF verabschieden. Dein Erspartes wird dann zu Deinem Eigenkapital für eine Immobilie und gehört auf Dein Tagesgeld (und eventuell auf Festgeld und/oder einen Geldmarkt-ETF, siehe Kapitel 8). Kurzfristige Verluste im Aktien-ETF kannst Du Dir jetzt nicht mehr leisten, denn jeder Cent zählt.

Kaufen ist kein Muss

Kommt Dir Miete zahlen vor, als würdest Du das Geld zum Fenster rausschmeißen? Lös Dich davon. Kaufen ist kein Muss. Du wirst während dieser Etappe erfahren, dass Du – eine Miete in vernünftiger Höhe vorausgesetzt – mit Deinem Aktien-ETF gut alt werden kannst und nicht schlechter dastehen musst als jemand, der eigene vier Wände besitzt. Mach Dir keinen unnötigen Druck.

Eine Immobilie macht es kompliziert

Du erinnerst Dich: Das Finanztip-Prinzip soll Deine Finanzen ganz einfach machen. Eine Immobilie ist aber eine komplizierte Sache. Nicht nur beim Kaufen oder Bauen, wenn es darum geht, das richtige Objekt auszusuchen, sondern auch später, wenn Du sie in Schuss halten musst. Das ist nicht schlimm und macht manchen Leuten sogar Spaß. Ich möchte nur, dass Dir das klar ist.

Wie viel Haus könnt Ihr Euch überhaupt leisten?

Wie bei jeder Kaufentscheidung ist der erste Schritt, Dir klarzumachen, was Du und Deine Familie überhaupt brauchen. Die Frage ist nämlich wahrscheinlich nicht, *ob* Ihr Euch ein Haus oder eine Wohnung leisten könnt, sondern *»wie viel«*. Wie viel Wohnfläche, wie viele Zimmer, wie gut die Lage sein muss, wie modern die Ausstattung. Aller Wahrscheinlichkeit nach ist das kein Wunschkonzert, sondern eine Frage, wie kompromissbereit Ihr seid.

Deswegen lass uns als Erstes den finanziellen Rahmen abstecken, welchen Kaufpreis Ihr Euch leisten könnt. Mit der Hausnummer, die da rauskommt, könnt Ihr Euch dann einen Eindruck verschaffen, welche Größenordnung in Eurer Gegend damit machbar ist. Das trifft übrigens auch zu, wenn Ihr bauen wollt – mit dem kleinen Zusatz, dass hier die Unwägbarkeiten größer sind, was die Kosten angeht. Euer finanzieller Rahmen hängt im Wesentlichen von drei Faktoren ab:

- Wie viel Eigenkapital habt Ihr auf der Seite?
- Wie viel Rate für den Kredit könnt Ihr Euch leisten?
- Wie schnell müsst Ihr mit dem Abzahlen fertig sein?

Eigenkapital

Unsere grobe Faustregel bei Finanztip für den Immobilienkauf lautet: Ihr solltet, wenn es geht, mindestens 20 % des Kaufpreises als Eigenkapital mitbringen. Je mehr Ihr mitbringt, desto weniger Zinsen für den Kredit müsst Ihr zahlen. Aber 20 % sind natürlich erst mal eine große Hausnummer. In konkreten Zahlen heißt das: Bei einem Kaufpreis von 400.000 € solltet Ihr 80.000 €, bei einem Kaufpreis von 600.000 € 120.000 € mitbringen. Von diesem Geld zahlt Ihr zum einen einen Teil des Kaufpreises, damit Ihr nicht so viel Kredit aufnehmen müsst. Zum anderen zahlt Ihr damit die Nebenkosten des Kaufs, also Grunderwerbsteuer (die unterscheidet sich je nach Bundesland), Notar und Grundbucheintrag sowie gegebenenfalls den Makler – und ja, das kann einiges kosten. Ein paar Beispiele:

Kaufnebenkosten nach Bundesländern

Kaufpreis	Bundesland	Grunderwerbsteuer	Notar & Grundbuch	Makler (inkl. MwSt.)	Nebenkosten gesamt
200.000 €	NRW	6,5 % = 13.000 €	2 % = 4.000 €	3,57 % = 7.140 €	**12,07 % = 24.140 €**
400.000 €	Sachsen	5,5 % = 22.000 €	2 % = 8.000 €	3,57 % = 14.280 €	**11,07 % = 44.280 €**
600.000 €	Bayern	3,5 % = 21.000 €	2 % = 12.000 €	3,57 % = 21.420 €	**9,07 % = 54.420 €**

Die Maklerkosten spart Ihr Euch nur dann, wenn Ihr von privat kauft. In jedem Fall reden wir aber über mehrere Zehntausend Euro an Kosten, wenn Du eine Immobilie kaufst. Denn diese Nebenkosten sind ja wirkliche Kosten – das Geld steckt im Gegensatz zum Kaufpreis nicht in der Immobilie, in Steinen bzw. in Grund und Boden. Das ist ein wichtiger Unterschied: Der Kaufpreis ist eine Investition, bei der Du darauf hoffst, dass sich das Geld vermehrt, weil die Immobilie mit der Zeit im Wert steigt. Die Nebenkosten dagegen sind einfach weg. Schon allein deshalb will Kaufen oder Bauen sehr gut überlegt sein. 20 % oder auch nur 10 % vom Kaufpreis als Eigenkapital aufbringen zu können, ist alles andere als leicht – oft scheitert ein Immobilienkauf schon allein daran. Die wenigsten haben nach ein paar Jahren im Beruf bereits so viel Geld gespart und müssen sich von den Eltern oder anderer Verwandtschaft helfen lassen. Deshalb: Sobald das Thema »Kaufen oder mieten?« aufkommt, sprecht möglichst frühzeitig mit Euren jeweiligen Eltern, ob die Euch nicht finanziell unterstützen können, z.B. indem Ihr einen Teil Eures Erbes vorzeitig ausbezahlt bekommt. Auch wenn das ein schwieriges Gespräch sein kann: Vielfach ist dieses Geld der Knackpunkt der ganzen Operation.

Finanzierungen sind auch mit weniger Eigenkapital als 20 % des Kaufpreises möglich. Aber dann zahlt Ihr zum einen mehr Zinsen für den Kredit. Zum anderen steigt das Risiko: Wenn Ihr als Paar kauft, kann eine Trennung nie ausgeschlossen werden. Das kann dazu führen, dass Ihr die Immobilie weit früher als gedacht wieder verkaufen müsst. Und da die Preise von Immobilien durchaus auch fallen können, kann es sein, dass Ihr mit dem Verkaufspreis den restlichen Kredit nicht vollständig zurückzahlen könnt und dann auf Schulden sitzen bleibt. Was Ihr in jedem Fall immer mindestens mitbringen müsst, sind die Nebenkosten für den Kauf.

Monatliche Raten

Nächster wichtiger finanzieller Faktor: Wie hoch darf Eure monatliche Kreditrate sein? Bei der 50:30:20-Regel hatten wir gesagt: Für Wohnkosten solltest Du nicht mehr als ein Drittel Deines Nettoeinkommens ausgeben – inklusive Heizung und sonstige Nebenkosten. Als ersten Schritt rechnet Ihr Eure beiden Kaltmieten zusammen. Im zweiten Schritt kommt eine gute Nachricht: Auf Eure Kaltmieten könnt Ihr draufrechnen, was Ihr bereits für die Altersvorsorge spart. Also wenn Ihr z.B. 30 % Eures Nettoeinkommens an Kaltmiete zahlt und 15 % in Eure Altersvorsorge steckt, dann liegt Euer Budget für die Immobilie bei zusammengerechnet 45 % Eures Nettos.

Warum rechnen wir das drauf? Die Kreditrate ist teilweise Altersvorsorge. Ein Teil der Kreditrate sind Zinsen, die Ihr der Bank als Gebühr für das geliehene Geld bezahlt. Aber der andere Teil ist Tilgung des Kredits. Mit jeder Rate schuldet Ihr der Bank weniger Geld, und ein Stück mehr von der Immobilie gehört wirklich Euch. Jeder getilgte Euro ist Altersvorsorge, und zwar in Form eines Investments in Steine. In der Praxis wird es meist so sein, dass Ihr Eure bisherige Altersvorsorge stilllegt (oder zumindest herunterfahrt), sobald Ihr den Immobilienkredit aufnehmt. Denn die meisten Menschen können sich sonst den notwendigen Kredit nicht leisten.

Leider ist die Kreditrate, die Ihr Euch leisten solltet, nicht so hoch wie Eure Kaltmiete(n) + Eure Altersvorsorge. Denn als zukünftige Immobilieneigentümer müsst Ihr unbedingt einrechnen, dass an Eurem Wohneigentum immer wieder was zu machen sein wird – von einem kaputten Wasserhahn über mangelnde Dämmung bis zu einem kompletten Tausch der Heizung. Für die Instandhaltung braucht Ihr Rücklagen – und die gehen über Euren normalen Notgroschen hinaus. Wie viel genau Ihr für Instandhaltung einplanen solltet, hängt stark von Alter und Zustand des Gebäudes ab. Bei einem neueren Gebäude werden auf die Jahre gesehen wahrscheinlich weniger Kosten anfallen, bei einem unsanierten Altbau wird wesentlich mehr zu tun sein.

Als Faustregel für die Höhe der Rücklagen könnt Ihr erst mal 1,2 % vom Kaufpreis pro Jahr annehmen – bei 400.000 € Kaufpreis sind das 4.800 € pro Jahr bzw. 400 € pro Monat. Um dieses Fundament zu bilden, könnt Ihr unterschiedlich vorgehen:

- Ihr könnt ganz konsequent von Anfang an einen Dauerauftrag auf ein Tagesgeldkonto einrichten. Dafür würde ich ein gesondertes »Haus-Konto« aufmachen. Dieses Geld steckt Ihr dann nicht in den Kredit und zahlt so insgesamt mehr Zinsen.
- Ihr könnt mit steigendem Einkommen rechnen und aus Eu-

ren künftigen Gehaltserhöhungen Rücklagen bilden anstatt mehr vom Kredit zu tilgen.
- Ihr könnt ins Risiko gehen und darauf bauen, dass Ihr im Notfall einen weiteren, aber wahrscheinlich teureren Kredit aufnehmen könnt, wenn etwas Größeres kaputtgeht.

Allerdings werden die Kosten für die Instandhaltung inflationsbedingt mit der Zeit ansteigen. Ihr müsst also nach und nach mehr zurücklegen. Wir sprechen hier über ordentliche Summen, und dieser Faktor wird von Leuten, die eine Immobilie anpreisen, oftmals viel zu niedrig angesetzt oder kleingeredet. Bei einer Eigentumswohnung müsst Ihr ohnehin ein Hausgeld an die Eigentümergemeinschaft abführen, von dem ein gewisser Anteil für Instandhaltungen zurückgelegt wird. Je nach Zustand des Gebäudes können die Kosten einer Instandhaltungsmaßnahme diese Rücklagen aber weit überschreiten. Es gilt ganz grundsätzlich, egal ob Wohnung oder Haus: Je länger am Gebäude nichts gemacht worden ist, desto mehr müsst Ihr auf die Seite gebracht haben.

Viele Leute haben bei der Kreditrate im Hinterkopf: »Okay, das wird erst mal hart, aber unser Einkommen wird mit der Zeit steigen.« Grundsätzlich kein ganz falscher Gedanke, denn den Zinssatz auf den Kredit und damit die Rate könnt Ihr auf 10, 15 Jahre oder sogar noch länger festschreiben. Aber bedenkt dabei mindestens zwei Dinge: Euer Einkommen muss stärker steigen als Eure Lebenshaltungskosten, sonst bleibt nicht mehr Geld übrig, das Ihr zum Abzahlen des Kredits verwenden könnt. Und: Werdet Ihr zusammengerechnet wirklich mehr verdienen, wenn Ihr beispielsweise Kinder plant und dann zumindest eine Person nicht mehr Vollzeit arbeiten kann?

Keine Sorge: Gleich stelle ich Dir einen Rechner vor, mit dem Ihr die finanzielle Belastung einschätzen könnt. Natürlich könnt

Ihr auch eine höhere Kreditrate ansetzen, als der Rechner vorschlägt. Dann muss Euch aber klar sein, dass das Verzicht in anderen Bereichen bedeutet, etwa Abstriche beim Lebensstandard, bei den 30 % Spaß und Freizeit. Eine schwierige Frage: Was gönnt Ihr Euch noch an Urlaub? Was wollt Ihr z. B. den Kindern ermöglichen? Wie gut wollt Ihr wohnen? Das ist eine Entscheidung für Jahre, wahrscheinlich Jahrzehnte, bis der Kredit abbezahlt ist.

Laufzeit des Kredits

Schließlich kommt als dritter finanzieller Faktor noch die Zeit dazu: Wann müsst Ihr mit dem Abzahlen des Kredits fertig sein? Wie lange habt Ihr dafür Zeit? Generell solltet Ihr so kalkulieren, dass Ihr deutlich vor der Rente fertig seid. Also Anfang 60, allerspätestens mit 65. So kommt Ihr nicht in Schwierigkeiten, auch wenn Ihr in Euren Sechzigern nicht mehr voll arbeiten könnt oder wollt. Je früher, desto besser natürlich – denn dann fallen die monatlichen Raten weg, Ihr wohnt mietfrei und habt auf einmal einen ganz anderen finanziellen Spielraum.

Höhe des Kaufpreises

Jetzt kennst Du die wesentlichen Faktoren, die bestimmen, welchen Kaufpreis Ihr Euch leisten könnt. Spielen wir an einem Beispiel durch, wie Ihr nun auf diesen maximalen Kaufpreis kommt: Ihr seid 35 Jahre alt und wollt zu zweit ein Haus in Nordrhein-Westfalen kaufen. Ihr verdient zusammen 5.000 € netto im Monat und zahlt derzeit 1.300 € Kaltmiete (26 % vom Netto). Deshalb könnt Ihr 900 € im Monat für die Altersvorsorge sparen (18 %). Ihr kalkuliert etwa 400 € ein, die Ihr ab Kauf für Instandhaltung wegsparen wollt.

Kaltmiete	1.300 €
Altersvorsorge bisher	900 €
Rücklage Instandhaltung künftig	– 400 €
maximale Rate an die Bank	**1.800 €**

Außerdem bringt Ihr – auch dank Eurer Eltern – ein Eigenkapital von 80.000 € mit. Schließlich gebt Ihr Euch maximal 27 Jahre, also bis Ihr 62 seid, um den Kredit abzubezahlen.

Welchen Kaufpreis Ihr Euch individuell leisten könnt, kannst Du am einfachsten mit dem Hauskreditrechner von Finanztip ausrechnen:

Mit diesen Werten könnt Ihr Euch bei einem Zinssatz für den Immobilienkredit von 3,88 % maximal einen Kredit von 361.092 € leisten, um bei 1.800 € Rate spätestens mit 62 fertig zu sein. Von Euren 80.000 € Eigenkapital gehen 47.506 € an Nebenkosten für Notar, Grunderwerbsteuer und Makler drauf. Damit liegt Euer maximaler Kaufpreis bei 393.586 €.

Eigenkapital	80.000 €
max. Kredit	+ 361.092 €
Kaufnebenkosten	– 47.506 €
davon	
Gebühren	7.872 €
Grunderwerbssteuer	25.583 €
Maklerprovision	14.051 €
maximaler Kaufpreis	**393.586 €**

(angenommener Kreditzinssatz: 3,88 %)

Meine grobe Einschätzung: Ein günstiges Reihenhaus in NRW könntet Ihr dafür finden, wenn es nicht zu nah an den Ballungsräumen liegt. In anderen Gegenden Deutschlands sähe es allerdings komplett anders aus, denn die Preisunterschiede zwischen den Regionen und zwischen Stadt und Land sind enorm!

Nun müsst Ihr entscheiden, ob das mit Euren Vorstellungen vereinbar ist oder nicht. Wahrscheinlich müsst Ihr angesichts der heutigen Immobilienpreise Kompromisse eingehen. Selbst Gutverdiener tun sich meist schwer mit der Finanzierung des »absoluten Traumhauses«. Ihr müsst überlegen, ob und welche Abstriche Ihr in Bezug auf Wohnfläche, Lage oder Qualität zu machen bereit seid.

Es ist gut möglich, dass Dir beim Durchrechnen klar wird: Das mit dem Eigenheim wird erst mal nichts, weil Ihr Euch einfach nicht genug Wohnfläche leisten könnt. Ich möchte Dich beruhigen: Kaufen ist wie gesagt kein Muss. Ich selbst habe mich vor über 10 Jahren von der Idee einer eigenen Immobilie verabschiedet und lebe sehr gut mit meiner Miete und meinem ETF-Depot. Jetzt nähern wir uns der entscheidenden Frage: Wie kannst Du rausfinden, ob sich in *Deinem* Fall Kaufen oder Mieten, Immobilie oder ETF besser rechnet?

Ist Miete wirklich rausgeworfenes Geld?

Vielleicht kennst Du das Gefühl, dass Du etwas verpasst, wenn Du nicht irgendwann in den eigenen vier Wänden wohnst. Über den emotionalen Part haben wir schon gesprochen. Aber ich weiß, dass es für viele auch schwer ist, den finanziellen Aspekt richtig zu betrachten. Es klingt ja auch so einleuchtend: Während Immobilienbesitzer jeden Monat ihr Geld in die eigenen vier Wände investieren und am Ende ein Haus oder eine Wohnung ihr Eigen nennen, wandert die Miete auf ein fremdes Konto und ist einfach weg. Wie kann es also sein, dass unser Gefühl uns hier trügt? Dass Du als Mieterin oder Mieter mit Deinem ETF-Depot finanziell genauso gut oder sogar besser dastehen kannst wie jemand, der jahrzehntelang keine Miete »zum Fenster rausgeworfen hat«? Wir rechnen es gleich genau durch, aber schon mal vorab die zwei wesentlichen Gründe:

- **Kaufnebenkosten:** Die Zehntausende Euro, die ich vorhin genannt habe, bleiben als Mieter in Deinem ETF und bringen langfristig eine gute Rendite. Als Eigentümer musst Du diesen Nachteil erst mal wieder aufholen.
- **Instandhaltung:** Als Eigentümer musst Du erst mal sowohl die Kreditrate als auch die Rücklagen für Instandhaltung stemmen. Bleibst Du zur Miete, hast Du oft eine niedrigere Belastung und kannst diesen Unterschied zum Eigentümer in Deinen ETF stecken.

Du merkst schon: Dein Aktien-ETF ist der große Hebel. Unser Gefühl, dass Eigentümer finanziell besser dastehen, kommt u. a. daher, dass Mieter in Deutschland typischerweise viel zu wenig aus ihrem Geld machen. Es gibt einfach kaum Mieter, die mit langfristigen Aktieninvestments wohlhabend geworden sind. Gäbe es davon wesentlich mehr, wäre der Gedanke »Miete ist rausgeworfenes Geld« auch nicht so tief in unserem kollektiven Bewusstsein verankert.

Stellen wir also Miete und Kauf mal nebeneinander. Dabei ist es sehr wichtig, dass wir nicht Äpfel mit Birnen vergleichen: Die meisten Mieter wohnen in einer Wohnung, wollen sich aber ein Haus kaufen. Diese zwei Dinge kann man aber nicht gegenüberstellen. Natürlich kostet ein 120-qm-Haus mehr als eine 80-qm-

Mietwohnung, bietet aber auch mehr Platz. Um zu entscheiden, ob Kaufen oder Mieten besser ist, müssen wir gleichwertige Wohnsituationen gegenrechnen. Wir nehmen das Beispiel von vorhin:

Du wohnst mit Partnerin oder Partner in einer 100 Quadratmeter großen Wohnung und zahlst 1.300 € Kaltmiete. Außerdem könnt Ihr Euch zusammen momentan gut 900 € Sparrate für die Altersvorsorge leisten, sie wandert derzeit in ein ETF-Depot. Wollen wir jetzt herausfinden, ob Mieten oder Kaufen besser ist, brauchen wir einen guten Vergleich: Ihr wollt die nahezu identische Wohnung nebenan kaufen, die ebenfalls 100 Quadratmeter groß ist und 400.000 € kosten soll.

Von Euren 80.000 € Eigenkapital gehen rund 47.500 € an Kaufnebenkosten drauf. Ihr zahlt knapp 1.800 € Rate monatlich bei einem Zinssatz von 3,9 %, der in unserem Beispiel gerade üblich am Markt ist. Die 3,9 % legt Ihr bei der Bank über die nächsten 15 Jahre fest. Dazu kurz: Zinsen zwischen 3 % und 4 % sind historisch relativ normal. Lasst Euch nicht von supergünstigen Werbeangebote mancher Banken täuschen, die in Wirklichkeit nur sehr wenige Menschen bekommen.

Die Frage ist: Steht Ihr vom Gesamtvermögen am Ende besser da, wenn Ihr in Eurer Mietwohnung bleibt oder die Nachbarwohnung kauft?

Rechnen wir also mal durch. Nachfolgend seht Ihr, wie sich Euer Vermögen entwickelt: Als Käufer steckt es im Wesentlichen in Eurer Immobilie, als Mieter im Wesentlichen in Eurem ETF.

Auch hier haben wir bei Finanztip einen ausgeklügelten Mieten-oder-Kaufen-Rechner gebaut, den Ihr mit Euren individuellen Daten füttern könnt:

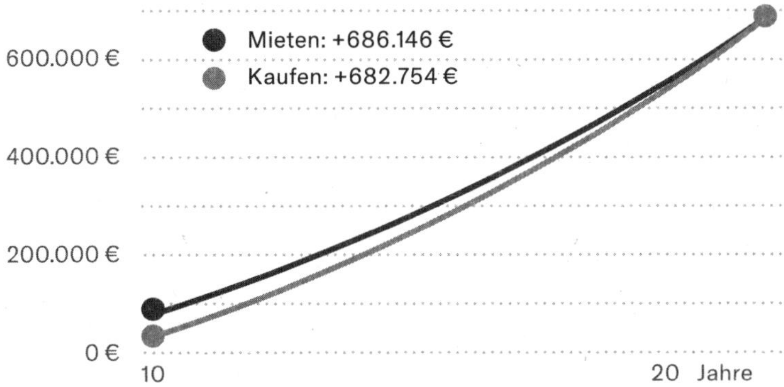

Monatliche Ausgaben: 2.229 €

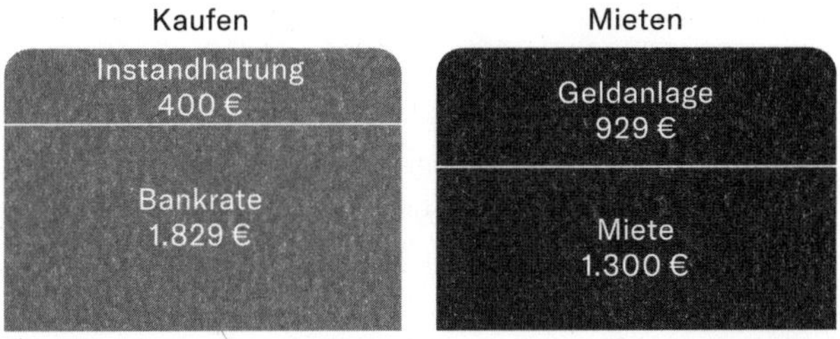

Eigenkapital	**80.000 €**
Mieten und Anlegen	
Monatliche Kaltmiete	1.300 €
Mietsteigerung pro Jahr	2 %
Rendite bei angelegtem Eigenkapital	6 %
Immobilie kaufen	
Kaufpreis (ohne Nebenkosten)	400.000 €
Kaufnebenkosten	12,2 %
Wertsteigerung pro Jahr	2 %
Instandhaltung pro Jahr	1,2 %
Gesamte Kreditlaufzeit	27 Jahre
Details zur Finanzierung	
Kreditzins zu Beginn	3,9 %
Erste Zinsbindung	15 Jahre
Kreditzins restliche Laufzeit	3,5 %

In unserem Szenario läuft es nach 27 Jahren finanziell fast auf dasselbe hinaus: Bleibt Ihr zur Miete, habt Ihr bei 6 % ETF-Rendite pro Jahr rund 686.000 € im Depot. Kauft Ihr die Wohnung, hat sie einen Wert von rund 683.000 € und ist komplett abbezahlt. Beide Wege sichern Euch fürs Alter gut ab – die Frage ist, welcher besser zu Euch als Typ und zu Eurer Lebensplanung passt.

Der Kaufpreis von 400.000 € für die 100-qm-Wohnung ist nicht günstig, wenn auch nicht völlig überteuert. Das kannst Du folgendermaßen erkennen: Da die beiden Wohnungen ja praktisch gleich sind, würde man für die Eigentumswohnung ebenfalls eine Kaltmiete von 1.300 € im Monat verlangen können, wenn man sie vermieten würde. Du teilst den Kaufpreis (400.000 €) durch die Jahreskaltmiete, die Du einnehmen würdest (1.300 € × 12 = 15.600 €) und erhältst 25,6. Dieser Faktor Kaufpreis dividiert durch die Jahreskaltmiete ist ein guter Anhaltspunkt. Kommt hier ein Wert unter 25 heraus, ist der Kaufpreis relativ günstig, über 25 wird's langsam teuer.

Anfangs liegt Eure Vermögenskurve als Käufer unter der als Mieter, weil die Kaufnebenkosten deutlich zu Buche schlagen. Daran kannst Du sehen, dass eine Immobilie praktisch immer ein langfristiges Projekt sein sollte. Ein Verkauf nach wenigen Jahren ist oft ein Verlustgeschäft.

Wann ist Kaufen besser, wann Mieten?

Vielleicht überrascht es Dich, dass sich das Vermögen von Mieter und Käufer in unserem Beispiel so ähnlich entwickelt. Sieh es positiv: Das nimmt finanziell den Druck aus Eurer Entscheidung – Ihr könnt sowohl als Mieter als auch als Eigentümer gut dastehen. Wovon hängt es aber ab, ob Ihr mit Kauf oder Miete besser fahrt? Es kann auch mal der Kauf, mal die Miete besser sein – von welchen Faktoren hängt das ab?

Wertsteigerung der Immobilie

In unserem Beispiel habe ich angenommen, dass der Wert der Immobilie um durchschnittlich 2 % pro Jahr steigt. Dieser Wert wird sich stark unterscheiden, je nachdem, wo Ihr kauft oder baut. In vielen Ballungsräumen herrscht Wohnungsmangel, aber bei Weitem nicht überall. Hier ist die Frage, wie der von der Politik beschworene Wohnungsbau in den nächsten Jahren tatsächlich vorankommt. In anderen, vor allem ländlichen Gegenden überaltert die Bevölkerung tendenziell, wodurch über die langen Jahre immer mehr alte Immobilien frei werden. Dazu kommt der kaum vorhersehbare Faktor, wie sich der Zuzug nach Deutschland langfristig entwickeln wird – ebenfalls eine hochpolitische Frage.

Die entscheidende Frage ist nun, wie die Aussichten für die konkrete Immobilie sind, die Ihr im Auge habt. Das ist relativ schwierig einzuschätzen. Was Ihr auf alle Fälle im Augen haben solltet: Kauft nicht zu teuer ein. Ein Anhaltspunkt ist der Faktor Kaufpreis : Jahreskaltmiete, den wir vorhin besprochen haben. Und beurteilt nüchtern, wie die Aussichten für die Wohngegend und die Region sind. Wie ist die demografische Entwicklung vor Ort – ziehen junge Menschen dorthin, oder droht eine Überalterung? Wie attraktiv ist die Gegend wirtschaftlich? Gibt es hier Risiken wie die Abhängigkeit von einem einzelnen großen Arbeitgeber? Versucht Euch vor dieser großen Entscheidung möglichst umfassend zu informieren.

Auf der anderen Seite: Die Miete

Bei der Miete waren wir ja zum einen von einer Kaltmiete von 13 € pro Quadratmeter (1.300 € Kaltmiete für 100 qm Wohnfläche) ausgegangen. Je nach Gegend ist das ein vernünftiger Preis, mancherorts aber auch ziemlich teuer. Ihr könnt Euch am Mietspiegel Eurer Stadt oder Gemeinde orientieren. Entscheidend ist wieder, wie hoch Eure Miete im Verhältnis zum Preis Eurer Wohnung ist. Wie viel würde Eure gemietete Wohnung kosten, wenn Ihr sie kaufen würdet? Um einen Anhaltspunkt zu gewinnen, könnt Ihr auf den einschlägigen Immobilienportalen nach vergleichbaren Wohnungen schauen. In unserem Beispiel beträgt das Verhältnis Kaufpreis : Jahreskaltmiete 25,6. Bedeutet: Der Kaufpreis (400.000 €) ist nicht günstig. Bedeutet im Umkehrschluss: Die 13 €/qm sind voll okay.

Ein anderer Faktor ist, wie es mit Eurer Miete weitergeht. Wir sind in unserem Beispiel davon ausgegangen, dass sich Eure Kaltmiete jährlich um 2 % erhöht, also parallel zur Inflation. Wie bei der Wertentwicklung einer Immobilie auf der anderen Seite kann sich auch die Miete ganz unterschiedlich entwickeln: In einer langfristig gefragten Gegend besteht je nach Angebot an Wohnraum die Möglichkeit, dass die Mieten überdurchschnittlich stark steigen. Auch wenn Ihr im Moment eine unterdurchschnittliche Miete habt, hat Euer Vermieter relativ viel Spielraum nach oben. In anderen Gegenden kann Euch dagegen der demografische Wandel in die Hände spielen. Und Deutschland ist ein ziemlich mieterfreundliches Land, das Euch sehr wahrscheinlich langfristig gegen Mietwucher schützen wird. Sollten Euch eines Tages Mietsteigerungen über den Kopf wachsen, dann bleibt nur ein Umzug.

Die Kurve Deines Vermögens als Mieter zeigt nach oben. Dein Vermögen wird also sehr wahrscheinlich über die Jahrzehnte ansteigen – obwohl auch die Miete immer weiter steigt. Das wird auch im Alter so weitergehen: Ihr werdet in der Rente die Miete trotz der Anhebungen gut bezahlen können. Und zwar aus dem ETF heraus: Das Depot liefert langfristig aller Wahrscheinlichkeit eine höhere Rendite als eine durchschnittliche steigende Miete. Eine wichtige Erkenntnis: Ein Eigenheim sichert Dich gegen steigende Mieten ab – aber auch langfristig ein Vermögen in Aktien-ETFs.

Ein Schnäppchen gefunden

Der Gewinn liegt im Einkauf. Diese alte Weisheit stimmt bei Immobilien umso mehr. Wenn Ihr eine richtig günstige Immobilie in einer guten Lage findet, an der auch nichts faul ist, dann ist das natürlich eine gute Gelegenheit. Deswegen ist es sehr wichtig, dass Ihr sehr viel Energie, Zeit und auch Kreativität in die Suche steckt.

Sagen wir, in unserem vorherigen Beispiel bekommt Ihr die Nachbarwohnung für 350.000 € statt für 400.000 €. Gleichzeitig ist damit eher eine Wertsteigerung von 2,5 % pro Jahr drin. Der günstige Kaufpreis hat zwei Effekte: Nicht nur müsst Ihr weniger Kredit aufnehmen, sondern die Immobilie hat mehr Luft nach oben, sich im Wert positiv zu entwickeln. Der Faktor Kaufpreis : Jahreskaltmiete liegt dann bei 350.000 € : (1.300 € × 12) = 22,4. Der Wert liegt unter 25 und spricht damit für einen Kauf. Würde er unrealistisch niedrig ausfallen (z. B. weit unter 20), solltet Ihr genau hinschauen, ob an der Immobile womöglich irgendetwas faul ist. Aber bei einem Wert von 22,4 sieht der Vergleich mit Mieten so aus.

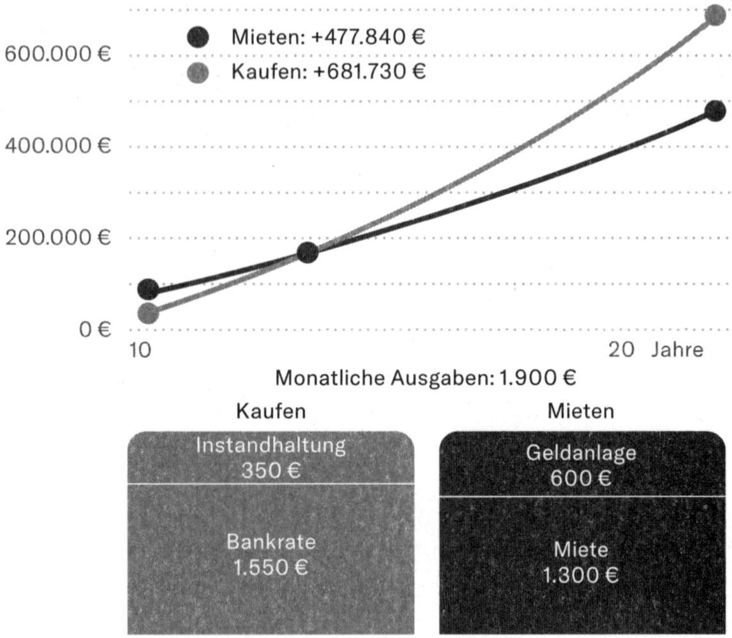

Wie wir sehen, liegt Ihr in diesem Szenario als Eigentümer um gut 200.000 € beim Vermögen im Vorteil – diese Eigentumswohnung solltet Ihr Euch nicht entgehen lassen. Immerhin steigt Euer Vermögen als Mieter weiter an – d.h. dass Ihr auch mit Eurem ETF gut leben würdet und keinen katastrophalen Fehler macht, wenn Ihr nicht kauft.

Übrigens sind hier nur 600 € ETF-Sparplan eingerechnet, um die Vergleichbarkeit zu gewährleisten: Als Käufer müsst Ihr durch den geringeren Kaufpreis »nur« noch 1.900 € für Kredit und Instandhaltung ausgeben. Die gleiche monatliche Summe setzen wir auch für Euch als Mieter an. Alles was Euch über die monatlichen Ausgaben von 1.900 € hinaus noch übrig bleibt, könnt Ihr sowohl als Mieter als auch als Käufer in einen ETF stecken – es macht für den Vergleich keinen Unterschied.

Zu teuer gekauft

Das hört sich jetzt alles super an. Aber solche Schnäppchen sind schwer zu finden auf dem aktuellen Immobilienmarkt.

Problematisch ist das gegenteilige Szenario: Ihr lasst Euch auf einen hohen Kaufpreis ein, den Ihr Euch mit Ach und Krach leisten könnt – weil der Wunsch nach einem Eigenheim so stark ist und Ihr den Gedanken an »Miete ist rausgeworfenes Geld« nicht aus dem Kopf kriegt. Also zahlt Ihr für die Wohnung heftige 450.000 €.

Durch den hohen Preis ist auch in der Zukunft die Luft nach oben eher dünn, wodurch nur 1% Wertsteigerung pro Jahr realistisch ist. Der Faktor Kaufpreis : Jahreskaltmiete liegt dann bei 28,8.

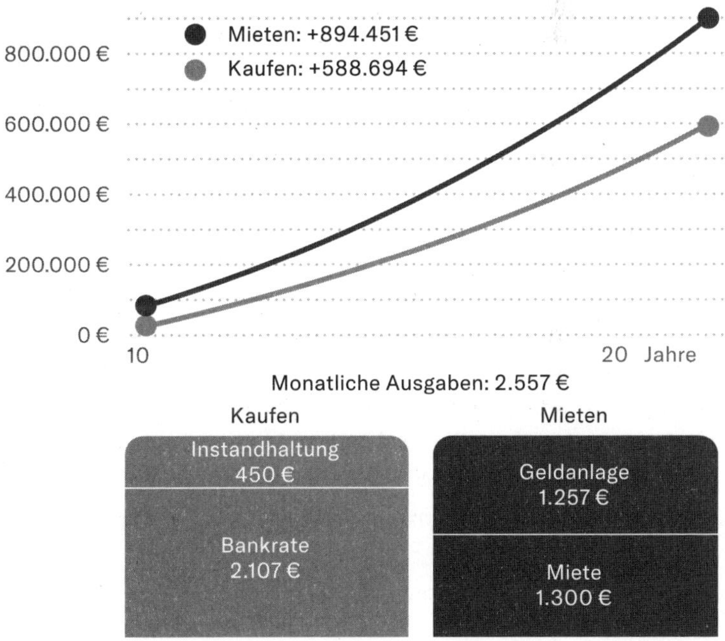

Monatliche Ausgaben von 2.557 € muss man sich erst mal leisten können. Wenn wir jetzt konsequent davon ausgehen, dass Ihr als Mieter auch so diszipliniert lebt und das entsprechende Geld (1.257 € im Monat) in einen ETF steckt, dann habt Ihr nach 27 Jahren als Mieter über 300.000 € Vermögen mehr als als Eigentümer. Obwohl Ihr als Käufer eine abgezahlte Wohnung hättet, steht Ihr als Mieter deutlich besser da.

Ein ähnliches Szenario wäre übrigens, wenn Ihr ein Haus baut und die Baukosten dann doch viel höher werden als ursprünglich kalkuliert – das kann ja schnell vorkommen. Rein finanziell gesehen wärt Ihr mit einem ETF-Depot besser beraten gewesen. Allerdings habt Ihr dann trotz hoher Kosten beim Kauf oder Bau nach 27 Jahren eben eine abgezahlte Immobilie in gutem Zustand. Da gibt es schlimmere Lebenssituationen – solange die Kosten nicht völlig aus dem Ruder laufen. Ihr habt keinen dramatischen Fehler gemacht, denn immerhin lasst Ihr mit der Immobilie ja Euer Geld für Euch arbeiten. Immer noch besser, als es einfach auf dem Konto zu lassen.

Das richtige Objekt in der richtigen Lage

Was können wir jetzt aus diesen Gedankenexperimenten mitnehmen? Im Grunde läuft alles auf den ältesten Spruch der Immobilienbranche hinaus: »Worauf kommt es an? Lage, Lage, Lage.« Die Schwierigkeit liegt offensichtlich darin, ein mehr oder weniger großes Schnäppchen in der richtigen Lage zu finden. Solche Objekte sind natürlich begehrt und dadurch nur selten günstig. Wenn Ihr Euch aber bei der Suche richtig reinhängt und nicht unter Druck setzen lasst, dann habt Ihr gute Voraussetzungen für einen richtig guten Deal.

Mir persönlich war damals genau diese aufwendige Suche

und die Komplexität des Bauens meine Lebenszeit nicht wert. Und einen Sprung ins kalte Wasser, in der Hoffnung, dass das mit dem Haus finanziell »schon irgendwie werden würde«, war mir zu heikel. Ich habe mich dazu entschieden, mir mit einer vernünftigen Miete mehr Flexibilität im Leben einzukaufen – und mehr Einfachheit in meinen Finanzen.

Immobilien als Kapitalanlage: Vermieter werden?

Vielleicht stellst Du Dir die Frage, ob Mieten oder Kaufen besser ist, gar nicht – Du willst beides? Mit anderen Worten: Du bleibst zur Miete wohnen, kaufst Dir aber eine Eigentumswohnung, die Du vermietest.

Die grundlegende Überlegung, ob sich das für Dich lohnt, ähnelt der Frage, ob Du selbst in Wohneigentum ziehen solltest – mit einem entscheidenden Unterschied: Als Vermieter kannst Du eine Reihe von Steuervorteilen nutzen, denn viele Kosten rund um die Immobilie lassen sich steuerlich absetzen. Verkaufst Du die Immobilie frühestens zehn Jahre nach dem Kauf, ist zudem ein möglicher Gewinn steuerfrei – ein erheblicher Pluspunkt. Die Steuervorteile sollten aber, wie bei allen Geldanlagen, nie allein den Ausschlag geben.

Wenn Du Vermieter werden möchtest, spielt außerdem die Wertentwicklung der Immobilie eine noch größere Rolle. Wie wir vorhin schon gesagt haben: Der Gewinn liegt im Einkauf. Mit der richtigen Immobilie kannst Du zweifellos eine attraktive Rendite erzielen. Ob die (wesentlich) höher als mit einem breit gestreuten ETF-Depot liegen wird, hängt von all den schwierig zu prognostizierenden Faktoren ab, von denen wir gerade gesprochen haben. Zudem steckt Dein Kapital dann (wahrscheinlich) in einer einzigen Immobilie – das bedeutet, Dein Vermögen hängt stark von der Wertentwicklung dieses einen Objekts ab. Dieses sogenannte Klumpenrisiko kann ordentlich nach hinten losgehen, wenn Du falsch einkaufst. Immobilien können eine gute Investition sein. Allerdings sind sie komplexer als ETFs und erfordern mehr Aufwand – bei der Auswahl, bei der Verwaltung und bei der Instandhaltung. Das Finanztip-Prinzip mit ETF-Depot ist immer eine einfachere und solide Alternative für Deinen Vermögensaufbau.

Wie wollt Ihr in Zukunft wohnen?

Vergiss also die Frage: Ist Kaufen oder Mieten besser? Eine andere Frage ist für Dich und Dein Zuhause viel entscheidender: Wie willst Du, wie wollt Ihr in Zukunft wohnen? Welcher Lebensstil passt besser zu Dir, zu Euch – Miete oder Eigentum?

Schreckt Dich der Gedanke ab, viel Zeit und Mühe in eine intensive Suche nach dem richtigen Haus zu stecken? Dich auch selbst schlau zu machen, wie man den Zustand eines Objekts richtig einschätzt? Passt die Vorstellung, für viele Jahre am selben Ort zu wohnen, einfach nicht zu Deinem Lebenskonzept? Möchtest Du Dir die Freiheit bewahren, in absehbarer Zukunft umziehen zu können – um berufliche Chancen wahrnehmen zu können oder weil Du Eure Beziehung nicht als stabil genug einschätzt? Oder könntest Du mit mehreren Hunderttausend Euro Schulden bei der Bank einfach nicht in Ruhe schlafen, auch wenn Du rational weißt, dass es eigentlich kein Problem ist?

Für mich persönlich waren das die ausschlaggebenden Argumente: Nicht nur bin ich beruflich und mit drei Kindern gut eingespannt, ich hasse es auch, wenn etwas kaputtgeht und ich meine kostbare Freizeit mit handwerklichen Dingen verbringen muss. Mir macht das überhaupt keinen Spaß. Da bin ich viel lieber mit meinen Kindern auf dem Sportplatz oder auf einem Ausflug.

Geht es Dir ähnlich? Dann bist Du eindeutig der **Miet-Typ** und vermutlich besser beraten, Deine Altersvorsorge nach dem Finanz-Prinzip mit ETF-Depot zu gestalten. So ein ETF ist viel einfacher, zeitsparender und flexibler als eine Immobilie.

Oder aber Euch gefällt die Vorstellung, in den eigenen vier Wänden zu wohnen und diese aktiv zu gestalten. Vielleicht findest Du es spannend, auf die Jagd nach dem Traumhäuschen zu gehen, Dich lokal gut zu vernetzen und alle möglichen Quellen über die einschlägigen Portale hinaus zu durchforsten? Du bist bereit, für Deinen Traum vom eigenen Haus auch ein paar Abstriche in Bezug auf Lage oder Ausstattung zu machen? Außerdem seid Ihr ohnehin praktisch veranlagte Menschen, die es lieben, am eigenen Heim Hand anzulegen, es zu gestalten, zu verschönern und auszubessern, auch wenn mal etwas kaputtgeht? Die Schulden sind kein Problem für Dich, weil Dein Job sicher ist, und es Dich beruhigt zu wissen, dass Du die Immobilie im Notfall wieder verkaufen könntest? Und schließlich würdest Du mit einer Kreditrate viel disziplinierter sein beim Aufbau Deiner Altersvorsorge, weil es Dir leichter fällt, zugunsten Deines eigenen schönen Hauses auf andere Dinge im Leben zu verzichten? Dieser Verzicht würde Dir bei einer Immobilie, die man direkt vor sich hat, viel leichter fallen als bei einem irgendwie abstrakten ETF-Sparplan, den Du vermutlich nicht in gleicher Höhe durchhalten würdest?

Wenn dieses Szenario für Dich stimmig und erstrebenswert klingt, dann willkommen im **Team Eigenheim!**

Du solltest kaufen, wenn ...

... Du am selben Ort bleiben möchtest.

... Du die Belastung einer Immobilie gut ertragen kannst.

... Du eine günstige Immobilie gefunden hast.

... Du bereit dazu bist, unerwartete Ausgaben, z. B. für Reparaturen, zu tragen.

... Du dich um eine Immobilie kümmern möchtest.

Bleib Mieter, wenn ...

... Du den Wohnort oft ändern oder wechseln willst oder musst.

... Du mit Schulden schlecht schlafen würdest.

... keine günstigen Objekte verfügbar sind.

... Du keine unerwarteten Ausgaben haben möchtest.

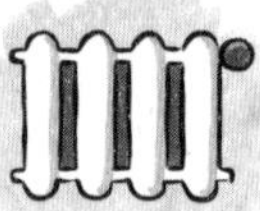

... Du eine Immobilie nur nutzen willst.

Was, wenn sich die Wege trennen?

Die wenigsten wagen den Schritt zum Eigenheim ganz allein. Dabei geht es nicht nur um die hohen Kosten, die oft nur zu zweit zu stemmen sind. Vielmehr ist das Eigenheim ja mehr als nur eine Immobilie – es ist ein gemeinsames Zuhause, in dem man wohnen und leben möchte, möglicherweise eine Familie gründet.

Was allerdings passiert, wenn sich die Lebensumstände ändern? Natürlich seid Ihr jetzt gerade glücklich miteinander und blickt in eine rosige Zukunft. Trotzdem weiß man nie, wie das Leben so spielt – und ähnlich, wie wir Dich im Buch weiter vorne schon gegen bestimmte Eventualitäten und Schicksalsschläge abgesichert haben, will ich die Möglichkeit zumindest einmal ansprechen: Im Falle einer Trennung oder Scheidung kann sich eine Immobilie als ordentlicher Klotz am Bein herausstellen. Deswegen solltet Ihr vor einem Kauf zumindest einmal darüber sprechen, was im Falle einer Trennung geschieht.

Wenn Ihr Euch trennt und einer auszieht, kann sich womöglich keiner von Euch die Immobilie bzw. die Kreditrate allein leisten. Genauso wenig kann wahrscheinlich einer dem anderen den jeweiligen Anteil an der Immobilie einfach auszahlen. Dafür eine weitere Hypothek auf die Immobilie aufzunehmen, geht in der Regel nur, wenn die Immobilie schon zum großen Teil abbezahlt ist. Theoretisch könntet Ihr die Immobilie vermieten und so den Kredit weiter abbezahlen. Aber als getrenntes Paar gemeinsam Vermieter zu sein, ist eine ziemliche Herausforderung.

Oft bleibt nur die Möglichkeit, die Immobilie zu verkaufen, den Kredit zurückzuzahlen und auszuziehen. Sollte das schon wenige Jahre nach dem Kauf passieren, habt Ihr wahrscheinlich ein Verlustgeschäft gemacht: Es ist ziemlich fraglich, ob Ihr einen so guten Verkaufspreis erzielt, dass Ihr die Kaufnebenkosten wieder reinholt. Ihr steht wahrscheinlich unter erheblichem Verkaufsdruck – und das ist eine schlechte Verhandlungsposition. Die Bank will unter Umständen eine Gebühr dafür, dass Ihr den Kredit vorzeitig zurückzahlt. Dann kommt noch das Risiko dazu, dass Ihr womöglich eine Schwächephase am Immobilienmarkt erwischt. All das kann dazu führen, dass Ihr den Kredit mit dem Verkaufspreis nicht ganz zurückzahlen könnt. Ein weiterer Grund, warum Ihr nicht zu teuer kaufen oder bauen solltet.

Außerdem ist es essenziell, dass Ihr das Immobilienprojekt gemeinsam macht – egal, ob Ihr verheiratet bzw. verpartnert seid oder nicht. Ihr solltet immer überall als gleichberechtigte Partner in den Verträgen stehen, insbesondere auch im Grundbuch – denn nur dann hat der finanziell schwächere Partner im Falle einer Trennung oder Scheidung auch von Rechts wegen Anspruch auf seinen Teil der Immobilie.

Wenn Ihr kaufen wollt

Nach langer Abwägung habt Ihr Euch entschieden: Ihr seid bereit, den nächsten Schritt zu gehen und möchtet in Eure eigenen vier Wände ziehen. Da sage ich erst mal: Herzlichen Glückwunsch, Ihr werdet in naher Zukunft wahrscheinlich die größte finanzielle Entscheidung Eures Lebens treffen. Lasst uns das Ganze einmal Schritt für Schritt durchgehen.

Schritt 1: Wie viel könnt Ihr Euch leisten?

Den ersten, den abstraktesten Schritt seid Ihr in diesem Kapitel bereits gegangen: Ihr habt den finanziellen Rahmen abgesteckt, Ihr wisst bereits ungefähr, welchen Kaufpreis und welche Kreditrate Ihr Euch leisten könnt. Damit könnt Ihr nun konkreter werden.

Schritt 2: Wo wollt Ihr künftig wohnen?

Möglicherweise klingt diese Frage für Euch eher banal. Aber überlegt mal: Ihr werdet vielleicht die nächsten Jahrzehnte an Eurem neuen Wohnort verbringen. Deswegen sollte nicht nur das Haus oder die Wohnung an sich zu Euch passen, sondern auch die Umgebung.

Wie sieht es mit der **Infrastruktur** aus? Supermärkte, Arztpraxen, Freizeitangebot, für Familien Kita, Kindergarten und Schulen – das ganze »Drumherum« wird Eure Lebensqualität prägen. Guckt Euch die Umgebung gründlich an und prüft, ob alle auf ihre Kosten kommen.

Ähnlich wichtig ist die **Verkehrsanbindung.** Hier solltet Ihr vor allem den Alltag im Blick haben: Wie ist die Anbindung an die öffentlichen Verkehrsmittel? Oder bist Du bzw. seid Ihr auf ein oder sogar mehrere Autos angewiesen? Wie lange dauert der Weg zur Arbeit? Wie weit ist die Autobahn weg, werdet Ihr viel im Stau stehen? Denkt auch langfristig, wenn verschiedene Familienmitglieder an unterschiedliche Orte müssen.

Schritt 3: Die richtige Immobilie finden

Habt Ihr festgelegt, wo das künftige Traumhaus stehen soll, müsst Ihr es »nur« noch finden. Ein guter Einstieg sind die einschlägigen Immobilienportale wie Immoscout oder Immowelt, aber geht schon einmal davon aus, dass die Portale für diese Suche wahrscheinlich nicht ausreichen werden. Die Konkurrenz dort ist in vielen Gegenden einfach zu groß. Deswegen dürft Ihr ruhig kreativ werden: Kleinanzeigen ist eine gute Idee, aber schaut Euch auch offline um. Aushänge bei Baumärkten oder Discountern, aber auch die guten alten Zeitungsanzeigen – denn Immobilien werden oft von älteren Menschen verkauft, die noch viel gedruckte Zeitungen nutzen.

Es ist außerdem absolut sinnvoll, Eure Suche breit im Freundes- und Bekanntenkreis zu streuen. Hier sind auch soziale Medien eine gute Idee, die vielleicht von Leuten genutzt werden, mit denen Ihr nicht mehr viel Kontakt habt – denkt auch an Facebook oder den Whatsapp-Status. Eine Kollegin bei Finanztip hat Handzettel in ihrer Wunschgegend verteilt, dass sie ein Haus sucht, und ist so mit dem späteren Verkäufer ihres Hauses ins Gespräch gekommen.

Stellt Euch also darauf ein, dass allein die Suche nach der richtigen Immobilie einen großen Teil Eurer Freizeit beanspruchen wird. Ihr sucht nicht weniger als die Nadel im Heuhaufen: das richtige Objekt in der richtigen Lage zu einem vernünftigen Preis.

Sollen wir uns an einen Makler wenden?
Seit Menschen Häuser kaufen, gibt es jemanden, der ihnen dabei behilflich sein möchte – der Immobilienmakler. Ein Profi, der die Marktlage und die Immobilienpreise in Eurer Wunschgegend kennt, kann durchaus hilfreich sein. Denn an viele interessante Immobilien kommt Ihr nur über einen Makler ran. Newsletter von lokalen Maklern können eine gute Quelle sein. Vielleicht seid Ihr erst mal skeptisch, allein die Provision kann abschreckend wirken. Typischerweise beträgt sie zwischen 2,5 und 3,5 % des Kaufpreises, es geht also um viele Tausend Euro. Die gute Nachricht ist allerdings: Seit 2020 teilen sich Käufer und Verkäufer die Provision. Habt aber im Hinterkopf, dass für Makler die interessanten, weil knappen Kunden die Verkäufer sind. Als Kaufinteressierte spielt Ihr leider oft die zweite Geige.

Aus eigener Erfahrung kann ich nur empfehlen: Klärt am besten direkt im ersten Gespräch, was Ihr von dem Makler erwartet und was genau seine Aufgabe ist. Dann sind die Fronten vorab besser geklärt. Ich wollte beispielsweise einmal über einen Makler ein Grundstück für einen Hausbau kaufen. Er hat dann behauptet, auch für die Auswahl der Baufirma zuständig zu sein – die wollte ich aber selbstverständlich selbst aussuchen.

Schritt 4: Besichtigungen

Nachdem Ihr viel Mühe aufgewendet und ein interessantes Objekt gefunden habt, geht es nun an die Besichtigung. Hier macht sich eine gründliche Vorbereitung bezahlt, sie kann Euch viele Euro sparen. Natürlich werdet Ihr zunächst das Exposé studieren und Euch ausführlich Notizen machen. Schreibt außerdem alle wichtigen Fragen vorher auf, damit Ihr während der Besichtigung nichts vergesst.

Eine Hausbesichtigung sollte übrigens immer tagsüber stattfinden, gerade im Winter. Lasst Euch vorab viel Zeit für den Termin einräumen. Vergesst außerdem Notizbuch, Handykamera und Meterstab nicht.

Außerdem ist wichtig, dass Ihr mit der richtigen Einstellung über die Schwelle tretet: Macht Euch klar, dass dies nicht die eine Gelegenheit Eures Lebens sein wird, bei der Ihr unbedingt zuschlagen müsst. Andere Verkäufer haben auch schöne Häuser – wenn es dieses hier nicht wird, kommt bestimmt die nächste Gelegenheit. Auch wenn das Haus auf den ersten Blick wie *das* Traumhaus aussieht, solltet Ihr Euch vor lauter Schwärmerei nicht blenden lassen.

Lasst Euch während der Besichtigung auf keinen Fall unter Druck setzen. Bestimmt gibt es bei einem guten Angebot einige Konkurrenz, die vielleicht sogar schneller ist und die Katze im

Sack kaufen würde. Aber beim größten Kauf Eures Lebens dürft Ihr ruhig Zeit investieren, gut überlegen und vor allem mehrmals kommen.

Prüft den Zustand der Immobilie, vor allem was die Bausubstanz, die Heizung und die Dämmung angeht. Mit der Zeit und wenn man ein paar Immobilien gesehen hat, entwickelt man einen gewissen Kennerblick. Trotzdem ist es immer sinnvoll, einen Experten, Sachverständigen oder Gutachter hinzuzuziehen – vor allem, wenn es um ein älteres Haus geht. Am einfachsten ist es natürlich, wenn Ihr im Freundeskreis einen Bauingenieur oder eine Architektin habt. Ansonsten könnt Ihr auch einen offiziellen Gutachter mit der Bestellung des Wertgutachtens beauftragen. In der Kurzversion kann das etwa 500 €, ein ausführliches Gutachten mehrere Tausend Euro kosten. Diese Ausgabe ist aber in jedem Fall gut investiert – wenn Ihr etwas im Wert von einer halben Million Euro kauft, wollt Ihr bestimmt keine wesentlichen Mängel übersehen.

Seht Euch außerdem auch den Grundbuchauszug und den Bebauungsplan an, ob hier unerfreuliche Überraschungen lauern: Im Grundbuch könnten noch Schulden eingetragen sein, im Viertel unangenehme Bauvorhaben drohen. Eine gute Informationsquelle sind hier übrigens auch die künftigen Nachbarn. Sie können Euch wahrscheinlich eine Menge über etwaige Probleme der Gegend erzählen, die Euch Makler oder Verkäufer vielleicht verschweigen.

Schritt 5: Der richtige Kredit

Die Hausbesichtigung lief positiv, der Preis ist verhandelt – dann geht es jetzt an die Kreditanfrage. Falls Ihr eine persönliche Connection zu Eurer Bank habt, spricht nichts dagegen, dass Ihr dort nach einem Kreditangebot fragt. In jedem Fall solltet Ihr aber unbedingt Vergleichsangebote einholen. Vergesst nicht, dass sich bei diesen großen Summen auch minimale Zinsunterschiede auszahlen. Zahlt Ihr für einen Kredit von 400.000 € bei einer günstigeren Bank z.B. 3,5 statt 3,6 %, spart Ihr im Lauf von 10 Jahren über 4.000 €.

Eine gute Anlaufstelle für diesen eminent wichtigen Vergleich sind die großen Vermittler von Immobilienkrediten. Die können auch bei den anderen Fragen der Immobilienfinanzierung beraten: Zinsbindung, Sondertilgung, Forward-Darlehen u.v.a.m.

Welche Kreditvermittler empfehlenswert sind, findet Ihr in unserem Ratgeber:

Schritt 6: Der Kauf

Nun geht es ans Eingemachte, Ihr bekommt einen Vertragsentwurf. Wichtig ist, dass Ihr vor dem Kauf Gelegenheit habt, ihn zu prüfen. Laut Gesetz müsst Ihr den Vertrag mindestens 14 Tage vor dem Termin beim Notar erhalten – so habt Ihr ausreichend Zeit, das Juristendeutsch zu verstehen und mit dem Notar offene Fragen zu besprechen. Lasst Euch damit nicht bis zum Notartermin Zeit – dort kann es sonst hektisch werden.

Ein kleiner Tipp am Rande: Wenn Ihr Inventar vom Vorbesitzer übernehmt, sollte das im Vertrag gesondert ausgewiesen sein. Das reduziert den Kaufpreis und damit die zu zahlende Grunderwerbsteuer. Ist alles in trockenen Tüchern, folgt der Notartermin mit dem Verkäufer.

Puh, schwirrt Dir schon beim Lesen der Kopf? Ja, ein Haus zu kaufen ist ein echtes Abenteuer! Außen vor gelassen habe ich jetzt noch das größte Projekt von allen, nämlich wenn Du selbst bauen willst. Hier kann ich Dir nur sagen: Mach Dir von vornherein klar, dass ein Bau sorgfältig geplant und überwacht werden will, und zwar zu nicht geringen Teilen von Dir selbst. Das Ganze wird meist mindestens ein Jahr, wenn nicht länger, Dein Leben dominieren.

Auch ich stand mal kurz davor, selbst einen Bau in Angriff zu nehmen. Allein schon die ersten Termine mit dem Architekten haben mich leicht überfordert. Letztlich haben wir uns dann aufgrund der Kostenrisiken gegen den Bau entschieden. Im Nachhinein gesehen hätte sich der Bau zwar definitiv gelohnt, denn der Wert der Immobilie wäre in den folgenden Jahren nur noch gestiegen. Aber wie so oft im Leben ist man hinterher immer schlauer. Mit dem Finanztip-Prinzip habe ich mir dafür einiges an Lebenszeit gespart und lebe mit meinem ETF-Depot sehr gut zur Miete.

Das Wichtigste in Kürze

- Eine eigene Immobilie kann eine gute Alternative zur Altersvorsorge mit ETF-Sparplan sein. Muss sie aber nicht, das hängt davon ab, ob Du das richtige Objekt zu einem vernünftigen Preis findest.
- Oft scheitert der Immobilienkauf am nötigen Eigenkapital – 20 % des Kaufpreises solltest Du mindestens auf der Seite haben.
- Insgesamt ist Kaufen oder Mieten vor allem eine Lifestyle-Frage: Passen die eigenen vier Wände gut zu Deiner persönlichen Lebensplanung, oder willst Du Dir die Flexibilität als Mieter erhalten?

8

Alternative Anlagen: Festgeld, Einzelaktien, Krypto, Rentenversicherungen & Co.

Für mich ist ein ETF-Sparplan aufs Depot einfach die perfekte Altersvorsorge – günstig, flexibel, unkompliziert. Aber klar, es gibt noch zahllose weitere Möglichkeiten, Geld anzulegen und für das Alter vorzusorgen – Riester-Vertrag, Festgeldkonto, Bausparer, Bitcoin usw. usw. Hier gibt es viel Licht und Schatten: Es gibt Geldanlagen, die in Deiner individuellen Situation viel Sinn ergeben können, ohne dass sie ein absolutes Muss sind. Dann gibt es Dinge, die Du mal ausprobieren kannst, wenn Du Lust dazu hast, ohne zu viel Geld reinzustecken. Und schließlich gibt es schlechte Ideen, von denen Du besser die Finger lässt.

Grundsätzlich gilt: Du kannst das Finanztip-Prinzip über die vier Töpfe hinaus erweitern, aber Du musst es nicht. Genau wie bei einer eigenen Immobilie machst Du nichts falsch, wenn Du bei Deinen vier Töpfen bleibst. Jeder Topf, den Du hinzufügst, macht Deine Finanzen weniger einfach.

Gute Ideen: Womit Du das Finanztip-Prinzip sinnvoll ergänzen kannst

Es gibt eine Reihe von Möglichkeiten, die je nach Deiner Situation eine solide Ergänzung zu Deiner Aufstellung sein können. Sie können Dir entweder eine sichere zusätzliche Rendite bieten oder sind schlichtweg bequem wie im Fall eines Geldmarkt-ETFs.

Mit welchen Produkten Du diese guten Ideen umsetzen kannst sowie tiefergehende Infos zu allen alternativen Anlagen aus diesem Kapitel findest Du auf finanztip.de:

Geldmarkt-ETF als praktische und sichere Geldanlage

Ich habe mich persönlich gegen eine eigene Immobilie entschieden und meine früheren Anlage-Experimente seit Langem beendet. Aber die grundlegenden Töpfe des Finanztip-Prinzips habe ich seit ein paar Jahren durch einen weiteren ergänzt: Neben meinem Tagesgeldkonto nutze ich in meinem Depot einen sogenannten Geldmarkt-ETF als sichere Geldanlage.

Was hat es damit auf sich, und warum halte ich das für eine gute Idee?

Ein Geldmarkt-ETF ist für mich eine bequeme Alternative zum Tagesgeld. Denn bei den meisten Tagesgeldkonten senkt die Bank irgendwann den Zins. Entweder nach dem Aktionszeitraum von ein paar Monaten, in dem sie mit hohen Zinsen lockt, oder erst nach Jahren. Ich habe deshalb früher oft immer wieder ein neues Tagesgeldkonto eröffnet, um wieder gute Zinsen zu bekommen. (Für meinen Notgroschen mache ich das auch heute noch ab und zu.)

Mein Geldmarkt-ETF erspart mir dieses Tagesgeld-Hopping, das nervige Wechseln von Tagesgeldkonto zu Tagesgeldkonto, da so ein Geldmarkt-ETF laufend gute Zinsen liefert, die im Bereich der besten Tagesgeldkonten liegen. Der Geldmarkt ist der Markt, auf dem sich vor allem Banken, Staaten und Unternehmen untereinander kurzfristig Geld leihen. Die Zinsen, die sie dort bekommen, sind meist sehr nah an den Leitzinsen der Europäischen Zentralbank (EZB) und damit an dem, was gute Tagesgeldkonten bieten.

Wie funktioniert das Ganze? Ein Geldmarkt-ETF hat so gut wie nichts mit einem Aktien-ETF zu tun, sondern steckt Dein Geld in sehr sichere Wertpapiere, die nur noch eine kurze Restlaufzeit haben. Dadurch sind sie wertstabil, liefern aber faire Zinsen.

Anhand der folgenden Grafik siehst Du, dass der Wert eines solchen ETFs kaum schwankt und immer mit dem aktuellen Leitzins mithalten kann.

Die Rendite eines Geldmarkt-ETFs folgt dem EZB-Leitzins

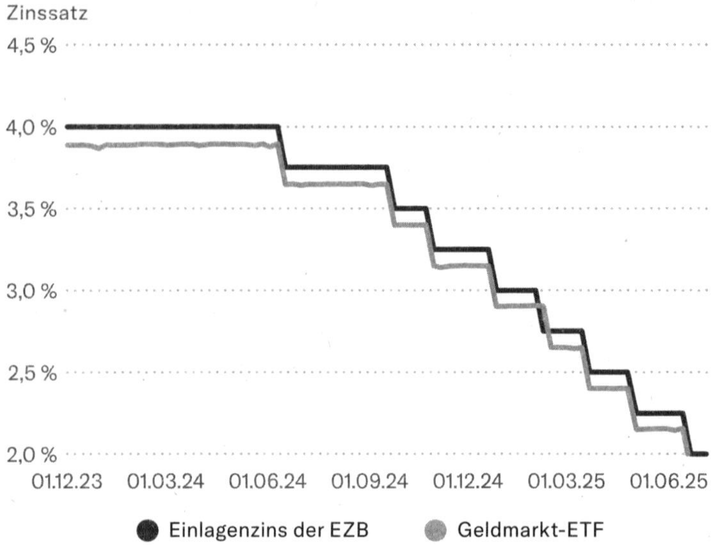

(Quelle: Finanztip)

Du kannst Dir einen Geldmarkt-ETF ganz einfach neben Deinen Aktien-ETF ins Depot legen und tagesaktuell kaufen bzw. verkaufen. In der Regel kostet ein Geldmarkt-ETF um die 0,1 % pro Jahr des angelegten Gelds. Deswegen wird er auch immer leicht unter dem Leitzins der EZB liegen. Wegen dieser (niedrigen) Gebühr kann ein Geldmarkt-ETF in einer Nullzinsphase, wie wir sie von 2016 bis 2022 hatten, auch mal keine gute Idee sein. Aber das ist die absolute Ausnahmesituation, und mittlerweile haben wir ja wieder Zinsen im Normalbereich.

Ich habe ja etwa 20 % meines Gelds sicher angelegt: Mein Notgroschen liegt auf meinem Tagesgeld, damit ich an den im Notfall wirklich jederzeit schnell rankomme, auch wenn ich dort etwas niedrigere Zinsen bekomme. Der Rest von meinem Sicherheitsanteil steckt im Geldmarkt-ETF, sodass ich mir dort um gute Zinsen keine Gedanken machen muss. Auch den kann ich schnell verkaufen, aber es kann zwei Arbeitstage dauern, bis das Geld auf meinem Konto ist.

Tagesgeld-Hopping

Oft sind bei einem Tagesgeld die Zinsen nur für einen bestimmten Zeitraum garantiert, etwa für drei oder sechs Monate. Danach fällt der Zinssatz meist ab. Ein neues Tagesgeldkonto mit besseren Zinsen zu eröffnen kostet nichts und hat auch keine Nachteile bei der Schufa. Ein Hopping von Tagesgeld zu Tagesgeld lohnt sich vor allem dann, wenn der Zins bei Deinem alten Tagesgeld ins Bodenlose abstürzt. Wenn ein neues Tagesgeld aber nur ein paar Zehntel Prozentpunkte besser liegt, musst Du für Dich beurteilen, ob es Dir den Aufwand wert ist. Hast Du 10.000 € auf einem Tagesgeld mit 1 % und ein neues zahlt 2 %, bringt Dir das aufs Jahr gerechnet 100 €. 0,25 Prozentpunkte Unterschied machen dagegen nur 25 € aus. Aus dem Tagesgeld-Hopping kann man einen regelrechten Sport machen. Aber Du musst Deine Tagesgeldzinsen nicht ständig im Blick behalten: Es reicht, wenn Du das einmal im Jahr im Rahmen Deines Jahreschecks machst, den wir in Kapitel 10 besprechen. Auf finanztip.de findest Du übrigens auch Tagesgeldangebote, die auch dauerhaft einen vernünftigen Zinssatz anbieten.

Festgeld für garantierte Zinsen über einen längeren Zeitraum

Sowohl Tagesgeld als auch Geldmarkt-ETFs bringen weniger Erträge, wenn die Zinsen fallen. Wenn Du mehr Planungssicherheit haben willst, gibt es eine bewährte Alternative: Mit einem Festgeldkonto kannst Du Dir für eine bestimmte Zeit einen festen Zinssatz sichern. Klingt vielleicht ein bisschen altmodisch, ist aber ziemlich effektiv. Du eröffnest ein Festgeldkonto, typischerweise bei einer neuen Bank, und legst dort das Geld für 12 bis 36 Monate fest an. Länger empfehle ich Dir nicht, weil man die Zinsen kaum so lange absehen kann. Der Zinssatz, den Du bei Eröffnung bekommst, gilt dann für die gesamte Laufzeit und sinkt auch nicht, wenn in der Zeit die Zinsen allgemein fallen. Der Nachteil ist offensichtlich: Du kommst im vereinbarten Zeitraum (z.B. 12, 24 oder 36 Monate) nicht an Dein Geld ran – daher der Name Festgeld.

Das ist natürlich unflexibel, aber es gibt Fälle, in denen es total Sinn macht. Nehmen wir an, Du hast 12.000 € zur Verfügung und weißt, dass Du in ein paar Jahren ein neues Auto brauchst. Gleichzeitig wird es Dein alter Wagen aber sicher noch ein paar Jahre machen. In einen Aktien-ETF solltest Du das Geld nicht stecken. Das Risiko ist viel zu groß, dass der Aktien-ETF in wenigen Jahren im Minus steht. Ein Festgeldkonto ist die ideale Lösung, wenn Du Dich dagegen absichern willst, dass beim Tagesgeld die Zinsen sinken könnten. Andere Beispiele könnten Rücklagen für eine geplante Auszeit vom Job oder für Eure Hochzeit in ein paar Jahren sein.

Vielleicht weißt Du aber noch nicht, wann und für was Du das Geld brauchen wirst. Du willst es nur nicht für 15 Jahre in einen Aktien-ETF investieren. Dann kannst Du Dir eine sogenannte Festgeldtreppe bauen: Von den 12.000 € steckst Du 4.000 € auf ein Festgeldkonto mit 12 Monaten Laufzeit, 4.000 € auf eines mit 24 Monaten Laufzeit und die restlichen 4.000 € auf eines mit 36 Monaten Laufzeit.

Die ersten 4.000 € plus Zinsen werden nach 12 Monaten frei. Dann kannst Du entscheiden: Gibst Du das Geld aus, legst Du es anderweitig an, oder kommt es auf ein neues Festgeld mit 36 Monaten Laufzeit? So werden jedes Jahr 4.000 € plus Zinsen frei, und Du kannst wieder neu überlegen. Es muss Dir allerdings klar sein, dass so eine Festgeldtreppe einen nicht unerheblichen Verwaltungsaufwand mit sich bringt – schließlich hantierst Du mit mindestens drei Festgeldkonten gleichzeitig.

Wie beim Tagesgeld auch solltest Du ein Festgeld nur bei einer sicheren Bank eröffnen, die aber in vielen Fällen durchaus im europäischen Ausland sein kann. Unsere aktuellen Empfehlungen findest Du auf finanztip.de.

Gold als Absicherung gegen schwere Krisen

Kam in Deinem Bekanntenkreis vielleicht schon einmal das Thema »Gold« auf? Ich treffe meist auf zwei sehr unterschiedliche Einstellungen dazu: Die einen schwören auf Gold, für sie ist es eine sichere Bank, eine Art unzerstörbare Reserve. Sie haben ihre Münzen oder Barren irgendwo versteckt oder sogar vergraben – oder behaupten es zumindest. Die anderen würden Gold niemals als ernsthafte Geldanlage in Betracht ziehen – viel zu altmodisch, viel zu unpraktisch. Die Wahrheit liegt – wie so oft – irgendwo dazwischen.

Zum einen ist es unvorstellbar, dass Gold irgendwann wertlos werden könnte. Gold als Wertgegenstand ist so alt wie die Menschheit selbst. Die Goldreserven sind weltweit begrenzt. Diese Knappheit stützt den Sachwert des Edelmetalls.

Auf der anderen Seite ist vielen gar nicht bewusst, dass Gold im Wert erheblich schwankt, durchschnittlich sogar etwas stärker als der breite Aktienmarkt. Es ist also als Anlage objektiv um einiges riskanter, als wir es wahrnehmen. Hast Du schon einmal eine Goldmünze in der Hand gehabt? Wie schwer die sich anfühlt und wie schön sie glänzt! Kein Wunder, dass sie uns Werthaltigkeit und Sicherheit suggeriert.

Schauen wir auf die Zahlen, die dann doch eher ernüchternd sind. Gold hat von 1975 bis Mitte 2025 eine durchschnittliche Rendite von 5,3 % pro Jahr gebracht, der MSCI World aber 9,3 %. Das führt zu diesem dramatischen Chart:

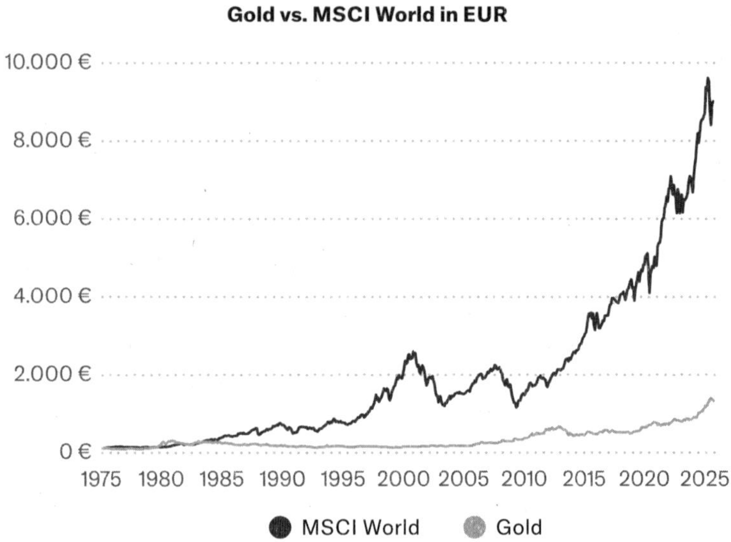

(Januar 1975 = 100 €, Quelle: Finanztip)

Gold hatte ab Mitte der 1980er- bis in die frühen 2000er-Jahre hinein eine sehr lange Durststrecke. Das konnten auch die für Aktien katastrophalen 2000er-Jahre nicht ausgleichen. Seit 2019 hat der Goldpreis aufgrund der Coronakrise, des Ukrainekriegs und anderer Krisen immer wieder neue Rekordwerte erreicht.

Ein wichtiger Grund für den heftigen Unterschied in den Renditen ist, dass Gold keine laufenden Erträge abwirft. Du bekommst auf Gold weder Zinsen noch Dividenden – die Wertsteigerung entsteht allein durch starke oder schwache Nachfrage.

Was heißt das jetzt für Dich? Mein Rat: Du solltest Gold nicht als Geldanlage im eigentlichen Sinne betrachten, sondern eher als Absicherung gegen eine wirklich schwere Krise. Damit meine ich keinen »normalen« Börsencrash, sondern eine Jahrhundertkrise oder eine Währungsreform wie 1923. Die Erwartung ist, dass Gold in so einer existenziellen Krise enorm im Wert steigt. Wenn Du bereits über ein gewisses Vermögen verfügst, kannst Du bis zu 10 % Deines Vermögens in Gold als Absicherung anlegen. So hast Du zwar eine Reserve für eine große Krise, aber der Großteil Deines Vermögens kann trotzdem von den Chancen am Aktienmarkt profitieren.

Wenn Du Dich für ein Goldinvestment entscheidest, hast Du mehrere Möglichkeiten: Du kannst entweder Münzen und Barren kaufen – das Gold also physisch erwerben – oder in entsprechende Wertpapiere investieren, die an der Börse gehandelt werden. Grundsätzlich ist es konsequent, für eine große Krise Münzen und Barren vorzuhalten. Bei denen ist das Hauptproblem die Aufbewahrung. Kleine Mengen Münzen kannst Du vielleicht noch gut zu Hause verstecken (achte dann darauf, dass Deine Hausratversicherung auch diese Bestände absichert!). Für größere Bestände brauchst Du entweder einen guten Safe oder ein Schließfach bei einer Bank.

Eine beliebte Alternative dazu sind Wertpapiere auf Gold, wie etwa Xetra-Gold oder Euwax-Gold, bei denen auch physisches Gold hinterlegt ist. Die kannst Du Dir zwar ganz einfach ins Depot legen, aber in Krisenzeiten willst Du Dein Gold vielleicht tatsächlich physisch haben – und bist dann darauf angewiesen, dass der Anbieter es im Chaos einer solchen Krise auch wirklich liefert. Keine richtig konsequente Absicherung.

Sowohl physisches Gold als auch Wertpapiere, bei denen physisches Gold hinterlegt ist, haben einen schönen Vorteil: Wertgewinne sind 12 Monate nach Kauf steuerfrei.

Eine Photovoltaikanlage als Investition

Besitzt Du ein Haus, kannst Du mit Photovoltaik Sonnenlicht auf Deinem eigenen Dach in Strom verwandeln. Du tust etwas Gutes für die Umwelt, produzierst günstigen eigenen Strom, und was Du nicht selbst verbrauchen kannst, speist Du ins Netz ein und verdienst damit sogar ein paar Euro. Außerdem sicherst Du Dich ein Stück weit gegen das Risiko ab, dass der Strom aus dem Netz in Zukunft teurer werden könnte. Das klingt doch nach einer guten Geldanlage, oder? Weil so eine Anlage allerdings viele Tausend Euro kostet, solltest Du diese Investition finanziell gut durchdenken. Die Anlage lohnt sich umso mehr, je höher der Stromverbrauch in Deinem Haushalt ist, z. B. weil Ihr eine Wärmepumpe und/oder ein E-Auto habt. Solange Dein Dach genug Sonne abbekommt, kannst Du eine ordentliche Rendite erzielen. Ob diese auf 20 Jahre gesehen eher im Bereich von 2–3 % pro Jahr liegt oder in sehr guten Fällen eher bei grob 5 % pro Jahr und damit in den Bereich von Aktien-ETFs vorstößt, hängt an vielen Faktoren: eben Eurem langfristigen Verbrauch, der Entwicklung der Strompreise und wie lange die Anlage insgesamt hält. Den wichtigsten Faktor hast Du aber selbst in der Hand: Zahle nicht zu viel für die Anlage sowie einen möglichen Batteriespeicher dazu. Wie so oft rund um Immobilien gilt auch hier: Der Gewinn liegt im Einkauf. Wie die Preise gerade am Markt stehen und wie viel Du für die Anlage ausgeben darfst, erfährst Du auf unserer Webseite. Dort findest Du auch Hinweise, wie groß sowohl Anlage als auch Speicher für Deinen Haushalt sein dürfen und welche Rendite Du über 20 Jahre erwarten kannst.

Auf kleiner Ebene kannst Du als Mieter ein Balkonkraftwerk kaufen, wenn Du die Solarmodule an oder auf einen Balkon oder in einen Garten stellen kannst. Als kleiner Haushalt kannst Du mit einem Modul 60 € bis 120 € im Jahr, als großer Familienhaushalt mit zwei Modulen 120 € bis 240 € im Jahr an Stromkosten sparen. Damit hast Du bei guter Sonneneinstrahlung den Einkaufspreis für das Balkonkraftwerk nach ein paar Jahren wieder drin.

Betriebliche Altersvorsorge als Zusatzrente

Betriebliche Altersvorsorge (kurz bAV) gibt es in vielen unterschiedlichen Formen. Ob sie für Dich sinnvoll ist, hängt von vielen Faktoren ab. Der wichtigste ist aber: Wie viel zahlt Dein Arbeitgeber zu einer bAV dazu?

Bei einer bAV wird eine Zusatzrente über den Arbeitgeber aufgebaut. Der mittlerweile seltene Klassiker ist die Betriebsrente, bei der der Arbeitgeber die bAV komplett selbst bezahlt. Da gibt es nichts zu entscheiden für Dich, das ist ein geschenkter Gaul. Meistens aber kannst Du etwas von Deinem Bruttoeinkommen in eine bAV einzahlen (sogenannte Entgeltumwandlung), und Dein Arbeitgeber zahlt einen Zuschuss oben drauf – mindestens 15 % Deines Sparbeitrags sind mittlerweile vorgeschrieben.

Aber eine bAV ist nicht immer ein No-brainer: Zum einen gibt es Betriebe mit einer tollen und günstigen bAV, aber auch welche mit teuren bAV-Verträgen. Bei denen merkt man vor allem eines: Der Chefetage ist das ganze Thema nur lästig – oder ihr wurde von einem Finanzvertrieb eine sehr teure Version der bAV verkauft. Zum anderen wird Dir vielleicht von so einem Vertrieb vorgerechnet, dass Deine Einzahlungen ja direkt von Deinem Bruttoeinkommen weggehen und Du keine Steuern und Sozialabgaben darauf zahlen musst. Aber nicht immer wird deutlich gemacht, dass Du auf die Auszahlungen aus Deiner bAV in aller Regel wiederum sehr wohl Steuern und Sozialabgaben zahlen musst, was die Rendite mindert. Außerdem zahlst Du durch eine bAV in der Regel weniger in die gesetzliche Rentenversicherung ein, wodurch Deine spätere Rente niedriger ausfällt.

Um es einfacher zu machen, kannst Du Dich vor allem an der Höhe des Arbeitgeberzuschusses orientieren:

Arbeitgeber zahlt …	**Du zahlst …**	
100 €	0 €	geschenkt!
100 €	100 €	sehr gut
50 €	100 €	voll in Ordnung
15 €	100 €	Minimum
0 €	100 €	nur in Ausnahmen

Bekommst Du nur die vorgeschriebenen 15 % Zuschuss, lohnt sich das Ganze meist nur mit einem günstigen bAV-Vertrag. Ob Du einen solchen bekommst, ist für Dich meist schwierig herauszufinden. Sachkundige und gleichzeitig unabhängige Infos dazu kannst Du oft weder von Deinem Arbeitgeber noch von dem zuständigen bAV-Berater erwarten. Stattdessen versuch doch zu verhandeln, ob Du nicht mehr Zuschuss als 15 % bekommen kannst. Eventuell sogar anstatt einer Gehaltserhöhung, wenn das für Dich infrage kommt.

Bevor Du unterschreibst, frag Dich noch, ob Du viele Jahre bei Deinem Arbeitgeber bleiben willst. Denn zwar kannst Du das in der bAV angesparte Geld eventuell bei einem Arbeitgeberwechsel mitnehmen, aber nicht unbedingt die hoffentlich günstigen Konditionen. Dein nächster Arbeitgeber zahlt womöglich viel weniger dazu. Eine bAV, in die Du selbst ordentlich einzahlst, lohnt sich nur längerfristig.

Selbst wenn Du einen hohen Zuschuss von Deinem Arbeitgeber bekommst, rate ich Dir in jedem Fall, nicht Deine gesamte Altersvorsorge auf einer bAV aufzubauen. Denn ein bAV-Vertrag ist recht unflexibel. So kommst Du in aller Regel an das Geld nicht vor Rentenbeginn ran – wenn Du zum Beispiel doch ein Haus kaufen willst. Und oft bekommst Du eine feste Rente ausbezahlt und kannst dann im Alter nicht größere Summen auf einmal entnehmen. Deswegen gilt das Finanztip-Prinzip: Ein ETF-Sparplan ist zusätzlich immer eine gute Idee. Bei einem hohen Arbeitgeber-Zuschuss kannst Du beispielsweise Deine Sparrate pragmatisch 50:50 zwischen ETF und bAV aufteilen.

Vermögenswirksame Leistungen (VL): Vom Arbeitgeber in ETF einzahlen lassen

Eine hübsche Ergänzung zu Deinem ETF-Depot und damit ein weiterer Topf sind vermögenswirksame Leistungen (VL). Sie sind eine freiwillige Leistung vom Arbeitgeber, die für den Vermögensaufbau bestimmt ist. Das Geld fließt direkt vom Arbeitgeber in einen eigenen VL-Vertrag auf Deinen Namen. Wenn Du eine bestimmte Einkommensgrenze nicht überschreitest (als Single 40.000 € zu versteuerndes Einkommen seit 2024), bekommst Du vom Staat oben drauf noch die sogenannte Arbeitnehmersparzulage in Höhe von 20 % auf Deine Einzahlungen. Maximal bekommst Du 80 € im Jahr auf 400 € Einzahlungen. Das lohnt sich sogar, wenn Du gar keine VL von Deinem Arbeitgeber bekommst: Wenn Du unter der Einkommensgrenze liegst, bitte ihn, bis zu 400 € von Deinem Nettogehalt auf Deinen VL-Vertrag zu überweisen. Anspruch auf die staatliche Zulage hast Du dann trotzdem.

Deine VL kannst Du auf verschiedenen Wegen anlegen – u. a. auch in einem Aktien-ETF. Dafür musst Du ein spezielles VL-Depot eröffnen. Lass Dich nicht davon abschrecken, wenn Du liest, dass ein VL-Vertrag sieben Jahre Laufzeit hat. Du bist nicht gezwungen, die ganze Zeit einzuzahlen, und Du kannst das Geld grundsätzlich auch vorher herausholen – die sieben Jahre sind nur die Bedingung, dass Du die Arbeitnehmersparzulage bekommst.

Bist Du zwischen 16 und 25 Jahre alt, können Deine VL auch in einen kleinen Bausparvertrag laufen. Der ist eine sichere und attraktive Alternative zu einem VL-ETF-Depot. Näheres zum Thema Bausparvertrag später in diesem Kapitel.

Bei manchen Arbeitgebern hast Du die Wahl, ob Du Deine VL in einen eigenen Vertrag oder in eine bAV einzahlst. Mit Letzterer legst Du das Geld wesentlich länger fest als in einem eventuell intransparenten Vertrag. Mit einem eigenen VL-Vertrag bleibst Du flexibler.

Riester-Rente: Nur bei hoher Förderung mitnehmen

Die Riester-Rente kommt als letzte unserer guten Ideen, weil sie nur für wenige Menschen tatsächlich sinnvoll ist, und zwar vor allem für zwei Gruppen: Wenn Ihr zwei oder mehr Kinder habt, dann sollte der Elternteil mit dem niedrigeren Einkommen riestern – aber nicht beide Elternteile. Oder wenn Du wenig verdienst und deshalb mehr vom Staat an Riester-Zulagen bekommst, als Du einzahlen musst, dann ist Riester eine hübsche kleine Aufstockung Deiner Rente. Bei Riester ist es ähnlich wie bei einer bAV: Die Rendite kommt aus einem hohen Zuschuss.

Die Riester-Rente ist eine spezielle private Altersvorsorge, die vom Staat gefördert wird. Während der Ansparphase erhältst Du auf Deine eigenen Einzahlungen Zulagen in Deinen Vertrag – jährlich 175 Euro, außerdem pro kindergeldberechtigtem Kind 185 € bzw. 300 € für ab 2008 geborene Kinder. Um diese Zulagen in voller Höhe zu bekommen, müssen jährlich inklusive Zulagen mindestens 4% Deines Bruttojahreseinkommens vom Vorjahr in den Vertrag fließen. Klingt kompliziert, deshalb lass uns das an den beiden Gruppen mal durchrechnen.

Sagen wir, Du hast letztes Jahr brutto 30.000 € verdient und hast zwei Kinder, die 2008 und 2012 geboren sind. 4% von 30.000 € sind 1.200 €. An Zulagen bekommst Du 175 € für Dich selbst und zweimal 300 € für die Kinder, zusammen also 775 €. Die ziehst Du von den 1.200 € ab, bleiben noch 425 € als Dein eigener Beitrag im Jahr bzw. circa 35,50 € pro Monat. Du zahlst 425 € ein und bekommst 775 € vom Staat – das rechnet sich immer.

Zweites Beispiel: Du arbeitest nur auf Minijob-Basis und verdienst 556 € im Monat bzw. 6.672 € im Jahr. Du zahlst in Deinem Minijob in die gesetzliche Rentenversicherung ein. 4% von 6.672 € sind rund 267 €. Als Single bekommst Du 175 € als Riester-Zulage, die ziehst Du von 267 € ab. Macht 92 €, die Du im Jahr in Riester einzahlst, worauf Du die 175 € vom Staat bekommst. Auch eine sehr gute Förderquote.

Wichtig ist, dass Dein Riester-Vertrag niedrige Kosten hat. Gute Tipps dazu findest Du wie immer auf unserer Webseite.

Vor allem wenn Du gut verdienst, erscheint Riester attraktiv, weil Du die Beiträge von der Steuer absetzen kannst. Aber ähnlich wie bei der bAV musst Du bedenken, dass Du auf die Auszahlungen im Gegenzug Steuern zahlen musst. Und wenn Du heute gut verdienst, wirst Du wahrscheinlich auch in der Rente keinen sehr niedrigen Steuersatz haben. Außerdem ist die Rendite bei Riester in aller Regel recht mau und die ausgezahlten Renten oft recht niedrig. Deswegen ist Riester für Gutverdiener weniger lohnend, als es gerne verkauft wird. Immerhin kannst Du Dir 30 % des Riester-Guthabens bei Renteneintritt auf einmal auszahlen lassen (die 30 % musst Du aber versteuern).

Aufgrund der genannten Probleme und der oft viel zu hohen Kosten vieler Riester-Verträge (die Finanztip nicht empfiehlt), will die Politik seit vielen Jahren Riester reformieren, kommt damit aber bisher nicht so recht voran. Deshalb gilt in der Regel: Wenn Du nicht zu den beiden Gruppen gehörst, warte erst mal ab, was da Neues von der Politik kommt.

Schon geriestert?

Was machst Du aber, wenn in Deinem Ordner ein Riester-Vertrag liegt und Dir jetzt auffällt, dass er sich gar nicht lohnt? Vielleicht verdienst Du vernünftig und hast aber keine zwei Kinder. Dann prüfe erst mal Deine letzte Jahresabrechnung:

- Wie viel hast Du insgesamt eingezahlt?
- Wie viel an Zulagen hat der Staat dazugezahlt?
- Wie viel ist im Vertrag unterm Strich drin?

Wenn der Vertrag deutlich im Minus ist, also wenn er viel weniger wert ist, als reingeflossen ist – was aufgrund der Kosten durchaus sein kann –, kannst Du ihn beitragsfrei stellen: Du stoppst Deine Einzahlungen und lässt den Vertrag ruhen. Denn Dein Anbieter ist dazu verpflichtet, ihn bis zum Rentenbeginn wieder aufzufüllen und das Minus auszugleichen. Damit hast Du eine garantierte Rendite auf Dein Guthaben. Die Rate, die Du bisher eingezahlt hast, kannst Du – erraten? – in Deinen ETF stecken.

Ansonsten lohnt es sich, dass Du Dir ein Bild von den laufenden Kosten verschaffst: Lege dazu mal die letzten drei (oder mehr) Jahresabrechnungen nebeneinander. Vergleiche

- wie viel pro Jahr in den Vertrag geflossen ist
- wie sich der Wert des Vertrags verändert hat
- wie hoch die angegebenen Kosten pro Jahr waren

Dabei hilft eine Excel-Tabelle. Wenn die Kosten in keinem Verhältnis zum Wert des Vertrags und zu den Wertzuwächsen stehen, hast Du zwei Möglichkeiten: Zum einen kannst Du den Vertrag beitragsfrei stellen und nichts mehr einzahlen.

Oder Du kannst kündigen. Das ist schmerzhaft: Nicht nur werden Dir die staatlichen Zulagen wieder abgezogen, sondern auch alle Steuerrückzahlungen, die Du über die Jahre eventuell bekommen hast. Und zudem musst Du Wertzuwächse versteuern. Daher ist eine Kündigung von Riester oft eine schlechte Idee.

Es sei denn, Du bist noch ziemlich jung und kannst das Geld, das aus dem Riester-Vertrag übrig bleibt, über viele Jahrzehnte in einem Aktien-ETF anlegen und langfristig die ganzen Abzüge locker aufholen. Keine einfache Rechnung und keine ganz sichere Sache, aber eine lohnenswerte Überlegung.

Vielleicht kommst Du aber auch darauf, dass die Kosten Deines Riester-Vertrags ganz in Ordnung sind bei einer vernünftigen Förderung. Dann kannst Du den Vertrag natürlich behalten. Sollte er aktiv gemanagte Fonds enthalten, kannst Du prüfen, ob

Du diese innerhalb des Vertrags durch günstigere ETFs ersetzen kannst. Der Fondswechsel ist steuerfrei und sollte auch nichts kosten.

Spekulationen, die Du mal ausprobieren kannst

Festgeld, ETF, Gold ... ist Dir vieles gerade etwas zu langweilig? Dieses Gerede, wie viel Geduld Du über 20, 30, sogar 40 Jahre aufbringen musst, damit es nur langsam mit 5 %, 6 % oder 7 % pro Jahr vorangeht, dass Du nur so wenig Zinsen auf Tagesgeld oder Geldmarkt-ETF bekommst? Dabei bietet die Welt des Investierens doch so viele Möglichkeiten, so viele spannende Ansätze – die möchtest Du auch einmal erkunden.

In Maßen: Wetten auf Einzelaktien

Es spricht nichts dagegen, dass Du Dich in gewissen Bereichen einfach mal ausprobierst, zum Beispiel mit Einzelaktien. Du hast in Kapitel 5 zwar bereits gelesen, wie wichtig es ist, sich mit ETFs breit aufzustellen. Ich möchte Dir aber nichts vorschreiben, solange Dir klar ist: Das Geschäft mit Einzelaktien ist weitgehend Spekulation – eine Wette darauf, ob das eine oder andere Unternehmen in Zukunft erfolgreich sein wird. Zwischen 1926 und 2023 haben laut einer Studie von S&P 52 % aller 29.078 US-Aktien Verlust gemacht. Mit mehr als der Hälfte der US-Aktien hättest Du zumindest langfristig ins Klo gegriffen. Der größte Teil der Gewinne kommt von nur sehr wenigen Aktien, und nicht mal die professionellen Fondsmanager setzen darauf, dass sie ausschließlich die treffen.

Mit nachhaltigem Vermögensaufbau hat Investieren in wenige Einzelaktien daher nichts zu tun. Deswegen mein Rat: Wenn Du Dir einzelne Aktien zulegen willst, dann solltest Du das nur mit niedrigem Einsatz tun, maximal mit 10 % Deines flüssigen Vermögens. Das gilt auch für spezielle ETFs oder Fonds auf bestimmte Themen oder Branchen. Hier gibt es in den letzten Jahren immer wieder Hypes wie zum Beispiel künstliche Intelligenz, Wasserstoff oder Gesundheit. Wenn Dich da etwas anspricht, vergiss vor allem eines nicht: Mit Deinem Welt-ETF bist Du bereits in praktisch alle Branchen investiert. Und wenn eine Branche besonders erfolgreich ist, wird die in Deinem Welt-ETF automatisch hochgespült. Kaufst Du einen speziellen Branchen-ETF zusätzlich zu Deinem Welt-ETF, setzt Du mehr Geld auf diese Branche und betonst sie stärker in Deinem Depot.

Gerade wenn es um Hypes geht, egal ob bei einzelnen Aktien oder ganzen Branchen, musst Du berücksichtigen, dass die Börse immer Erwartungen auf die Zukunft und auf zukünftige Gewinne der Unternehmen abbildet. Das bedeutet, dass in den heutigen Kursen Annahmen über die Gewinne der nächsten Zeit stecken. Wenn Du also heute eine Aktie kaufst, weil diese in letzter Zeit stark gestiegen ist, kann es sein, dass sie nicht mehr steigt, weil die Erwartungen bereits sehr hoch sind. Aber Du kannst auch Glück haben, und die Aussichten des Unternehmens verbessern sich in der Zukunft noch weiter, sodass die Aktie weiter deutlich steigt. Die große Schwierigkeit liegt darin, zu beurteilen, ob die heute bereits eingepreisten Erwartungen überzogen oder untertrieben sind. Börsenprofis und Fondsmanager bedienen sich dazu einer Vielzahl von Kennzahlen und Untersuchungsmethoden – aber absolut zuverlässig sind diese nicht, wie insbesondere die Ergebnisse von aktiven Fonds zeigen, über die wir bereits gesprochen haben.

Was Deine Geldanlage-Töpfe angeht, finde ich es eine gute

Idee, wenn Du Welt-ETF-Depot und spekulative Anlagen trennst. Leg ein zweites Depot an, auf dem Du mit Einzelaktien, speziellen ETFs oder sonstigen Wertpapieren rumprobierst.

Wenn Du Dir von mir heiße Aktientipps erhofft hast – sorry, dann muss ich Dich enttäuschen. Ich will Dir nichts vormachen, wie es große Teile der Finanzbranche tun: Ich kann nicht beurteilen, welche Aktie besonders erfolgreich sein wird. Wer behauptet, Dir das absolut verlässlich vorhersagen zu können, ist unseriös.

Mitarbeiteraktien

Vielleicht bietet Dir Dein Arbeitgeber an, dass Du Aktien der Firma günstig erwerben kannst. Hier spricht grundsätzlich nichts dagegen. Achte allerdings darauf, dass der Anteil Deiner Mitarbeiteraktien an Deinem Gesamtvermögen nicht zu hoch wird. Sonst handelst Du Dir ein Klumpenrisiko ein, denn dann hängt nicht nur Dein Arbeitsplatz und Dein Einkommen, sondern auch noch ein Großteil Deines Vermögens an einer einzigen Firma. Vielleicht bist Du ja sehr überzeugt von der Stärke des Unternehmens, in dem Du arbeitest. Aber überschätze Dich dabei nicht – auch für Deinen Arbeitgeber gilt, dass keine Firma der Welt über jeden Zweifel erhaben ist. Ich rate Dir deswegen, dass Deine Mitarbeiteraktien mit Deinen sonstigen Einzelaktien zusammengenommen nicht mehr als 10 % Deines Vermögens ausmachen sollten. Und wenn es mehr ist? Gewinne mitnehmen, immer mal wieder ein paar Aktien verkaufen und – wohin auch sonst? – in Deinen Welt-ETF umschichten. Diversifikation ist König.

Kryptowährungen – mit Bitcoin, Ethereum & Co. reich werden?

Es ist mindestens genauso wahrscheinlich, dass Du von jemandem gehört hast, der mit einer Aktie (angeblich) einen Riesengewinn gemacht hat, wie von jemandem, der das Gleiche mit Bitcoin oder einer anderen Kryptowährung geschafft hat. Und auch hier die Frage, ob da irgendwo tief in Dir ein Gefühl sitzt, dass Du was verpasst hast? Kein Grund für FOMO (fear of missing out). Wie bei der »richtigen« Aktie hatte die Person mit Krypto einfach Glück. Denn wenn Leute mit Kryptowährungen (oder auch Einzelaktien) auf die Nase gefallen sind, tun sie das meist still und heimlich. Das wird nur selten rumerzählt. Lass Dich also von einem Hype wie bei Krypto nicht verrückt machen.

Bei Bitcoin & Co. ist es noch wichtiger als bei anderen Geldanlagen, dass Du sehr gut verstehst, worauf Du Dich einlässt. Denn der Grundgedanke beim Bitcoin, der ältesten und wichtigsten Kryptowährung, ist, eine digitale Währung zu kreieren, die von den üblichen Währungen der Zentralbanken unabhängig ist. Wer Bitcoin hält, ist und soll auf sich selbst gestellt sein und sich nicht auf staatliche Institutionen oder Sicherungen verlassen können bzw. müssen. Dahinter steckt die Befürchtung, dass die Zentralbanken eines Tages die Inflation nicht mehr unter Kontrolle kriegen und Währungen wie Dollar oder Euro entwertet werden.

Kryptowährungen wie den Bitcoin gibt es weder als Bargeld noch auf klassischen Bankkonten. Sie existieren nur in weltweiten Computernetzwerken und sind mittels bestimmter Verschlüsselungstechniken (Kryptografie – daher der Name) gegen Kopieren und Fälschungen gesichert. Die meisten Kryptowährungen haben als technische Grundlage eine Datenbank, die sogenannte Blockchain, die im jeweils globalen Netzwerk gespeichert ist und in der alle Transaktionen festgehalten sind.

Bisher kannst Du Kryptowährungen kaum zum Bezahlen verwenden. Sie sind deshalb in erster Linie ein Investment. Über Kryptobörsen kannst Du Dir Bitcoins oder Coins anderer Währungen kaufen und sie anschließend in einem Wallet, einem digitalen Geldbeutel, aufbewahren. Die Wette lautet dann schlicht, dass die jeweilige Kryptowährung in Zukunft immer beliebter wird und dadurch im Wert steigt.

Ich klinge beim Thema Krypto meist wie ein Spaßverderber, wenn ich davor warne, wie hochspekulativ die Coins sind. Aber das beruht einfach auf Zahlen: Kryptowährungen schwanken im Wert um ein Vielfaches stärker als Aktien. Wenn Kryptowährungen eine Achterbahn sind, dann ist ein Welt-ETF dagegen geradezu ein Kinderkarussell. Der Markt behandelt die Coins erkennbar als spekulative Anlageklasse. Es gibt eine starke Tendenz, dass der Aktienmarkt und der Bitcoin in die gleiche Richtung laufen – nur dass der Bitcoin wesentlich stärker steigt, aber auch deutlich stärker fällt.

Wenn Du da mitmachst, heißt es: Mitgefangen, mitgehangen. Das kann in beide Richtungen gehen: Du kannst Deinen Einsatz vervielfachen. Aber umgekehrt wissen wir heute nicht, ob und welche Kryptowährung sich langfristig durchsetzen wird – und andere Coins dann im Staub liegen. Der Bitcoin beherrscht den Markt und sitzt am festesten im Sattel. Aber auch für ihn gilt, was wir über Einzelaktien gesagt haben: Kein Einzelwert und kein Coin ist über jeden Zweifel erhaben.

Wenn Du in Krypto investieren willst, dann solltest Du Dein Wallet definitiv als Teil Deines Spielgelds sehen. Und auch hier finde ich wieder, dass alles Spekulative zusammengerechnet nicht mehr als 10 % Deines Gelds ausmachen sollte.

Das waren jetzt nur die Basics zu Krypto. Informiere Dich ausführlich und setz Dich kritisch mit der jeweiligen Währung auseinander. Auch wir haben zu dem Thema natürlich weiterführende Informationen auf unserer Webseite zusammengetragen.

Schlechte Ideen: Alte Papierverträge und überholte Anlageprodukte

Dieses ganze Buch hat damit angefangen, dass Du Dich mit dem Finanztip-Prinzip erst mal richtig aufstellst und konkrete Schritte unternimmst, um Deine Finanzen zu regeln. Hat Dich aber die ganze Zeit ein Vertrag gedrückt, den Du noch im Ordner hast und mit dem Du nicht weißt, was Du machen sollst? Es könnte eine private Rentenversicherung sein, die in allen möglichen Formen immer noch zuhauf für die Altersvorsorge verkauft wird.

Das Problem ist in aller Regel, dass Dir im Hintergrund zu hohe Gebühren abgezogen werden und dass u. a. deswegen die Rendite mau ausfällt. Been there – done that: Auch ich habe mir 2004 eine fondsgebundene Lebensversicherung aufschwatzen lassen, weil die damals eine steuerfreie Auszahlung garantierte. Um dann viele Jahre später festzustellen, wie krass sich die Kosten im Hintergrund auswirken. Hier zeigt sich, dass Du nie Geldanlagen allein aus steuerlichen Gründen tätigen solltest. Ich habe dann nach Jahren mal die Jahresabrechnungen nebeneinandergelegt, so wie ich das vorhin bei Riester schon angesprochen habe, und festgestellt: Das wird nicht wirklich besser. Also blieb nur, die Versicherung mit Verlust zu kündigen. Besser ein Ende mit Schrecken als ein Schrecken ohne Ende. Heute liegt das Geld natürlich in meinem ETF. Manchmal geht es nicht ums Durchhalten, sondern darum, nicht an alten Fehlentscheidungen festzuhalten. Ich war damals sicherlich ein paar Jahre zu lang der *sunk cost fallacy* aufgesessen: Wir haben als Menschen die Tendenz, an einer Sache festzuhalten, in die wir viel investiert haben – obwohl die Kosten bereits unwiederbringlich verloren sind. Stellst Du wie ich fest, dass Du in so einer Situation feststeckst, dann musst Du Dich von der Vergangenheit lösen: Es geht nur darum, wie viel eine Geldanlage heute wert ist und wie die Aussichten für die Zukunft sind. Was Dich ein Vertrag mal gekostet hat oder wie viel Du ursprünglich in eine Geldanlage eingezahlt hast, interessiert nicht mehr. Es geht nur noch darum, wie es in Zukunft wahrscheinlich weitergeht.

Zuerst kann es Dich wütend machen, wenn Du einmal genau hinschaust und merkst, wie unrentabel und teuer Deine alten Verträge sind, die wahrscheinlich im Ordner abgeheftet sind. Du fühlst Dich vielleicht sogar betrogen von Deinem Berater. Aber anschließend wirst Du es als befreiend empfinden, endlich klar Schiff zu machen mit diesen alten Dingern. Dann lass uns mal den alten Ordner aus dem Regal ziehen.

Private Rentenversicherungen: Zehntausende Euro, die fehlen

Bei einem Klassentreffen hat mir mal jemand erzählt: »Ja, ich hab da so einen Fonds für die Altersvorsorge.« Als ich genauer nachgefragt habe, stellte sich heraus, dass es sich nicht um einen Fondssparplan bei einer Bank, sondern um eine fondsgebundene Rentenversicherung handelte. Vielleicht bist Du Dir auch nicht bewusst, dass Du eine private Rentenversicherung abgeschlossen hast. Die Versicherer geben denen klangvolle Namen wie »Investflex«, »Vermögensplan« oder »Hallo Zukunft«.

Die Vielfalt ist riesig: Es gibt fondsgebundene Rentenversicherungen, mit denen Du Fonds oder sogar ETFs besparst. Dann klassische Rentenversicherungen, die eine bestimmte, meist niedrige Verzinsung und Auszahlung garantieren. Außerdem komplizierte Mischformen zwischen fondsgebunden und klassisch. Betriebliche Altersvorsorgen, Riester- und Rürup-Verträge (über die sprechen wir gleich noch) haben ebenfalls oft die Form einer Rentenversicherung. Schließlich gibt es noch fondsgebundene und klassische Lebensversicherungen, die statt einer Rente das Geld auf einen Schlag auszahlen und die noch in vielen Ordnern schlummern.

Die allermeisten dieser Verträge haben zwei Gemeinsamkeiten: Sie sind viel zu teuer und locken mit fadenscheinigen Verkaufsargumenten. Lass uns das genauer anschauen.

- Meist über die ersten fünf Vertragsjahre werden Dir Abschlusskosten von Deinen Beiträgen abgezogen, von denen die Provision der Berater bezahlt wird. Dein Vertrag startet im Minus, und das musst Du erst mal wieder aufholen.
- Über die ganze Vertragslaufzeit zahlst Du laufende Kosten, insbesondere für die oft enthaltenen aktiven Fonds. Du erinnerst Dich? Die kosten gerne 1,5 bis 2 % pro Jahr des angelegten Geldes.
- Oft wird damit geworben, dass Rentenversicherungen (gerade solche mit ETFs) Steuervorteile haben. Wir haben das bei Finanztip durchgerechnet: Selbst eine enorm günstige Rentenversicherung kann trotz der »Steuervorteile« nur gerade so mit einem simplen ETF-Sparplan mithalten – was bedeutet, dass schon durchschnittlich teure Rentenversicherungen weit abgeschlagen sind.
- Im Alter sind die ausgezahlten regelmäßigen Renten oft ziemlich niedrig im Vergleich zum Vertragswert. Du musst schon steinalt werden, damit sich das lohnt.
- Noch ein Verkaufsargument ist, dass Dir mit einer Rentenversicherung im Alter auf keinen Fall das Geld ausgehen kann, weil die eben lebenslang Rente zahlt. Wie Du gesehen hast, haben wir beim ETF-Sparplan so vorsichtig gerechnet, dass Du auch mit dem steinalt werden kannst – und mit ziemlicher Wahrscheinlichkeit noch etwas vererben kannst. Bei einer Rentenversicherung bleibt im hohen Alter nichts mehr für Deine Erben.

Wie dramatisch sich die Kosten wirklich auswirken, zeigen die sogenannten Effektivkosten. Die geben an, wie stark die Rendite z. B. einer Rentenversicherung durch die gesamten Kosten gemindert wird. Sagen wir, Du zahlst über 30 Jahre 300 € pro Monat in eine fondsgebundene Rentenversicherung ein, in deren Vertragsbedingungen Du bei genauem Lesen Effektivkosten von 2 % pro Jahr über diese 30 Jahre findest.

Effektivkosten über 30 Jahre bei 300 € mtl. Einzahlung

	Aktien-ETF	Rentenversicherung
Effektivkosten pro Jahr	0,3 %	2 %
effektive Rendite pro Jahr	5,7 %	4 %
Ergebnis brutto	278.357 €	206.280 €
		–72.077 €

Die Kosten der Versicherung haben einen negativen Zinseszinseffekt zur Folge, der Dich nach 30 Jahren sage und schreibe rund **72.000 €** (vor Steuern) kostet! Die eigentliche Katastrophe ist nicht die Provision, die der Vermittler von Deinen Beiträgen kassiert, sondern dass Dir durch die Kosten insgesamt über die Jahrzehnte ein kleines Vermögen entgeht. Hier siehst Du, wie sich die niedrigen Kosten des ETFs (hier 0,3 % pro Jahr) positiv auswirken.

Was tun mit der alten Altersvorsorge?

Was machst Du jetzt, wenn Du so einen Vertrag im Ordner hast? Erst mal: nicht blind kündigen. Nicht alle diese Verträge sind schlecht, und es kann eine BU dranhängen, die Du wahrscheinlich behalten solltest.

Du gehst wie ich vor: Wie bei Riester legst Du mindestens drei Jahresabrechnungen (oder besser mehr) nebeneinander. Das Problem: Im Gegensatz zu Riester sind gerade bei älteren Versicherungen die Kosten nicht transparent ausgewiesen – und schon gar nicht die Effektivkosten. Du musst also selbst eine Tabelle erstellen, wie sich der Vertragswert im Vergleich zu Deinen Einzahlungen von Jahr zu Jahr entwickelt hat. Hast Du eine fondsgebundene Versicherung, solltest Du die Entwicklung eines Welt-Aktien-ETFs zum Vergleich heranziehen. Das Ganze ist mühsam, aber so gewinnst Du einen Eindruck von den Effektivkosten Deines Vertrags.

Machen wir ein Beispiel für eine fondsgebundene Rentenversicherung, die Du 2015 abgeschlossen hast und in die Du 2.400 € im Jahr einzahlst:

	2022	**2023**	**2024**
Beitrag pro Jahr	2.400 €	2.400 €	2.400 €
Wert Versicherung	20.240 €	26.573 €	36.066 €
Rendite Welt-ETF		19,66 %	26,62 %
Wert Welt-ETF		26.835 €	36.671 €

Du hast die Rendite eines Welt-ETF gegoogelt (Zeile 3) und mit einem Sparplanrechner ausgerechnet, wie viel Du im Welt-ETF hättest, wenn Du das ganze Geld samt den 2.400 € im Jahr in den ETF anstatt in die Versicherung gesteckt hättest (Zeile 4). Du stellst fest, dass es im ETF jedes Jahr ein paar Hundert Euro mehr wären als in der Versicherung. Diese Differenz muss nicht immer höher werden, kann aber. Du kannst das auch auf Jahre hinaus weiter beobachten. Und irgendwann kannst Du entscheiden, ob Du den Stecker ziehen und kündigen willst. Steuern habe ich hier außen vor gelassen, weil wir ja berechnet haben, dass die meist nicht den Ausschlag geben.

Bei Riester hatte ich es schon erwähnt – bei manchen fondsgebundenen Verträgen gibt es noch einen Trick, unabhängig davon, ob Du kündigen willst: Vielleicht werden auch ETFs als Fondsanlage angeboten. Frage mal beim Versicherer nach, ob Du in Deinem Vertrag von teuren aktiven Fonds auf einen kostengünstigen Welt-ETF wechseln kannst. Allein das drückt die Kosten um vielleicht 1,5 % pro Jahr. Der Fondswechsel ist sowohl steuer- als auch kostenfrei.

Bedenke außerdem, dass ein alter Vertrag von 2004 oder früher bei Auszahlung steuerfrei ist. Ein alter klassischer Vertrag hat zudem manchmal noch eine ganz hübsche Verzinsung, die garantiert ist. Eventuell willst Du so einen Vertrag als sichere Geldanlage behalten.

In vielen Fällen wirst Du aber darauf kommen, dass Du nicht mehr einzahlen oder sogar kündigen willst. Wie bei Riester lohnt sich das umso eher, je jünger Du bist und je länger das Geld dann in Deinem ETF noch ordentliche Rendite machen kann.

Basis- oder Rürup-Rente: Unflexibel und meist teuer

Die Basisrente, auch Rürup-Rente genannt, ist eine zusätzliche Altersvorsorge, die als Ergänzung zur oder auch als Ersatz für die gesetzliche Rente geschaffen wurde, zum Beispiel für Selbstständige. Du zahlst bei Rürup wie erwähnt meist in eine private Rentenversicherung ein. Deine Beiträge kannst Du bis zu einem Höchstbetrag (2025: 29.344 €) von der Steuer absetzen. Später bekommst Du eine fixe monatliche Rente ausbezahlt, die Du – das kennst Du jetzt schon – versteuern musst.

Da Rürup-Verträge also Rentenversicherungen sind, kannst Du Dir schon denken: Die meisten sind zu teuer. Aber dazu kommt noch, dass die Rürup-Rente so ziemlich der unflexibelste Vertrag ist, den es gibt: Jeder Euro, den Du einzahlst, bleibt unverrückbar in dem Vertrag, bis er Dir als Rente wieder ausgezahlt wird. Die Verträge sind unkündbar. Du kannst kein Geld herausnehmen, etwa für eine Immobilie oder im Alter für eine größere Ausgabe.

Vom Finanzvertrieb wird die Rürup-Rente gerne in Kombination mit einer BU verkauft, weil Du ja dann auch die Beiträge zur BU von der Steuer absetzen kannst. Aber Vorsicht: Wenn Du mal z. B. wegen Elternzeit weniger verdienst, kannst Du oft den Beitrag für den ganzen Vertrag nicht einfach heruntersetzen, ohne Deine BU zu gefährden. Ein gutes Beispiel dafür, warum wir bei Finanztip sagen: Absicherung und Anlage voneinander trennen. Wenn Du irgendwann mal BU-Rente erhalten solltest, musst Du diese außerdem bei so einem Kombivertrag ebenfalls versteuern, vor allem wenn Du eine hohe BU-Rente abgeschlossen hast. Und schließlich bleibt noch der Punkt, dass die Steuervorteile, die oft gar nicht so groß sind, die meist hohen Kosten des Vertrags nicht aufwiegen.

In der Praxis gibt es nur sehr wenige Fälle, in denen sich ein Rürup-Vertrag lohnt: gut verdienende Selbstständige, deren Geschäft auf soliden Beinen steht und die schon wissen, dass sie im Alter kaum Einkommen zu versteuern haben. Die profitieren tatsächlich vom Steuervorteil. Für diesen speziellen Fall gibt es einige günstige Rürup-Renten, die wir derzeit empfehlen und in denen man auch ETFs besparen kann.

Ist es Dir auch so ergangen, dass Dir so ein Rürup-Vertrag angedreht worden ist? Dann gehst Du wie beim Thema »Rentenversicherung« vor und machst Dir ein Bild von den Kosten. Das Thema Steuern kannst Du dabei erst mal außen vor lassen, außer Du fällst in die Gruppe der Selbstständigen, die ich vorhin beschrieben habe.

Wenn Du auf zu hohe Kosten stößt, dann bleibt Dir leider nur die Option, den Vertrag beitragsfrei zu stellen, denn kündigen kannst Du ja nicht. Hängt eine BU an dem Vertrag, wird es noch komplizierter: Frag erst mal nach, ob Du die BU aus dem Vertrag herauslösen und selbstständig weiterlaufen lassen kannst. Wenn das nicht geht, kannst Du versuchen, eine neue BU abzuschließen. Falls das zu einem vernünftigen Beitrag gelingt, kannst Du durch Beitragsfreistellung des Rürup-Vertrags die alte BU aufheben. Ansonsten kannst Du höchstens versuchen, den Altersvorsorgebeitrag innerhalb des Rürup-Vertrags zu senken, ohne die BU zu gefährden. Leider ein ziemlicher Klotz am Bein, so ein Kombi-Vertrag.

Bausparvertrag: Eine komplizierte Wette mit schlechten Aussichten

Der Bausparvertrag ist noch so ein Dinosaurier der deutschen Geldanlage und deshalb in den meisten Fällen nicht mehr zu empfehlen. Er wirbt mit der Aussicht auf die eigenen vier Wände und spielt mit der Sehnsucht vieler Sparer. Tatsächlich ist ein Bausparvertrag ein äußerst kompliziertes Finanzkonstrukt, das kaum ein Kunde voll versteht und das sich nur unter ganz bestimmten Umständen rechnet.

Du solltest Dir klarmachen, dass ein Bausparvertrag eine Wette ist: Du setzt darauf, dass die Zinsen in vielen Jahren, wenn Du einen Kredit aus dem Vertrag aufnimmst, weit höher sind als heute – denn sonst lohnt sich der ganze Vertrag nicht. Besonders wahrscheinlich ist so eine absolute Hochzinslage nicht.

Versuchen wir mal zu verstehen, warum das mit der Wette so ist: Ein Bausparvertrag vereint im Grunde genommen zwei Verträge in einem. Der eine Teilvertrag ist ein Sparvertrag bei einer

Bausparkasse, für den Du erst mal eine ordentliche Abschlussgebühr zahlst. Du zahlst dann viele Jahre ein und bekommst währenddessen in aller Regel nur niedrige Zinsen – das Grundproblem aller Bausparverträge.

Der andere Teilvertrag ist ein Kreditvertrag: Wenn Du eine bestimmte Summe angespart hast, kannst Du ein Darlehen zu niedrigen Zinsen bekommen, die schon beim Abschluss des Bausparvertrags feststehen. Mit der Planungssicherheit, die die günstigen Kreditzinsen bedeuten, wird oft geworben.

Überlegen wir mal: Sagen wir, anstatt zu niedrigen Zinsen in einem Bausparer legst Du das Geld zu besseren Zinsen an. Oder es würde ohnehin mindestens 15 Jahre dauern, bis Du den Bausparvertrag voll genug hast, sodass Du das Geld auch in einen Aktien-ETF stecken kannst. So erzielst Du eine höhere Rendite, hast mehr Geld, als Du im Bausparer angesammelt hättest, und müsstest weniger Kredit aufnehmen, um auf das gleiche Ergebnis wie mit dem Bausparer zu kommen. Klar, für einen Kredit ohne Bausparer müsstest Du höhere Zinsen bezahlen.

Wir haben das bei Finanztip durchgerechnet: Meist lohnt sich die Variante ohne Bausparer. Nur wenn Du für einen Kredit ohne Bausparer in Zukunft eben sehr viel höhere Zinsen bezahlen müsstest als heute, hätte sich die Wette mit dem Bausparer gerechnet. Ein Bausparvertrag spielt mit der Angst von Bauwilligen vor unbezahlbaren Zinsen.

In zwei Fällen ergibt ein Bausparer allerdings doch Sinn: Entweder bist Du zwischen 16 und 25 Jahre alt. Dann kannst Du einen kleinen Bausparvertrag abschließen und 700 € im Jahr bzw. 59 € im Monat z.B. von Deinem Ausbildungsgehalt einzahlen. Du füllst einen Antrag aus und bekommst eine staatliche Wohnungsbauprämie von derzeit 70 € im Jahr oben drauf. Zusätzlich kannst Du dann noch 43 € Arbeitnehmersparzulage im Jahr bekommen, wenn der Vertrag mindestens sieben Jahre lang läuft. Der Clou: Du kannst über das ganze Geld nach den sieben Jahren frei verfügen. Du musst es nicht für eine Immobilie verwenden. Ein kleiner Bausparvertrag hat eine sogenannte Bausparsumme von vielleicht 10.000 €, sodass die Abschlussgebühr nicht so hoch ist.

Der zweite Fall sind ziemlich alte Bausparverträge, bei denen Du auf Dein Guthaben noch garantierte Zinsen von 2% oder mehr kassierst. Solch einen Vertrag kannst Du als sicher verzinste Geldanlage und damit als gute Ergänzung zu Deinem Tagesgeldkonto betrachten.

Staats- und Unternehmensanleihen: Es gibt bessere Alternativen

Kommen wir schließlich noch zu einem Thema, das Dir vielleicht schon irgendwo untergekommen ist: Anleihen – klingt schon so angestaubt, oder? Vielleicht bist Du darüber gestolpert, weil seit 2022 die Zinsen wieder gestiegen sind. Also, was steckt dahinter? Eine Anleihe ist im Grunde ein Kredit, den Du entweder einem Staat oder einem Unternehmen gibst. Dafür bekommst Du Zinsen – wie hoch die sind, hängt davon ab, wie sicher oder riskant die Anleihe ist.

Staatsanleihen von großen Industrieländern wie Deutschland gelten als ziemlich sicher. Aber genau deshalb gibt es hier meistens auch nur niedrige Zinsen.
Unternehmensanleihen bringen oft höhere Zinsen – aber eben auch deutlich mehr Risiko, dass das Unternehmen eventuell nicht zahlen kann.

Solltest Du Dir Anleihen ins Depot legen? Muss nicht sein. Sichere Staatsanleihen bieten nur einen geringen oder keinen Vorteil gegenüber Festgeld oder Tagesgeld. Und ein Geldmarkt-ETF ist sehr nah dran an sicheren Staatsanleihen. Unternehmensanleihen wiederum klingen verlockend, aber Du profitierst ja bereits von Unternehmensgewinnen – über Deinen Aktien-ETF. Deshalb rate ich davon ab.

Dann gibt es noch sogenannte **Rentenfonds oder Renten-ETFs,** die viele Anleihen bündeln und das Risiko damit streuen (die haben übrigens nichts mit der Rente im Alter zu tun). Klingt nach einer soliden Lösung, aber Achtung: Sie sind nicht so sicher, wie man denkt, und viel komplizierter als gedacht. 2022 gab es ein böses Erwachen, als die Zinsen stiegen. Dadurch verloren alte Anleihen, die in Rentenfonds steckten, an Wert, weil das Zinsniveau hier noch niedriger war. Viele Rentenfonds machten plötzlich ordentliche Verluste. Nicht gerade das, was man sich von einer »sicheren Geldanlage« wünscht.

Das Wichtigste in Kürze

- Sinnvolle Ergänzungen Deiner Töpfe des Finanztip-Prinzips können sein: Geldmarkt-ETF, Festgeld oder Gold.
- bAV und Riester lohnen sich nur, wenn Du hohe Zuschüsse kassierst.
- Einzelaktien und Krypto sind Spekulation. Du solltest Dich hier mit maximal 10 % Deines Vermögens ausprobieren – mehr wäre zu risikoreich.
- Finger weg von privaten Rentenversicherungen und veralteten Vorsorgeprodukten.

9

Das läppert sich ordentlich: Optimiere Deine Verträge und Konten

Wir sind schon sehr weit gekommen: An dieser Stelle des Buches weißt Du Bescheid über die wichtigsten Konten und Anlagearten, Du hast Deine Finanzen mit dem Finanztip-Prinzip klug aufgesetzt und bist vielleicht schon einigen Ballast in Form von veralteten Finanzprodukten losgeworden. Nach der Pflicht folgt nun die Kür – wir kümmern uns um die Details, die Dir helfen, mehr im Monat zurücklegen zu können. Wenn Du Dich fragst, wie Du es schaffen sollst, genug für Deine Altersvorsorge anzusparen – hier kommen viele kleine Lösungen für Dich. Denn kleine Beträge, die Du im Alltag einsparst, können sich mit der Zeit zu einer beachtlichen Summe entwickeln. Ein günstigerer Handyvertrag hier, eine bessere Krankenkasse dort, das läppert sich ganz schön – wenn Du solche Einsparungen konsequent nutzt und das Geld direkt auf Dein Tagesgeldkonto oder in Deinen ETF-Sparplan lenkst, machst Du aus jedem kleinen Sparerfolg langfristig einen echten Gewinn.

Vielleicht schreckt Dich der Gedanke erst mal ab, Dich mit vielen kleinen Verträgen zu beschäftigen. Ich kenne das Gefühl – es wirkt einfach mühsam, sich da durchzuarbeiten. Und trotzdem freue ich mich immer, wenn ich meinen Stromvertrag wechsle und mit wenig Aufwand 50 € einspare. Und auf Dauer lohnt sich das extrem! Wir fangen direkt mit einem großen Punkt an, der Dir einen drei- oder vierstelligen Betrag pro Jahr einbringen kann.

Jedes Jahr Geld zurückbekommen: Die Steuererklärung

Mit meinem ersten und wichtigsten Spartipp senkst Du nicht Deine Kosten, sondern er beschert Dir zusätzliche Einnahmen: Mit einer Einkommensteuererklärung bekommst Du statistisch gesehen 1.063 € zurück. Ja, richtig gelesen – vierstellige Steuerrückerstattungen sind keine Seltenheit. Dafür lohnen sich die paar Stunden, die Du jährlich investieren musst, definitiv. Und dennoch geben jedes Jahr Millionen Menschen keine Steuererklärung ab.

Bist Du angestellt, wird Dir Lohnsteuer auf Basis Deines Gehalts abgezogen. Das Finanzamt kann nicht wissen, welche Ausgaben wie z. B. Fahrtkosten in die Arbeit, Handwerkerrechnungen oder Spenden Du hast, die Du von der Steuer absetzen kannst. Deswegen ist die Wahrscheinlichkeit sehr hoch, dass Du durch eine Steuererklärung, in der Du diese Ausgaben angibst, zu viel gezahlte Steuern zurückbekommst.

Was Du mit der Steuerrückzahlung anstellst, ist natürlich Dir selbst überlassen. Ich orientiere mich auch hier an der 50:30:20-Regel: Circa 20% von dem, was vom Finanzamt kommt, stecke ich in meinen ETF. Der ganze Rest wandert erst mal aufs Tagesgeld und geht dann meist für unseren Sommerurlaub drauf. Das allein ist ein Extra-Ansporn, mich einmal im Jahr hinzusetzen, die Unterlagen zu sichten und die Zahlen in meine Steuersoftware zu hacken.

Eine Einkommensteuererklärung solltest Du jedes Jahr machen. Denn es gibt nur zwei Fälle:

Entweder bist Du ohnehin vom Finanzamt verpflichtet, eine abzugeben, z.B. weil Du in einem Jahr Lohnersatzleistungen wie Eltern- oder Arbeitslosengeld bekommen hast, Du selbstständig bist oder Ihr in den Steuerklassen 3 und 5 seid.

Oder Du bist nicht zur Abgabe verpflichtet – und gerade dann solltest Du unbedingt eine abgeben! Denn dann schuldet Dir der Fiskus wahrscheinlich Geld. Das Finanzamt fordert Dich nämlich nur dann zur Steuererklärung auf, wenn es den Verdacht hat, noch Geld von Dir zu bekommen. Wenn Du hingegen zu viel an Steuern gezahlt hast, meldet es sich in der Regel nicht von selbst. Falls Du also nicht verpflichtet bist, eine Steuererklärung abzugeben, stehen die Chancen gut, dass Du Geld zurückbekommst – aber eben nur, wenn Du aktiv wirst. Falls Du noch nie eine Steuererklärung gemacht oder sie in einem Jahr vergessen hast, kannst Du sie übrigens sogar bis zu vier Jahre rückwirkend einreichen. Wenn Du beispielsweise 2026 Deine erste Steuererklärung machst, kannst Du die Erklärungen für 2022 und die folgenden Jahre noch nachholen und eine Menge Geld bekommen.

Heutzutage musst Du Dich übrigens schon lange nicht mehr mit komplizierten pastellfarbenen Formularen oder der nicht gerade einsteigerfreundlichen Elster-Software herumschlagen. Für maximal 30 € bis 40 € (und oft weit günstiger) gibt es wirklich tolle Software (bzw. Apps), die Dir einen Großteil der Arbeit abnimmt – die Kosten lohnen sich allemal, wenn am Ende Hunderte Euro oder sogar über 1.000 € Steuererstattung für Dich rausspringen. Nebenbei gesagt kannst Du die Kosten für die Software ebenfalls von der Steuer absetzen. Die allermeisten Arbeitnehmer, Rentner und sogar viele Selbstständige können mittels Software ihre Steuererklärung allein machen und brauchen keinen Steuerberater. Auch bei der Steuer gilt: Finanzen kannst Du selbst. Wir prüfen bei Finanztip übrigens jedes Jahr die besten Steuer-Apps und Softwares – such Dir einfach auf unserer Webseite eine passende heraus, wenn Du noch keine hast.

Ich höre oft, dass Leute sagen: »Oh Gott, für eine Steuererklärung müsste ich ja erst mal meine Belege sortieren. Das ist so mühsam!« Dabei greift gerade beim Thema Steuererklärung das Pareto-Prinzip. Schon mit 20 % Deiner Angaben kannst Du Dir wahrscheinlich 80 % Deiner Steuererstattung sichern. Konzentriere Dich deshalb auf die großen Posten: Deine Lohnsteuerbescheinigung für das jeweilige Jahr, Deine Fahrten zur Arbeit, die Homeoffice-Pauschale, die Kita-Gebühren, vielleicht große Sonderposten wie eine Handwerkerrechnung. Und die Steuerbescheinigungen Deiner Banken nicht vergessen, damit Du Deine 1.000 € Sparerpauschbetrag ausnutzt. Aber bitte such nicht ewig nach einer Rechnung für Druckerpapier – die 7,99 € machen keinen großen Unterschied. Solchen Kleinkram kannst Du einfach weglassen, wenn er zu viel Aufwand macht.

Wie kannst Du abschätzen, wie viel es bringt, eine bestimmte Ausgabe von der Steuer abzusetzen? Du schaust auf Deinen letzten Steuerbescheid und stellst fest, dass Du z. B. als Single von Deinem Einkommen 40.000 € versteuert hast. Im Internet findest Du Rechner, mit denen Du schnell herausfinden kannst, dass Dein Grenzsteuersatz (2025) rund 32 % beträgt. Das bedeutet, dass Du auf den letzten Euro, den Du verdienst, circa 32 Cent Steuern zahlst. Wenn Du jetzt eine Rechnung über 100 € von der Steuer absetzt, kannst Du damit rechnen, dass Du davon grob 32 € zurückbekommst.

Eine gute Steuersoftware hilft Dir, den Überblick zu behalten und nichts Wichtiges zu vergessen. Ja, so eine Software stellt jede Menge Fragen – aber es gibt eben auch jede Menge Möglichkeiten, vom Finanzamt Geld zurückzubekommen. Während der Eingabe zeigt sie Dir meist fortlaufend, wie viel Du mit den aktuellen Eingaben voraussichtlich erstattet bekommst. Mich persönlich motiviert das ziemlich, beim Eingeben zuzusehen, wie diese Zahl immer weiter ansteigt. Selbst wenn mich die Steuererklärung vier Stunden an einem Sonntagnachmittag kostet, ist das bei einer Erstattung von 1.000 € immer noch ein Stundenlohn von 250 €. Ich finde, da muss man nicht lang überlegen. Und nach Jahren der Übung brauche ich in der Regel bei Weitem keine vier Stunden mehr.

Steuer für Paare

Wenn Ihr verheiratet seid, könnt Ihr grundsätzlich wählen, ob Ihr gemeinsam eine Steuererklärung (Zusammenveranlagung) oder zwei getrennte Erklärungen abgebt. Was günstiger ist, sagt Euch eine gute Steuersoftware – sie rechnet im Hintergrund beide Varianten und gibt eine Empfehlung.

Ein häufiges Missverständnis: Egal, ob Ihr Steuerklasse 4/4 oder 3/5 seid, am Ende zahlt Ihr gleich viele Steuern. Die Steuerklassen beeinflussen nur, wie viel Steuer Euch monatlich vom Gehalt abgezogen wird. Aber die endgültige Steuerlast nach der Steuererklärung ist bei 4/4 und 3/5 gleich. Bei 3/5 zahlt Ihr zusammengerechnet monatlich weniger Steuer, müsst immer eine Steuererklärung abgeben und eventuell sogar etwas nachzahlen. Bei 4/4 zahlt Ihr monatlich mehr Steuer, bekommt aber aller Wahrscheinlichkeit nach mit der Steuererklärung mehr raus.
Falls Ihr Kinder habt, hilft Euch eine Steuersoftware außerdem, die Kosten für die Kinderbetreuung abzusetzen.

Optimierung bei Girokonto und Kreditkarte

Nun kommen wir auf zwei grundlegende Töpfe des Finanztip-Prinzips zurück, auf Girokonto und Kreditkarte. Bei beiden lohnt es sich, genauer hinzuschauen, um unnötige Kosten zu vermeiden.

Ein Girokonto muss nichts kosten

Zahlst Du Kontoführungsgebühren für Dein Girokonto? Falls Du Dir nicht sicher bist, dann wirf einen Blick in Dein Onlinebanking oder checke Deinen Kontoauszug. Es ist erstaunlich, wie vielen Menschen gar nicht bewusst ist, dass ihre Bank ihnen regelmäßig Gebühren abzieht. 4,99 € im Monat klingen nicht nach viel Geld – aber diese Kosten sind völlig unnötig, denn es gibt zahlreiche Girokonten ohne Kontoführungsgebühr, zumindest wenn Dein Einkommen drauf fließt. Und keine Sorge, so viel Aufwand macht ein Kontowechsel heute gar nicht mehr.

Kostenfreie Girokonten werden meist von Onlinebanken angeboten. Vielleicht ist Dir nicht wohl bei dem Gedanken, Deiner vertrauten Bankfiliale Lebewohl zu sagen und zu einer reinen Onlinebank zu wechseln? Meine Gegenfrage: Wann hast Du das letzte Mal die Filiale wirklich gebraucht und hättest Dein Anliegen nicht telefonisch oder online erledigen können? Und falls Du Dir Sorgen machst, dass Du bei einer Onlinebank keinen (kostenlosen) Geldautomaten in der Nähe hast: Mittlerweile kannst Du in fast jedem Supermarkt an der Kasse kostenlos Geld abheben – auch wenn Du dafür oft die Girocard benutzen musst. Auch in puncto Sicherheit gibt es keinen Unterschied – Dein Geld ist bei einer Onlinebank genauso geschützt wie bei einer Filialbank, dank der gesetzlichen Einlagensicherung von bis zu 100.000 € pro Kunde. Vielleicht bist Du aber auch schon bei einer Onlinebank und fragst Dich, ob es nicht eine andere Bank mit einem besseren Gesamtangebot gibt.

Überzeugt? Dann lass uns starten! Suche Dir ein Girokonto von einer Onlinebank ohne Kontogebühren heraus.

Die besten Optionen findest du laufend aktualisiert mithilfe unseres Girokonto-Vergleichs:

Die Banken bieten Dir einen Kontowechselservice an, um Deine Lastschriften und Daueraufträge automatisch umziehen zu lassen. Die meisten regelmäßigen Zahlungsvorgänge werden damit umgestellt, meist musst Du bei einigen wenigen manuell nacharbeiten. Dazu lässt Du beide Konten für z. B. drei Monate nebeneinanderlaufen und beobachtest, was auf dem alten Konto noch passiert. Das neue Konto kostet ja nichts. Wenn auf dem alten Konto nichts mehr passiert, kannst Du es kündigen. Ich habe Anfang 2024 mein Girokonto gewechselt und musste nur zwei Lastschriften (von meinen zahllosen) und einen ETF-Sparplan für einen meiner Söhne manuell umstellen. Die hatte der Wechselservice nicht erkannt. Meine alte Onlinebank war schon sehr gut, aber bei meiner neuen ist die App noch übersichtlicher, und ich genieße es, dass ich überall mit derselben Karte kostenlos abheben und bezahlen kann – sogar außerhalb der Eurozone, also in fremden Währungen.

Schuldenfalle Kreditkarte?

Eine Kreditkarte ist ein eigenes Konto, wie ein Girokonto oder ein Tagesgeldkonto. Das ist vielen nicht klar. Deshalb ist sie auch ein eigener Topf im Finanztip-Prinzip. Und sie ist praktisch unverzichtbar, wenn Du im Ausland unterwegs bist. Lass uns genauer anschauen, warum Du eine brauchst, wie Du verhinderst, dass die Kreditkarte zur Schuldenfalle wird, und wie Du Dir auch hier die besten Konditionen sicherst.

Wahrscheinlich hast Du bereits eine Karte von Visa oder Mastercard. Aber handelt es sich dabei um eine Kreditkarte oder um eine Debitkarte? Was ist da der Unterschied? Bei einer Debitkarte wird Dir das Geld sofort vom Konto abgebucht. Deshalb ist die Girocard, also die gute alte EC-Karte, auch eine Debitkarte. Mittlerweile geben viele Kreditinstitute Debitkarten von Visa oder Mastercard als Hauptkarten aus.

Bei einer echten Kreditkarte dagegen räumt Dir die Bank einen Kredit ein, denn das Geld wird entweder erst am Ende des Monats von Deinem Konto abgebucht, oder Du zahlst es in Raten über die nächsten Monate ab. Letzteres ist sehr teuer. Wenn Du Dir nicht sicher bist, was für eine Visa Card oder Mastercard Du eigentlich hast, schau mal direkt auf der Karte nach.

Warum ist nun eine echte Kreditkarte ein Muss? Damit Dir nicht wie mir folgendes Schreckerlebnis passiert: Ich stand 2024 in Las Vegas am Schalter einer Wohnmobilvermietung. Plötzlich hieß es, dass meine Karte abgelehnt sei. Mir lief es heiß und kalt runter: Ist jetzt unser ganzer Urlaub im Eimer, weil wir das Wohnmobil nicht bekommen? Dann bemerkte ich erst, dass ich aus lauter Gewohnheit meine Debitkarte auf den Tresen gelegt hatte – die Vermietung akzeptierte aber nur eine echte Kreditkarte, auf der sie die Kaution blocken kann. Also Kreditkarte gezückt und Wohnmobil ohne Probleme bekommen.

So etwas kann Dir vor allem bei Autovermietungen und manchmal bei Hotels (und nicht nur im Ausland) passieren. Und da es sehr gute kostenlose Kreditkarten gibt, kannst Du die konsequent einsetzen und die Debitkarte von Deiner Bank eigentlich zu Hause lassen.

Eine Karte weniger im Geldbeutel. Leider reicht die Kreditkarte aber wahrscheinlich nicht als einzige, denn Deine Girocard musst Du in Deutschland doch oft dabeihaben – weil immer noch viele kleine Läden und Restaurants »nur EC« (oder Bargeld) akzeptieren.

Bei Kreditkarten gibt es aber eine Schuldenfalle: Manche Kreditkartenanbieter wollen Dich dazu verleiten, dass Du Deine Schulden in Raten und nicht komplett am Monatsende begleichst. Denn auf die Raten verlangen die Anbieter sehr hohe Zinsen, meist deutlich mehr als 10 % pro Jahr.

Wenn Du also nicht aufpasst, dann schleppst Du über Monate und womöglich Jahre Kreditkartenschulden mit Dir rum, die Dich ein kleines Vermögen kosten. Bei guten Kreditkarten kannst Du zumindest einstellen, dass alles immer am Monatsende von Deinem Girokonto abgebucht wird, sodass Du keine Zinsen zahlst. Und diese Einstellung solltest Du unbedingt vornehmen.

Also: Du solltest Dir eine Kreditkarte zulegen, wenn Du noch keine hast. Achte darauf, wie Du sie benutzt. Sich einen Konsumwunsch auf Pump mit der Kreditkarte zu finanzieren, ist aufgrund der hohen Zinsen keine gute Idee und kann Dich im Extremfall in einen Schuldenstrudel ziehen, weil die Rückzahlung so undurchsichtig gestaltet ist. Für geplantes Automieten ist die Karte dagegen ein Muss.

Wir vergleichen auf finanztip.de regelmäßig die besten Anbieter.

Spartipps in der Finanztip-App

Unsere Community liebt kleine Spartipps und Deals aller Art. Die findest Du jeden Tag in unserer App – neben allen grundsätzlichen Ratgebern und den wichtigen Rechnern aus diesem Buch:

Verabschiede Dich von zu teuren Verträgen

Ich hatte Dir ja Anhaltspunkte mit auf den Weg gegeben, wie viel Du sparen solltest – einmal mit der 50:30:20-Regel und dann mit unseren genauen Berechnungen zur Altersvorsorge. Vielleicht hast Du dabei festgestellt, dass Du einfach nicht genug wegsparen kannst – oder Du hast ganz vorbildlich Deine Sparpläne aufgesetzt, und jetzt ist Dein Konto am Monatsende dauernd im Minus. Das soll natürlich nicht sein.

Haushaltsbuch

Hast Du einen guten Überblick, was monatlich von Deinem Girokonto abgeht? Wenn nicht, lohnt es sich, mal z. B. über drei Monate ein Haushaltsbuch zu führen. Theoretisch kannst Du das klassisch mit Papier und Stift machen, praktisch ist eine einfache Excel-Tabelle deutlich besser. Viele Banken bieten außerdem ein Haushaltsbuch im Rahmen ihres Onlinebankings an. Dort kannst Du Deine Ausgaben nach Kategorien wie Lebensmittel, Wohnen, Reisen etc. zuordnen. Du bekommst einen guten Überblick und kannst Dich auch in Details Deines Ausgabeverhaltens reinfuchsen. Wenn Du möglichst wenig bar bezahlst, hilft das beim digitalen Haushalten.

Lass uns gemeinsam prüfen, wo Du bei Deinen laufenden Ausgaben noch etwas optimieren kannst. Ich hatte ja schon gesagt, dass da ganz schön was zusammenkommen kann: Wir haben das bei Finanztip mal für eine durchschnittlich verdienende Familie mit zwei Kindern durchgerechnet, die all ihre Verträge bei typischen und großen Anbietern hat. Allein bei der Steuererklärung sparen sie sich 110 €, indem sie eine gute Software verwenden, statt Mitglied im Lohnsteuerhilfeverein zu sein. Dann noch mal 72 € durch einen Wechsel zu einem kostenlosen Girokonto. Anschließend kommen die ganzen Optimierungen, die wir jetzt anschließend durchgehen. Alles zusammengerechnet hatten sie am Jahresende rund 2.000 € mehr in der Tasche!

Stromanbieter wechseln für die besten Deals

Strom ist Strom – egal aus welcher Steckdose er kommt. Es gibt keine Qualitäts-, aber sehr wohl Preisunterschiede. Genau deshalb lohnt es sich, regelmäßig den Anbieter zu wechseln. Insbesondere, wenn Ihr eine Familie mit entsprechendem Stromverbrauch seid, kannst Du hier locker einen dreistelligen Betrag im Jahr sparen – Dein ETF-Sparplan freut sich. Habt Ihr als dreiköpfige Familie noch nie Euren Stromanbieter gewechselt und seid noch in der lokalen Grundversorgung (z. B. bei den örtlichen Stadtwerken), könntet Ihr 2025 durchschnittlich 380 € herausholen.

Geh folgendermaßen vor: Nutze zuerst unseren Stromvergleich auf finanztip.de oder in unserer App, der die günstigsten Tarife der größten Vergleichsportale vereint. Außerdem schließt unser Vergleich problematische Anbieter aus, gegen die z. B. eine Klage einer Verbraucherzentrale oder ein Aufsichtsverfahren der Bundesnetzagentur läuft. Solche schwarzen Schafe gibt es nämlich am Strommarkt, und die können Dich viel Geld kosten. Falls Dir nachhaltige Energiequellen wichtig sind, kannst Du gezielt Ökostrom wählen. Außerdem rate ich Dir, den Preis für mindestens 12 Monate festzuschreiben.

Manche Anbieter locken Dich mit einem attraktiven Wechselbonus. Meist steigt dann der Strompreis nach 12 Monaten deutlich an. Du musst hier also daran denken, erneut zu wechseln. Außerdem kann es Dir passieren, dass Du den Bonus nur auf Nachfrage bekommst. Wenn ich einen günstigen Stromtarif ohne Wechselbonus finde, bevorzuge ich den in der Regel, um mir den Aufwand zu sparen.

Der Stromanbieterwechsel ist in wenigen Minuten gemacht: Zunächst musst Du nur Deine Postleitzahl eingeben. Wenn Du Deinen jährlichen Verbrauch in Kilowattstunden aus Deiner letzten Stromabrechnung eingibst, sagen wir Dir Deine mögliche Ersparnis. Du musst aber auch nicht nachschauen und kannst den Rechner eine grobe Schätzung vornehmen lassen. Anschließend kannst Du einen günstigen Anbieter wählen, ein paar Daten dort eintragen und den neuen Vertrag online abschließen. Was mir daran so gut gefällt: In aller Regel musst Du Deinen alten Vertrag nicht umständlich kündigen – das übernimmt normalerweise der neue Anbieter für Dich. Und keine Angst, dass etwas schiefgehen könnte und Du im Dunkeln sitzt: Strom bekommst Du immer, niemand stellt ihn Dir ab.

Gasvertrag

Wenn Du Dein Gas selbst zahlst, entweder weil Du im Eigenheim wohnst oder weil der Gasvertrag nicht über Deinen Vermieter läuft, kannst Du – genau wie beim Strom – Deinen Gasversorger wechseln. Auch hier: Bist Du noch in der Grundversorgung und wohnst auf 100 Quadratmetern, liegt das durchschnittliche Sparpotenzial laut unserer Berechnung 2025 bei durchschnittlich 630 €.

Ein Krankenkassenwechsel kann sich lohnen

Genauso unkompliziert wie ein Stromanbieterwechsel ist auch der Wechsel Deiner gesetzlichen Krankenkasse – nur dass das leider noch nicht viele Menschen nutzen, obwohl es dem Wettbewerb zwischen den Kassen guttun würde. Und das wäre wichtig, denn leider steigen die Beiträge bei den Krankenkassen immer wieder sprunghaft an. Da ist die gute Nachricht, dass es nicht unrealistisch ist, dass Du durch einen Krankenkassenwechsel mehrere Hundert Euro sparen kannst. Wechseln kannst Du u.a., wenn Du entweder mindestens 12 Monate bei Deiner aktuellen Krankenkasse bist oder Deine Kasse den Beitrag erhöht hat.

Zuckst Du zusammen, weil Du Dir nicht vorstellen kannst, Deine angestammte Krankenkasse zu verlassen? Aus eigener Erfahrung kann ich Dir sagen: Es lohnt sich! Auch ich hatte erst Hemmungen, die Krankenkasse, bei der schon meine Eltern waren, zu verlassen. Aber letztlich sind über 90% der Leistungen der Kassen ohnehin gesetzlich vorgeschrieben und überall gleich. Aber jede Kasse verlangt über den allgemeinen Beitragssatz hinaus einen unterschiedlich hohen Zusatzbeitrag und bietet jeweils diverse Zusatzleistungen. Du kannst also auf zwei Wegen Hunderte Euro sparen: durch einen niedrigeren Zusatzbeitrag und dadurch, dass Deine neue Kasse z.B. die professionelle Zahnreinigung, bestimmte Reiseimpfungen oder Osteopathie bezahlt. Außerdem kann auch bei einem Krankenkassenwechsel nichts schiefgehen: Sollte der Wechsel warum auch immer nicht klappen, bleibst Du automatisch bei Deiner alten Kasse – und kannst einen neuen Wechsel anstoßen. Nur wenn Du gerade Leistungen von Deiner Kasse bekommst wie z.B. Krankengeld, dann wechsle besser danach.

Wie bei Strom und Gas ist der Wechsel sehr bequem: Du meldest Dich bei der neuen Kasse an. Auch hier kündigt die neue

Kasse für Dich bei Deiner alten, Du musst nur formlos dem Arbeitgeber Bescheid sagen.

Such Dir in unserem Krankenkassenvergleich eine gute Kasse aus – mit gutem Preis und genau den Zusatzleistungen, die Du brauchst. Die Kündigungsfrist bei einer Krankenkasse beträgt zwei Monate – wenn Du den Wechsel im Januar beantragst, bist Du ab 1.4. Mitglied der neuen Kasse.

Zahlst Du zu viel für Deinen Handyvertrag?

Wann hast Du das letzte Mal Deinen Handyvertrag verglichen? Auch da ist meine Erfahrung, dass die Leute viel zu selten wechseln – und das schließt mich ein: Ich bin letztes Jahr nach langen Jahren endlich zu einem anderen Anbieter und hab fürs gleiche Geld das zweieinhalbfache Datenvolumen bekommen. Handyverträge sind erfreulicherweise eine Sache, die über die Jahre immer günstiger geworden ist.

Jeder Vertrag benutzt eines von vier Handynetzen: Telekom, Vodafone, Telefonica (O2) oder 1&1. Es gibt aber für jedes Netz günstige Discount-Anbieter, sodass Du Dir Dein bevorzugtes Handynetz aussuchen kannst und trotzdem nicht viel bezahlen musst.

Ich hatte mich schlicht aus Bequemlichkeit so lange nicht zum Wechsel aufgerafft. Wenn Du Dir Sorgen machst, dass Du Deine Rufnummer nicht mitnehmen kannst, möchte ich Dich beruhigen. Das ist mittlerweile kein Problem mehr. Du musst nur darauf achten, dass Deine Daten beim neuen Anbieter exakt mit denen Deines alten Vertrags übereinstimmen. Falls nötig, kannst Du Deine Adresse oder andere Angaben vorher noch bei Deinem aktuellen Anbieter aktualisieren. Ich muss z.B. immer drauf achten, dass keiner meinen Namen falsch geschrieben hat.

Beim Wechsel Deines Mobilfunkanbieters gibt es nur einen kleinen Haken: Du musst Deinen alten Vertrag selbst kündigen. Aber auch dafür gibt es praktische Wechselservices, die Dir viel Arbeit abnehmen. Du solltest den Wechsel allerdings nicht zu kurzfristig machen, damit Du nicht offline bist. Viele Handyverträge haben nur einen Monat Kündigungsfrist. Also den neuen Vertrag mit genug Vorlauf abschließen und den alten Vertrag eher zwei Monate im Voraus kündigen.

Übrigens stecken typischerweise ältere Menschen in alten und viel zu teuren Handyverträgen. Vielleicht kannst Du Deinen Eltern oder Großeltern einen großen Gefallen tun, wenn Du ihnen beim Wechseln hilfst.

Viel Geld sparen bei der Kfz-Versicherung

Mit der Autoversicherung ist es wie mit dem Handytarif: Eigentlich wissen wir alle, dass man durch einen Wechsel wahrscheinlich sparen kann, aber vergleichst Du da konsequent jedes Jahr? Da fühle ich mich selbst ertappt, aber immerhin habe ich vor wenigen Jahren gewechselt. Wenn das bei Dir schon lange her ist – oder Du das noch nie gemacht hast –, dann ist die Wahrscheinlichkeit ziemlich hoch, dass Du auch hier dreistellig sparen kannst.

Der typische Stichtag für den Wechsel der Kfz-Versicherung ist jedes Jahr der 30. November. Es lohnt sich, im Herbst einen Vergleich zu machen – ein guter Reminder ist die Beitragsrechnung fürs nächste Jahr. Im Herbst ist der Preiskampf zwischen den Versicherern zu Deinen Gunsten am heftigsten. Wenn Du zum ersten Mal nach einer neuen Versicherung suchst, ist das etwas mühsam, weil Du ziemlich viele Angaben zu Deinem Auto eintragen musst: Kilometer pro Jahr, Stellplatz, Mitfahrer usw. Du kannst Deine Angaben aber abspeichern und im nächsten Jahr wieder verwenden – denn geht das Ganze schneller.

Kündigungsfrist sind meist vier Wochen. Du schließt also Deine neue Kfz-Versicherung vor dem 30. November ab und kündigst die alte zum 31. Dezember. Auch hier können Dir Wechselservices helfen. Wo Du Deine Autoversicherung am besten vergleichst und welche Tarifmerkmale sinnvoll sind, erfährst Du auf unserer Webseite. Mein wichtigster Tipp: Gib wirklich nur die Fahrer an, die sicher mit dem Auto fahren. Ein großer Fahrerkreis kann es ziemlich teuer machen. Und Fahrer nachmelden geht immer noch.

Was sonst von Deinem Konto abgeht

Jetzt sind wir vier Verträge durchgegangen, die Du relativ unkompliziert wechseln kannst und bei denen sehr wahrscheinlich mehrere Hundert Euro drin sind. Gibt es da noch mehr regelmäßige Abbuchungen auf Deinem Konto, die Du optimieren kannst? Onlinebanking durchforsten hilft. Zahlst Du vielleicht doch zu viel fürs Internet? Musst Du unbedingt beim ADAC Mitglied sein, oder gibt es günstigere Alternativen? Du hast die wichtigsten Versicherungen, aber sind Deine Haftpflicht- oder Deine Wohngebäudeversicherung eventuell zu teuer? Und vergiss nicht, dass Du einen teuren Kredit umschulden kannst (siehe Kapitel 4). Zu all diesen Themen findest Du Hilfe auf unserer Webseite.

Über diese (wichtigen) Verträge hinaus hast Du bestimmt noch weitere Lastschriften, die Du infrage stellen kannst. Hast Du wie ich das eine oder andere Abo abgeschlossen, das Du bei näherer Betrachtung kaum benutzt?

Ich kriege immer ein schlechtes Gewissen, wenn ich an meinem Fitnessstudio vorbeifahre. Zum einen, weil ich für meine

Gesundheit zu selten hingehe, und zum anderen, weil ich daran gemessen zu viel bezahle. Aber es ist kein teures Studio, und ich habe entschieden, nicht zu kündigen, weil ich letztlich genau für mein schlechtes Gewissen zahle, das mich doch immer mal wieder anspornt. Du könntest aber überlegen, Dein Abo zu kündigen, das Geld stattdessen in Home-Equipment zu stecken und Sport zu Hause zu machen. Oder doch einfach laufen gehen und dafür den Sparplan erhöhen?

Ein Luxus, den ich mir gönne, ist ein Abo bei gleich zwei Streamingdiensten. Ehrlicherweise waren es sogar mal vier – zwei habe ich wieder abbestellt, weil ich gar nicht so viel schauen kann. Es geht auch noch konsequenter: So ein Streamingdienst ist ja leicht abbestellt und auch schnell wieder abonniert. Warum also nicht einen Monat lang nur Netflix schauen, dann kündigen und den nächsten Monat Amazon Prime abonnieren und durchschauen, im dritten Monat vielleicht Apple TV oder Wow, und dann wieder zurück zu Netflix? So sparst Du Dir zwei oder drei Abos pro Monat, das sind locker 30 € oder mehr.

Vielleicht findest Du noch mehr alte Abos auf Deinem Konto. Besonders »gefährlich« sind kleine Jahresabos, die eben nicht jeden Monat abgebucht werden und deshalb nicht so auffallen.

Die unsichtbaren Löcher, in denen Dein Geld verschwindet

Meine Verträge habe ich mittlerweile gut unter Kontrolle und optimiere die (einigermaßen) regelmäßig. Und trotzdem frage ich mich in manchen Monaten: Wo ist das ganze Geld eigentlich hin? Kennst Du das auch? Die unsichtbaren Löcher, die unser Geldbeutel oder vielmehr unser Bankkonto hat und durch die das Geld heimlich wegsickert? Da hilft ein ehrlicher Blick in den

Spiegel: Was sind unsere ganz eigenen Gewohnheiten, für die wir wie selbstverständlich Geld ausgeben und die den Alltag teuer machen?

Bei mir ist es definitiv das Essen im oder vom Restaurant. Ich koche nicht besonders gerne und habe mittags meist wenig Zeit. Und abends ist es für uns Gewohnheit und Bequemlichkeit, dass wir uns mehrmals pro Woche was Leckeres bestellen oder vor allem im Sommer spontan um die Ecke essen gehen. Da brauche ich mich nicht wundern, wo das Geld hingeht, wenn 60 € am Abend keine Ausnahme sind. Klar könnte ich einen Haufen sparen, wenn ich mir öfter was von zu Hause ins Büro mitnehmen würde. Die Zeit will ich mir aber nicht nehmen – und muss dafür bezahlen. Aber vielleicht liegt da ja Sparpotenzial für Dich?

Dafür trinke ich keinen Kaffee. Bei Finanztip haben wir mal ausgerechnet, was ein täglicher Coffee to go kostet vs. wenn Du Dir Kaffee im Thermobecher von zu Hause mitbringst. Wir haben sogar eine neue Kaffeemaschine und die laufenden Stromkosten eingerechnet. Es sind heute ca. 37 € jeden Monat, die Du stattdessen ja in Deinen Aktien-ETF stecken könntest. Stellst Du diese teure Angewohnheit über 30 Jahre Deines Arbeitslebens ab (wobei der Kaffee ja laufend teurer wird, wodurch Du jedes Jahr 2 % mehr investieren kannst), hast Du schließlich satte 45.000 € mehr im Depot. Ich will Dir den Coffee to go nicht madig machen – sondern nur mal aufzeigen, was so eine Angewohnheit langfristig ausmacht. Bei mir ist es mit den Kosten fürs Essengehen sicher noch viel schlimmer. Und falls Du rauchst, könntest Du das auch mal hochrechnen – die gesundheitlichen Aspekte mal außen vor.

Ein anderer großer Einsparhebel liegt beim Einkaufen. Ich selbst bin da ein ziemlicher Sparfuchs. Meine Augen werden wie magisch vom Kilopreis angezogen, damit ich die Preise unterschiedlicher Packungsgrößen gut untereinander vergleichen kann. Trotzdem mache ich oft den Kardinalfehler und gehe hungrig einkaufen. Und ärgere ich mich dann an der Kasse, warum »der Supermarkteinkauf schon wieder 10 € teurer geworden ist«. Schlauer wäre es, wenn ich in Ruhe und vor allem mit vorbereiteter Einkaufsliste losfahren würde. Wir diskutieren das immer wieder zu Hause, und ich bin mir sicher: Je nach Haushaltsgröße liegt das Sparpotenzial leicht bei 40 € bis 100 € im Monat.

Beim Onlineshopping dagegen käme ich niemals auf die Idee, etwas jenseits von 20 € spontan und ohne vorherigen Vergleich zu kaufen. Bei Kleidung gucke ich beispielsweise, was gerade im Angebot ist oder ob ich nicht etwas aus der Vorjahreskollektion finde. Außerdem überlege ich mir vor dem Kauf, wie oft ich ein Shirt, das mir jetzt gerade gut gefällt, wirklich tragen würde. Ja, Shoppen soll Spaß machen – aber ein bisschen gesunder Menschenverstand hilft dabei, dass Du Dir das Shopping-Erlebnis öfter gönnen kannst. Du kannst Dir auch ein Budget setzen, wie viel Du auf einer Shoppingtour ausgeben möchtest. Ein unschätzbarer Vorteil: Mit dem Finanztip-Prinzip hast Du das Sparen bereits am Monatsanfang erledigt und kannst deshalb ohne schlechtes Gewissen Geld auf Deinem Girokonto für Konsum ausgeben, sofern Du am Monatsende nicht ins Minus kommst.

Bei jeder Art von Elektronik schaue ich mir immer Tests auf verschiedenen Seiten an, um ein Gespür für ein gutes Preis-Leistungs-Verhältnis der Geräte zu bekommen. Anschließend prüfe ich auf Preisvergleichsportalen, was es wo am günstigsten gibt.

Schließlich noch ein Tipp für den Alltag mit Auto: Fahr den Tank nicht bis auf den letzten Liter runter – dann hast Du nämlich immer die Freiheit, am frühen Abend statt morgens zu tanken, das ist nämlich spürbar billiger. Und hilft, die Wucherpreise an der Autobahntankstelle zu meiden. Vor allem wenn Du unterwegs bist, nutze eine App, in der Tankstellenpreise in der Gegend angezeigt werden – die Unterschiede sind oft beträchtlich.

Ja, vieles von diesen Tipps ist Kleinvieh. Aber das macht halt auch Mist. Darf ich es ein letztes Mal hochrechnen? Unsere Durchschnittsfamilie von vorher erzielt ja gesammelte Ersparnisse von 2.000 € im Jahr – jedes Jahr, nicht nur einmalig! Wenn sie das Geld konsequent in ihre Altersvorsorge investiert, dann haben sie nach 30 Jahren bei 6 % pro Jahr gut 167.000 € mehr im Depot. Das ist sicher nicht die ganze Altersvorsorge, aber ein beträchtlicher Teil davon, letztlich gewonnen aus einer Erkenntnis: Als Verbraucher lohnt sich Treue nicht. Die Anbieter buhlen um Neukunden – also geben wir sie ihnen.

Es kann richtig Spaß machen, all die kleinen Sparerfolge für Dich zu feiern. Und es ist sehr motivierend, wenn Du damit dann Deinen ETF-Sparplan oder auch Deinen Dauerauftrag aufs Tagesgeld erhöhen kannst. Sonst gehen 10 €, die Du durch einen Vertragswechsel eingespart hast, komplett unter.

Das Wichtigste in Kürze

- Mach eine Steuererklärung – das bringt Dir leicht um die 1.000 € mehr im Jahr.
- Weder Girokonto noch Kreditkarte müssen etwas kosten. Mach Dich auf die Suche nach günstigen Anbietern.
- Sparpotenzial im Alltag gibt es zuhauf: Stromanbieter, Krankenkasse, aber auch Einkaufen oder Essengehen – da liegen Hunderte von Euro, die Du gut für Deinen Vermögensaufbau gebrauchen kannst. Auf dem Tagesgeldkonto oder im ETF-Depot ist jeder eingesparte Euro auch nachhaltig gespart.

10

Etabliere eine bequeme Routine: Alles im Blick mit dem Jahrescheck

Jetzt haben wir uns durch fast alles einmal durchgearbeitet. Du hast Deine Finanzen mit dem Finanztip-Prinzip einfach und übersichtlich aufgestellt, hast Deine Altersvorsorge in die Hand genommen und nutzt die Sparpotenziale im Alltag besser aus. Vielleicht hast Du mit mir sogar eine Entscheidung getroffen, ob das Thema Immobilie für Dich der Plan für die Zukunft ist oder ob Du es doch ad acta legen und Dich voll auf ETFs konzentrieren willst.

Wie geht es jetzt weiter? Wie solltest Du Deine Finanzen jetzt laufend managen? Der Großteil der Arbeit, die Recherche und das Einrichten von neuen Konten sind erst mal erledigt. Ein wesentlicher Vorteil des Finanztip-Prinzips: Du wirst in Zukunft wenig Aufwand mit Deinen Finanzen haben. Genauer gesagt reicht es in aller Regel, wenn Du Dich einmal im Jahr hinsetzt und über alles einmal drüberschaust. Es sei denn, es tut sich etwas Größeres in Deinem Leben wie Hochzeit, Schwangerschaft oder Erbschaft. Aber ansonsten reicht ein jährlicher Check, um am Ball zu bleiben – und dieser Check wird nicht besonders lange dauern.

Ich mache das gerne zwischen den Jahren. Diese ruhige Zeit zwischen Weihnachten und Silvester gibt mir die Möglichkeit, etwas durchzuatmen und mir Gedanken übers nächste Jahr zu machen. Du kannst Dich aber auch zu jedem anderen Zeitpunkt im Jahr hinsetzen und eine Bestandsaufnahme machen – vielleicht im Sommerurlaub, vielleicht zur Steuererklärung. Hauptsache, der Jahrescheck wird Dir zur Routine. Gerade am Anfang ist es keine schlechte Idee, wenn Du ihn Dir in Deinen Kalender einträgst.

Die Idee beim Jahrescheck ist auch, Dich vom Druck zu entlasten, ständig alles zu überprüfen und im Blick haben zu müssen. Das ist nämlich am Ende nicht nur nervenaufreibend, sondern oft auch wenig effektiv. Eines ist mir wichtig zu betonen: Schau nicht ständig in Dein ETF-Depot. Selbst wenn der Aktienmarkt um 10 % oder 20 % einbricht – ändert das was an Deiner Anlagestrategie? Schaust Du in Dein Depot, um auf »verkaufen« zu drücken oder um Deinen Sparplan deswegen zu ändern? Wenn die Antwort hoffentlich Nein lautet, dann bringt Dir das dauernde Nachschauen keinen Vorteil, sondern verursacht nur unnötigen Stress. Zum Finanztip-Prinzip gehört eben auch, sich Routinen zuzulegen, die Gelassenheit und Coolness widerspiegeln. Ich habe mir auch deswegen angewöhnt, sehr selten in mein Depot zu schauen.

Wenn Du alle Deine Log-ins und die wichtigsten Unterlagen parat hast, ist Dein Jahrescheck in ein bis zwei Stunden erledigt. Beim ersten Mal wirst Du vielleicht ein bisschen länger brauchen.

Deine Vermögensbilanz im Blick behalten

Erster Schritt ist Geldzählen à la Dagobert Duck: Du machst Dir eine übersichtliche Tabelle, was Du an Geldanlagen (und Schulden) hast. Bring einmal den aktuellen Status quo zu Papier ... oder sagen wir besser, in eine Datei. Eine einfache Excel-Tabelle reicht vollkommen aus. Für so etwas gibt es auch diverse Apps, notwendig sind die aber nicht.

Links auf die Habenseite notierst Du Dein Vermögen – Deine diversen Konten und Geldanlagen, unterteilt ganz simpel nach sicheren und riskanten Anlagen. Giro- und Tagesgeldkonto stehen entsprechend bei den sicheren Anlagen, aber auch beispielsweise Riester oder eine bAV, weil die jeweils gegen Verluste abgesichert sind, selbst wenn dort auch Fonds enthalten sein können. Dein ETF-Depot gehört zu den riskanten Anlagen, ebenso wie Einzelaktien, Krypto oder Gold (Du erinnerst Dich, wie das im Wert schwankt?). Versicherungen, die in erster Linie Aktienfonds enthalten, zählen ebenfalls zur Kategorie riskant.

Auf die rechte Seite, die Sollseite, schreibst Du Deine Schulden. Steht bei Deiner Kreditkarte beispielsweise noch ordentlich was aus, kommt das in diese Spalte. Des Weiteren alle sonstigen Kredite z. B. fürs Auto, für die Küche oder auch BAföG, das Du noch nicht zurückgezahlt hast.

Besitzt Du eine eigene Immobilie, finde ich die Tabelle besonders wichtig. Denn während rechts die Restschuld auf Deinem Immobilienkredit auftaucht, steht dem auf der linken Seite der aktuelle Wert der Immobilie gegenüber. Der steht zwischen den sicheren und riskanten Geldanlagen, da Immobilien nun mal auch im Wert schwanken, aber nicht so stark wie Aktien beispielsweise. Der Jahrescheck gibt Dir einen guten Ansporn, einmal im Jahr zu recherchieren und einzuschätzen, wie sich der

Wert der Immobilie seit dem Kauf verändert hat. Einen Eindruck bekommst Du auf den üblichen Immobilienportalen. Genauere Verkaufspreise hat der örtliche Gutachterausschuss, z. B. im Grundstücksmarktbericht für Deine Stadt oder Region.

Wenn Dich Deine Immo-Schulden manchmal nicht schlafen lassen, kann Dir ein Blick auf die Tabelle helfen: Deinem Schuldenberg steht der Wert der Immobilie positiv gegenüber. Wenn es hart auf hart kommt, kannst Du die Immobilie verkaufen und bist (wahrscheinlich) schuldenfrei und erlöst vielleicht ein Vermögen.

Hier mal ein Beispiel, wie so eine Tabelle befüllt aussehen könnte, wenn Du über die vier Töpfe des Finanztip-Prinzips hinaus noch eine Immobilie und ein paar weitere Töpfe hast:

HABEN / Vermögen		**SOLL / Schulden**	
sicher:		Kreditkarte	1.000 €
Girokonto	1.000 €	Autokredit	-
Tagesgeldkonto	10.000 €	BAföG	-
Geldmarkt-ETF	-	sonstige Kredite	-
Festgeld	2.000 €		
bAV	4.000 €		
Riester	-		
Bausparer	-		
Immobilie	300.000 €	Immobilienkredit (Restschuld)	240.000 €
riskant:			
Aktien-ETF/Fonds	8.000 €		
Einzelaktien	1.000 €		
Gold	-		
Krypto	-		
fondsgebundene Versicherungen	-		
	326.000 €		241.000 €
Nettovermögen	**85.000 €**		

Das Ganze ist nichts anderes als eine private Vermögensbilanz. Am Ende kommt's darauf an, was unter dem Strich steht: Wir ziehen von Deinem Vermögen Deine Schulden ab und erhalten Dein Nettovermögen.

Schon mal den »net worth« irgendeines Promis im Internet gesehen? Nun, das hier ist Dein »net worth«. Mit Deiner Vermögensbilanz hast Du einen guten Überblick und einen Zwischenstand Deines Vermögensaufbaus.

Die Vermögensbilanz lässt sich beliebig ausbauen. Wenn Du willst, könntest Du mehr als nur zwei Risikoklassen (sicher/riskant) einführen. Oder die Laufzeiten von Versicherungen oder Krediten vermerken. Ich z. B. notiere mir in meiner Bilanz noch, bei welcher Bank welches Konto bzw. Depot ist und wie hoch meine Sparraten jeweils sind. Aber die obige Tabelle reicht völlig aus – wir wollen es ja möglichst einfach halten.

Räume in Deinem Depot auf

Mithilfe Deiner Vermögensbilanz kannst Du schnell erkennen, wie viel Prozent Deines Vermögens in riskanten Anlagen steckt und wie viel Du sicher angelegt hast. Jetzt ist die Frage: Passt das noch zu Deiner ursprünglich festgelegten Anlagestrategie, zu der Aktienquote, die Du hoffentlich mit Dir selbst ausgemacht hast? Hast Du Dich im letzten Jahr zu weit vorgewagt, oder kannst Du noch nachlegen, was Deine Renditechancen angeht? Hat sich Deine Lebenssituation geändert, und Du möchtest Dein Risiko gründlich ändern? Zeit für Rebalancing!

Rebalancing

Angenommen, Du hattest Dich ursprünglich dazu entschieden, 70 % Deines Geldes in risikoreiche Anlagen wie Aktien-ETFs und 30 % in sichere Anlagen wie Tagesgeld oder Geldmarkt-ETF zu stecken. Jetzt war es ein tolles Börsenjahr, und die Verteilung hat sich auf 80:20 verschoben. Deine Vermögensaufteilung ist also riskanter geworden, als Du eigentlich geplant hattest.

Rebalancing bedeutet, dass Du Deine 70:30-Aufteilung wiederherstellst, indem Du beispielsweise Anteile Deines Aktien-ETFs verkaufst und das Geld auf Tagesgeld oder Geldmarkt-ETF umschichtest. Dabei zahlst Du aber eventuell Steuern. Stattdessen kannst Du auch Deinen ETF-Sparplan eine Weile pausieren und Deinen Dauerauftrag aufs Tagesgeldkonto entsprechend erhöhen. Das Finanztip-Prinzip ist so flexibel!

Rebalancing gilt nicht nur für ETFs, sondern gerade auch, wenn Du mit Einzelaktien oder Kryptos spekulierst. Ist eine Aktie oder ein Coin so richtig durch die Decke gegangen? Yeah! Eine gute Gelegenheit, diese Gewinne mitzunehmen, damit Dein spekulativer Anteil nicht zu hoch wird (meine Faustregel: maximal 10%). Entweder Du diversifizierst die Gewinne, indem Du sie in Deinen ETF steckst. Oder Du packst sie aufs Tagesgeld, um Dir vielleicht bald was Schönes davon zu gönnen.

Die nächste Frage ist, ob Deine Sparraten noch passen. Hast Du zuletzt eine Gehaltserhöhung bekommen und dadurch ist Deine Sparquote gesunken? Dann stock Deinen ETF-Sparplan und eventuell Deinen Tagesgeld-Dauerauftrag auf. Oder sind Deine Kosten unvermeidlich gestiegen und Dein Konto öfter im Minus, sodass die Sparraten runter müssen?

Gleichzeitig kannst Du überlegen, welche Pläne Du fürs kommende Jahr hast. Brauchst Du im nächsten Jahr eine größere Summe Geld? Plant Ihr Nachwuchs? Steht nun doch eine eigene Immobilie an? Planst Du eine berufliche Auszeit oder stehen größere Anschaffungen an, vielleicht ein Umzug?

Für all diese Dinge brauchst Du das nötige Geld. Entweder Du schichtest vom ETF-Depot aufs Tagesgeld um. Oder Du hast noch genug Zeit, fährst Deinen ETF-Sparplan runter und das Tagesgeld rauf. Vor allem Eigenkapital für eine mögliche Immobilie muss sofort raus aus Aktien. Triff da eine klare Entscheidung für Dich.

Wenn Du gerade im Depot bist, solltest Du auch gleich checken, ob Dein ETF-Sparplan nach wie vor kostenlos ist. Bei manchen Banken sind nur manche Aktions-ETFs im Sparplan kostenlos – und diese Aktionen enden manchmal still und heimlich zum Jahreswechsel. Check dafür Deine Umsatzabrechnung und prüfe, ob dort eine Kaufgebühr aufgeführt ist. Wenn ja, kannst Du Folgendes tun: Entweder lässt Du diesen ETF ab jetzt liegen und wechselst zu einem anderen ETF mit kostenlosem Sparplan. Oder Du nimmst das zum Anlass und ziehst Dein gesamtes Depot zu einem Anbieter mit grundsätzlich kostenlosen ETF-Sparplänen um. Dritte Option ist, den Sparplan trotz Gebühren einfach weiterlaufen zu lassen, sofern sich die Gebühren bei wenigen Euro bewegen. Denn die fallen ja pro Sparrate nur einmal an, und das fällt bei einer Laufzeit von 15 Jahren oder mehr kaum ins Gewicht.

Falls Du Deinen Jahrescheck vor dem Jahresende machst, ist es auch eine gute Gelegenheit, Deinen Sparerpauschbetrag von 1.000 € voll auszunutzen. Die Tipps dazu findest Du in Kapitel 5.

Sondertilgung nutzen?

Falls Du eine Immobilie besitzt, solltest Du Dich außerdem einmal im Jahr fragen, ob und wie viel Du von Deinem Kredit sondertilgen willst. Vielleicht bist Du zu regelmäßigen Sondertilgungen sogar quasi gezwungen, weil Du Deinen Kredit ohne diese nicht vor der Rente abbezahlt bekommst. Der große Vorteil einer Sondertilgung ist, dass Du eine garantierte und sichere Rendite erzielst. Hat Dein Kredit einen Zinssatz von 3 % und Du tilgst 1.000 €, dann sparst Du Dir auf diese 1.000 € die 3 % Zinsen jährlich. Das ist gleichbedeutend mit einer garantierten Rendite von 3 % pro Jahr. Dazu kommt noch das gute Gefühl, dass Dein Schuldenberg schrumpft. Gegen eine Sondertilgung spricht nur, wenn Du z. B. mit Festgeld deutlich höhere sichere Zinsen bekommst, als der Kredit kostet. Dann kannst Du das Geld erst mal in Festgeld anlegen und später mit dem Festgeld eine höhere Sondertilgung machen.

Bedürftigen geben: Spenden als eigener Topf

Viele Menschen denken gerade an Weihnachten daran, etwas zu spenden. Gute Anliegen gibt es zuhauf. Seriöse Spendenorganisationen erkennst Du am besten an Spenden-Siegeln wie dem DZI-Zeichen, dem Siegel der Initiative Transparente Zivilgesellschaft, dem »Wirkt«-Zeichen von Phineo oder dem Spendenzertifikat des Deutschen Spendenrats. Meistens bevorzugen Hilfsorganisationen Geldspenden gegenüber Sachspenden. Für die Steuer brauchst Du bei Beträgen über 300 € eine Spendenquittung. Ich regele meine Spenden übrigens etwas anders: Ich behandle sie als eigenen Topf, denn ich spende jeden Monat über einen Dauerauftrag. Damit habe ich auch das Spenden auf Automatik gestellt und muss im Weihnachtsstress nicht extra daran denken.

Checke und optimiere Deine laufenden Verträge

Das war die erste Hälfte Deines Jahreschecks – Haken dran. Als Nächstes kannst Du Dir eine Liste all Deiner Verträge wie Strom, Handy, Versicherungen etc. anlegen (die wir in Kapitel 9 besprochen haben). Manche Leute nutzen dafür Apps oder Onlinedienste. Ich pflege einfach eine weitere Tabelle. Es reicht völlig, die einmal im Jahr zu updaten. Dramatische Preiserhöhungen, bei denen ich sofort während des Jahres aktiv werden muss, sind eher die große Ausnahme.

Ein guter Startpunkt sind Deine Versicherungen. Hier ist es wichtig, dass Du nicht einfach nur vergleichst, ob eine Versicherung billiger zu haben ist. Sondern ob sich Deine Lebenssituation im letzten Jahr geändert hat und Du nicht mehr ausreichend versichert bist. Seid Ihr zusammengezogen, habt Ihr ein Kind bekommen oder eine Immobilie gekauft? In solchen Fällen solltest Du besonders darauf achten, ob Deine Berufsunfähigkeitsversicherung Deine (gestiegenen) Kosten noch ausreichend abdeckt oder Du sie erhöhen solltest. Außerdem musst Du gegebenenfalls Deine Single- auf eine Familienhaftpflichtversicherung upgraden. Welche Versicherungen für Dich noch relevant sein können, haben wir in Kapitel 3 besprochen.

In der zweiten Hälfte Deines Jahreschecks wiederholst Du im Grunde die ganzen Vertragsoptimierungen, die wir in Kapitel 9 besprochen haben: Stromanbieter, Krankenkasse, Handyvertrag vergleichen und gegebenenfalls wechseln, unnötige Abos kündigen. Das Einsparpotenzial ist natürlich nie so hoch wie beim allerersten Mal – aber wahrscheinlich findest Du doch zumindest eine Sache, die Du eigentlich längst kündigen wolltest. Mir geht's auch ab und zu so. Ich setze dann sofort eine Kündigung ab, auch wenn das Vertragsende erst viele Monate später ist.

Ein Beispiel: Deine Wohngebäudeversicherung wurde ursprünglich zum 1.7. abgeschlossen und hat eine Kündigungsfrist von drei Monaten. Du kannst problemlos am Jahresanfang Tarife vergleichen und eine bessere Versicherung zum 1.7. abschließen. Anschließend kündigst Du die alte zum 30.6. Dann musst Du nicht an die Kündigungsfrist am 31.3. denken. Die Wahrscheinlichkeit, dass Du ausgerechnet zum Zeitpunkt Deines Jahreschecks einen hohen Preis erwischst, ist gering.

Bloß bei der Kfz-Versicherung würde ich immer im Herbst vergleichen.

Falls Du manche Sachen gerade nicht kündigen kannst oder willst, setz Dir einfach eine Erinnerung in den Kalender, um sie später noch mal zu prüfen.

Vielleicht klingt der ganze Jahrescheck für Dich nach viel Aufwand, aber ich mache das eigentlich ganz gerne. Wie Dagobert zähle ich dann doch gern einmal im Jahr mein Geld. Es ist einfach sehr motivierend zu sehen, wie sich das Vermögen entwickelt, wenn man einmal eine solide Basis und gute Gewohnheiten etabliert hat. Und wenn es in einem Jahr an der Börse ordentlich gekracht hat: Bilanz updaten, einmal schlucken, weitermachen.

Und ganz ehrlich? Ich brauche diese paar Stunden jährlich auch, um mich endlich um Dinge zu kümmern, die ich im Alltag allzu gerne aufschiebe.

So wie letztes Jahr endlich um meinen viel zu teuren Handyvertrag.

Wenn Du ihn Dir mal angewöhnt hast, geht der Jahrescheck auch wirklich schnell. So viel gibt es nach ein paar Jahren nicht mehr zu optimieren. Du hast Deine Finanzen einfach gemacht.

Finanzen für Paare unterm Weihnachtsbaum
Die Zeit zwischen den Jahren ist gerade für Paare gut geeignet, sich einmal zusammenzusetzen. Ihr könnt dann nicht nur über Eure finanzielle Zukunft sprechen, sondern auch generell überlegen, ob sich ganz allgemein Eure Ziele und Pläne geändert haben und ob Ihr dafür gut aufgestellt seid. Vermögensbilanz und Vertragsübersicht helfen dabei.

Das Lebensende klären: Vorsorgevollmacht, Patientenverfügung und Testament

Bei Deinem Jahrescheck wirst Du irgendwann an den Punkt kommen, dass Du für Deine Hinterbliebenen Dinge geregelt haben willst, bevor Du nicht mehr selbst entscheiden kannst oder stirbst. Diese Dokumente gehören zu einer runden Planung eines Finanzlebens dazu.

Am meisten unterschätzt ist wahrscheinlich die Vorsorgevollmacht. Stell Dir vor, Du liegst nach einem Unfall im Krankenhaus – und niemand darf Deine Post öffnen, Rechnungen bezahlen oder mit Behörden sprechen. Ohne Vollmacht darf Dich selbst Deine Partnerin oder Dein Partner in vielen Bereichen nicht einfach vertreten. Mit einer Vorsorgevollmacht bestimmst du, wer in Deinem Namen handeln darf, wenn Du es selbst nicht mehr kannst. Am besten kümmerst Du Dich darum, solange Du gesund und klar im Kopf bist – denn wenn der Ernstfall kommt, ist es oft zu spät.

Mit einer Patientenverfügung triffst Du medizinische Entscheidungen, bevor es ernst wird: Was soll mit Dir passieren, wenn Du selbst nicht mehr entscheiden kannst? Beatmung? Reanimation? Welche medizinischen Maßnahmen sollen ergriffen, welche unterlassen werden? Mit einer Patientenverfügung nimmst Du Deinen Angehörigen schwierige Entscheidungen ab und sorgst dafür, dass Dein Wille zählt.

Ein Testament schließlich schafft klare Verhältnisse: Wer soll was bekommen, wenn Du stirbst? Mach Dir gemeinsam mit Deinem Partner oder Deiner Partnerin Gedanken – und schau Dir an, wie die gesetzliche Erbfolge aussehen würde. Gerade wenn die nicht Deinen Vorstellungen entspricht, ist ein Testament ein Muss. Ebenso wenn Ihr nicht verheiratet seid. Du hast in einem Testament viele Gestaltungsmöglichkeiten – kannst aber auch einiges falsch machen. Deshalb: Gut informieren, sauber aufsetzen – und Streit unter den Hinterbliebenen vermeiden.

Zu allen drei Dokumenten findest Du wertvolle Details und praktische Tipps auf finanztip.de oder in unserer App:

Das Wichtigste in Kürze

- Einmal im Jahr solltest Du eine Vermögensbilanz ziehen – so behältst Du den Überblick, ob Deine Vermögensaufteilung zwischen sicher und riskant noch stimmt.
- Prüfe, ob Deine Sparpläne noch zu Deiner Lebenssituation passen.
- Stelle sicher, dass Du alle Versicherungen hast, die in Deiner Lebenssituation notwendig sind. Vergleiche laufende Verträge und werde unnötig gewordene Abos los.

Dein neuer Blick auf Geld

Wenn Du bis hierher gelesen hast, hast Du echt eine Tour geschafft. Du hast Dich mit Themen beschäftigt, die viele lieber ewig vor sich herschieben: mit Altersvorsorge, mit dem Investieren in ETFs, mit Versicherungen, mit der Frage, was Du wirklich brauchst – und was Du endlich loswerden kannst. Du hast gelernt, wie das Finanztip-Prinzip Dir hilft, Deine Finanzen aufzuräumen und Klarheit zu gewinnen. Und Du hast gesehen: Es geht auch einfach. Es geht ohne Angst, ohne Druck und ohne komplizierte Finanzprodukte.

Du hast bestimmt kein schlechtes Bauchgefühl mehr wie ich damals, als ich vor 15 Jahren auf meine eigenen Finanzen geschaut habe. Mein Flickenteppich aus Fonds und Versicherungen von damals hätte mir eigentlich Sicherheit geben sollen und hat doch das Gegenteil bewirkt: Ich hatte ein schlechtes Gewissen, war frustriert und fühlte mich trotz aller Mühe verloren.

Heute weiß ich: Es musste genauso kommen. Ich musste da durch, damit ich den Weg finde, den ich jetzt mit Dir teilen konnte.

Wenn Du jetzt auf Deine eigene Situation blickst, dann hast Du heute wahrscheinlich schon einen viel besseren Überblick und einen klareren Plan. Und wenn noch ein paar Baustellen offen sind: Kein Problem. Du hast jetzt das Werkzeug, um sie Schritt für Schritt anzugehen.

Du hast etwas Großes geschafft: Du hast Dir selbst Zeit und Aufmerksamkeit geschenkt. Du hast Dir Wissen angeeignet, das Dir niemand mehr nehmen kann. Und Du hast mehr Verantwortung für Deine finanzielle Zukunft übernommen. Das ist kein kleiner Schritt – das ist ein riesiger Erfolg.

Mein Ziel mit diesem Buch war es, Dir zu zeigen, dass Du keine Finanzexpertin oder kein Börsenguru sein musst, um Deine Geldangelegenheiten selbst in den Griff zu bekommen und so freier und selbstbestimmter durchs Leben zu gehen. Es reicht, dass Du informiert, kritisch und konsequent vorgehst – und die Dinge dabei möglichst einfach hältst. Alles andere ergibt sich fast von selbst.

Ich wünsche Dir von Herzen, dass Dir Deine Finanzen in Zukunft nicht mehr auf der Seele lasten, sondern dass sie Dir den Rücken freihalten – für das, was im Leben wirklich zählt: Zeit mit Deinen Liebsten, persönliche Freiheit, Gelassenheit beim Gedanken an morgen und die Möglichkeit, das zu tun, was Dir Sinn gibt.

Denn genau darum geht's am Ende: Geld soll Dir dienen, nicht umgekehrt.

Mach weiter so – und vergiss nie: Du kannst das.

Alles Gute für Deinen Weg!
Dein Saidi von Finanztip

Danksagung

Mein großer Dank gilt Melanie Haizmann für ihre unermüdliche Begleitung dieses Buchs, Lucas von Gwinner für seinen entscheidenden Anstoß und Carlo Günther, ohne den dieses Buch nicht entstanden wäre. Doris Janhsen, Martin Kulik, Thomas Blanck und alle bei Droemer Knaur haben sich für dieses Projekt mit Verve ins Zeug gelegt. Meine Kolleginnen und Kollegen aus der Finanztip-Redaktion haben geübt kritisch meine Tipps geschärft. Den wirklichen Grundstein haben Marcus Wolsdorf und Robert Haselsteiner gelegt mit ihrer visionären Idee für Finanztip und ihrem langjährigen Vertrauen in meine Arbeit. Schließlich bin ich Saša Malek dankbar für ihren einfühlsamen, aber querlaufenden Blick, der mich immer wieder aus meinen Selbstverständlichkeiten herausholt.

Über Finanztip

Finanztip hilft Menschen, die richtigen Finanzentscheidungen selbst zu treffen – verständlich, unabhängig und konkret.

Gegründet 2013 mit dem Ziel, Finanzen für alle einfach zugänglich zu machen, erreicht Finanztip heute jeden Monat Millionen Menschen über finanztip.de, den Newsletter, die App sowie YouTube, Instagram und TikTok.

Der gesellschaftliche Auftrag: finanzielle Selbstbestimmung für alle. Denn wer seine Finanzen versteht, kann selbstbestimmt handeln – mit mehr Sicherheit, Freiheit und Teilhabe. Besonders Menschen mit geringem Einkommen oder Bildungszugang profitieren davon.

Die Expertenredaktion unter Leitung von Hermann-Josef Tenhagen und Saidi Sulilatu analysiert aktuelle Finanzthemen – vom ersten Konto bis zur Rente – und gibt fundierte Empfehlungen, die Du sofort umsetzen kannst.

Hinter Finanztip steht eine gemeinnützige Stiftung. Alle ausgeschütteten Gewinne fließen in Projekte, die Finanzwissen dorthin bringen, wo es besonders gebraucht wird – etwa mit der Initiative Finanztip Schule, die Lehrkräfte unterstützt, Jugendlichen den Umgang mit Geld beizubringen.

Werde Teil unserer Mission: finanztip.de/unterstuetzer

Glossar

Abgeltungssteuer *siehe* Kapitalertragsteuer

Aktie Eine Aktie ist ein (kleiner) Teil einer Aktiengesellschaft, den Du an der Börse kaufen kannst. Damit bist Du Mitinhaber dieses Unternehmens und hast zum einen Anspruch auf einen Teil der Gewinne, die das Unternehmen ausschüttet. Zum anderen hast Du teil am Börsenwert des Unternehmens, wenn der Aktienkurs steigt oder fällt.

Aktiengesellschaft (AG) Eine Aktiengesellschaft ist eine Unternehmensform, bei der das Kapital in viele kleine Teile – die Aktien – aufgeteilt ist. Diese Aktien können an der Börse gehandelt werden. Eine AG darf also Kapital von vielen Anlegern einsammeln, indem sie Aktien verkauft.

Aktionärin/Aktionär Jemand, der Aktien eines Unternehmens besitzt, heißt Aktionärin oder Aktionär. Der Person oder auch dem Fonds/ETF gehört ein Teil einer Aktiengesellschaft. Sie hat bestimmte Rechte, zum Beispiel das Stimmrecht auf der Hauptversammlung oder das Recht auf einen Anteil am Gewinn (Dividende).

Anleihe Sie heißen auch (fest)verzinsliche Wertpapiere, Schuldverschreibungen oder Obligationen (engl. bonds). Der Inhaber der Anleihe leiht dem Herausgeber (Emittenten) für eine gewisse Zeit eine bestimmte Summe und bekommt dafür meist regelmäßige (feste oder variable) Zinszahlungen. Anleihen können von Staaten und Unternehmen herausgegeben werden.

Auslandskrankenversicherung Diese Versicherung übernimmt medizinische Kosten im Ausland, die Deine gesetzliche Krankenkasse oft nicht oder nur teilweise abdeckt – zum

Beispiel bei einem Unfall oder Krankenhausaufenthalt im Urlaub. Besonders wichtig bei Reisen außerhalb Europas.

Bausparvertrag Ein Bausparvertrag kombiniert Sparen mit einem günstigen Darlehen. Du sparst zunächst regelmäßig einen Betrag an, nach Jahren erhältst Du Anspruch auf ein zinsgünstiges Darlehen, in der Regel für den Kauf oder Bau einer Immobilie.

Berufsunfähigkeitsversicherung (BU) Zahlt eine vereinbarte Rente, falls Du wegen Krankheit oder Unfall auf lange Sicht nicht mehr arbeiten kannst. Als Absicherung Deines Einkommens eine der wichtigsten privaten Versicherungen, aber auch eine der teuersten.

Betriebliche Altersvorsorge (bAV) Eine zusätzliche Altersvorsorge, in die der Arbeitgeber meist einen Teil Deines Bruttogehalts in der Regel mit einem Zuschuss einzahlt. Die Beiträge sind bis zu bestimmten Grenzen steuer- und sozialabgabenfrei, die Auszahlungen dann wiederum meist steuer- und sozialabgabenpflichtig.

Bitcoin *siehe* Kryptowährungen

Broker Ein Broker bietet Wertpapierdepots an, über die Du Aktien, ETFs und andere Wertpapiere kaufen und verkaufen kannst – meistens über eine App oder Webseite. Für Dich nichts anderes als eine Bank.

Cost-Average-Effekt Durch regelmäßiges Investieren in Wertpapiere (z. B. über einen ETF-Sparplan) sollst Du angeblich auf lange Sicht zu einem günstigen Durchschnittspreis einkaufen. Wissenschaftlich widerlegt – je früher und je mehr Du auf einmal investierst, desto besser sind langfristig Deine Chancen.

Dauerauftrag Automatisch wird an einem bestimmten Tag des Monats ein gleichbleibender Geldbetrag an das immer gleiche Konto überwiesen.

DAX (Deutscher Aktienindex) Der DAX ist der bekannteste Aktienindex in Deutschland. Er zeigt die Wertentwicklung der 40 größten und wichtigsten börsennotierten Unternehmen des Landes – darunter bekannte Namen wie Siemens, SAP oder Allianz. Wenn vom DAX die Rede ist, geht es meist um die »großen Player« der deutschen Wirtschaft. Der Index dient als Stimmungsbarometer für den deutschen Aktienmarkt.

Debitkarte Bei Debitkarten wird das ausgegebene Geld zeitnah vom Konto abgebucht – im Gegensatz zu Kreditkarten, bei denen das Geld erst später, z.B. erst zum Monatsende abgebucht wird. Die Girokarte (EC-Karte) ist also auch eine Debitkarte.

Demografischer Wandel Der demografische Wandel beschreibt, dass es in Deutschland (und vielen anderen Ländern) immer mehr ältere Menschen und immer weniger junge gibt. Für die Rentenkasse ist das ein Problem, denn immer weniger zahlen ein, aber immer mehr bekommen Rente.

Depot Ein Depot ist so etwas wie Dein Konto für Aktien und Fonds oder ETFs. Du brauchst es, um Wertpapiere aufzubewahren und um sie kaufen und verkaufen zu können.

Diversifikation Die Streuung Deines Geldes auf verschiedene Wertpapiere, Branchen, Märkte oder Anlageklassen. Sie hilft entscheidend, das Risiko von Verlusten zu verringern.

Dividende Anteil am Gewinn, den eine Aktiengesellschaft z.B. quartalsweise oder jährlich an ihre Aktionäre ausschüttet. Wenn Du eine Aktie besitzt und das Unternehmen Gewinn ausschüttet, bekommst Du pro Aktie einen bestimmten Betrag ausgezahlt.

Eigenkapital Kaufst oder baust Du ein Haus oder eine Wohnung, ist Dein Eigenkapital das Geld, das Dir selbst gehört und das Du in die Immobilie steckst. Es ist der Anteil, den Du Dir nicht von einer Bank leihen musst.

Einlagensicherung Ein gesetzlicher Schutzmechanismus, der dafür sorgt, dass Dein Geld z.B. auf Girokonten, Tagesgeld- oder Festgeldkonten sicher ist, selbst wenn die Bank pleitegeht. In der EU sind pro Person und Bank 100.000 € abgesichert.

ETF Ein ETF ist ein börsengehandelter Fonds, der einen bestimmten Index wie den DAX oder MSCI World nachbildet. Er bündelt viele verschiedene Aktien oder andere Wertpapiere in einem einzigen Topf. ETFs ermöglichen eine breite Streuung des investierten Geldes, sind meist kostengünstig und lassen sich flexibel über die Börse handeln.

ETF-Sparplan Ein ETF-Sparplan ist eine automatische Geldanlage: Du zahlst regelmäßig (z.B. monatlich) einen festen Betrag in einen ETF ein. So investierst Du Stück für Stück in viele verschiedene Aktien. Langfristig eignet er sich hervorragend als Altersvorsorge.

Festgeldkonto Ein Konto, auf dem Du Geld für einen festen Zeitraum (z.B. 12, 24 oder 36 Monate) zu einem vorher vereinbarten Zinssatz anlegst. Während dieser Laufzeit kommst Du in der Regel nicht an das Geld. Dafür bist Du gegen fallende Zinsen abgesichert.

Festgeldtreppe Eine Anlagestrategie, bei der Du Dein Geld auf mehrere Festgeldkonten mit unterschiedlichen Laufzeiten verteilst. So hast Du regelmäßig Zugriff auf einen Teil Deines Geldes.

Fonds (Aktienfonds) Ein Fonds ist ein Topf, in den viele Anleger gemeinsam Geld einzahlen. Bei klassischen Fonds (im Gegensatz zu ETFs) investiert ein Fondsmanagement dieses Geld dann in viele verschiedene Wertpapiere. Ein Aktienfonds investiert überwiegend in Aktien.

Freistellungsauftrag Du erteilst einer Bank den Auftrag, auf Kapitalerträge wie Zinsen oder Gewinne aus Verkäufen oder auf die Vorabpauschale keine Kapitalertragsteuer abzuführen. Der Auftrag kann bis zu 1.000 € (Dein Sparerpauschbetrag) hoch sein. Der Auftrag gilt für alle Konten und Depots bei dieser Bank.

Geldmarkt-ETF Ein ETF, der in sehr kurzfristige und besonders sichere Anleihen und ähnliche Anlagen investiert. Er eignet sich als Alternative zum Tagesgeldkonto und als Zwischenparkplatz für Geld, das bald gebraucht wird.

Gold solltest Du eher als Absicherung gegen schwere Wirtschafts- oder Währungskrisen denn als Mittel zum Vermögensaufbau sehen. Münzen und Barren sind eine gute Absicherung, müssen aber sicher gelagert werden.

Index (Aktienindex) Ein Index ist eine Liste bestimmter Wertpapiere, z. B. Aktien. Er bildet die Wertentwicklung eines bestimmten Marktes oder eines Marktsegments ab – zum Beispiel großer Unternehmen, Technologieaktien oder weltweiter Märkte. Bekannte Aktienindizes sind der DAX (Deutschland), der S&P 500 (USA) oder der MSCI World (Welt). ETFs bilden einen Index nach.

Inflation Der allgemeine Anstieg der Preise über die Zeit. Durch Inflation verliert Geld an Kaufkraft – Du kannst Dir später weniger für den gleichen Betrag kaufen als heute.

ISIN Jedes Wertpapier – etwa eine Aktie oder ein ETF – hat eine weltweit eindeutige zwölfstellige Buchstaben-Zahlen-Kombination (z. B. IE00B4L5Y983). Mit der ISIN stellst Du sicher, dass Du z. B. den richtigen ETF ausgesucht hast.

Kapitalerträge Einnahmen, die Du durch Geldanlagen bekommst – etwa Zinsen auf dem Tagesgeldkonto, Dividenden aus Aktien oder Gewinne durch den Verkauf von Fonds/ETFs.

Kapitalertragsteuer Für Kapitalerträge (u.a. Zinsen, Dividenden und Gewinne aus Verkauf) werden seit 2009 25% Steuer plus Solidaritätszuschlag plus gegebenenfalls Kirchensteuer fällig. In Deutschland wird sie als Abgeltungssteuer von der Bank direkt an das Finanzamt abgeführt.

KfW (Kreditanstalt für Wiederaufbau) Eine staatliche Förderbank, die u.a. zinsgünstige Kredite oder Zuschüsse für Bau, Energieeffizienz, Bildung oder Unternehmensgründungen vergibt. Die Förderung läuft meist über die Bank, die Dir einen Kredit gibt.

Klumpenrisiko Ist ein großer Teil Deines Geldes z.B. in nur eine oder wenige Unternehmen oder Branchen investiert, bildet es dort einen Klumpen. Fällt eine dieser Anlagen stark im Wert, wirkt sich das überdurchschnittlich negativ auf Dein gesamtes Vermögen aus. Du kannst Klumpenrisiken vermeiden, indem Du breit gestreut investierst.

Krankentagegeldversicherung Wenn Du länger krank bist und kein oder nicht genug Krankengeld von der Krankenkasse bekommst, springt sie ein. Besonders relevant für Selbstständige oder Gutverdienende.

Kredit Ein Kredit ist Geld, das Du Dir leihst – zum Beispiel von einer Bank – und über einen vereinbarten Zeitraum mit Zinsen zurückzahlst, meist in Raten.

Kreditkarte Bei einer (echten) Kreditkarte wird das Geld, das Du über die Karte ausgegeben hast, im Gegensatz zu einer Debitkarte nicht sofort von Deinem Konto abgebucht, sondern erst später, entweder am Monatsende – oder Du zahlst den Betrag in Raten ab. Dann werden aber meist hohe Zinsen fällig.

Kryptowährungen Digitale Währungen wie Bitcoin oder Ethereum, die unabhängig von Zentralbanken funktionieren. Sie schwanken sehr stark, bieten Chancen auf hohe Renditen – und Risiken bis zum Totalverlust.

MSCI World Der MSCI World ist ein internationaler Aktienindex, der über 1.000 Unternehmen aus 23 Industrieländern abbildet. Er enthält bekannte Firmen aus den USA, Europa, Japan und anderen entwickelten Ländern, aber nicht aus Schwellenländern. Auf den MSCI World gibt es viele weltweit streuende ETFs. Diese kannst Du einfach für einen breit angelegten Vermögensaufbau mit dem globalen Aktienmarkt nutzen.

Notgroschen Geld, das Du zur Seite legst, um unerwartete Ausgaben wie eine kaputte Waschmaschine, eine teure Autoreparatur oder Jobverlust überbrücken zu können. Als Faustregel sind es drei bis sechs Nettomonatseinkommen, die Du dauerhaft auf Deinem Tagesgeldkonto parkst. So musst Du in Notsituationen nicht sofort Schulden machen oder an Deine Altersvorsorge ran.

Patientenverfügung Hier legst Du schriftlich fest, welche medizinischen Maßnahmen Du im Ernstfall wünschst oder ablehnst – etwa bei schwerer Krankheit oder Bewusstlosigkeit.

Pflegekosten Die Ausgaben, die anfallen, wenn Du im Alter pflegebedürftig wirst – etwa durch einen Platz im Pflegeheim oder ambulante Pflege. Sie können hoch sein und das Erbe erheblich mindern.

Private Haftpflichtversicherung Zahlt, wenn Du jemandem versehentlich einen Schaden zufügst – zum Beispiel, wenn Du ein fremdes Handy fallen lässt oder einen Fahrradunfall verursachst. Gehört zu den wichtigsten Versicherungen überhaupt.

Rebalancing bedeutet, dass Du Deine Geldanlage wieder ins Gleichgewicht bringst. Zum Beispiel: Du willst eigentlich 70 % Deines Vermögens in Aktien halten, aber durch einen heftigen Kursanstieg machen sie auf einmal 90 % aus. Dann kannst Du Aktien verkaufen und das Geld sicher anlegen. Oder Du lenkst Deine Sparpläne um.

Rendite Die Rendite gibt den Ertrag einer Investition innerhalb eines Zeitraums, z. B. eines Jahres, an. Sie wird in Prozent angegeben, weil die Rendite den Gewinn oder Verlust ins Verhältnis zum eingesetzten Geld setzt.

Rentenlücke Die Rentenlücke ist die Differenz zwischen Deinem letzten Nettogehalt im Arbeitsleben und dem, was Du später als gesetzliche Rente oder Pension bekommst. Diese Lücke musst Du schließen, wenn Du Deinen Lebensstandard halten willst – zum Beispiel durch einen ETF-Sparplan.

Rentenversicherung (gesetzliche) Ein staatliches System, bei dem die Erwerbstätigen Beiträge einzahlen, um die Renten der heutigen Rentner zu finanzieren. Dieses sogenannte Umlageverfahren gerät durch den demografischen Wandel unter Druck.

Rentenversicherung (private) Eine freiwillige Versicherung, bei der Du regelmäßig Beiträge zahlst, um Dir im Alter eine lebenslange Rente oder eine Einmalzahlung auszahlen zu lassen. Hat meist hohe Kosten.

Riester-Rente Eine staatlich geförderte Form der privaten Altersvorsorge, bei der Du Sparbeiträge leistest und dafür Zulagen vom Staat sowie Steuervorteile bekommst – wenn Du bestimmte Voraussetzungen erfüllst. Lohnt sich in erster Linie für Angestellte mit mehreren Kindern.

Risikolebensversicherung Zahlt im Todesfall eine vorher festgelegte Summe an Deine Hinterbliebenen. Wichtig, wenn Du Familie oder hohe Kredite absichern möchtest.

Rürup-Rente (Basisrente) Eine steuerlich geförderte Altersvorsorge für Selbstständige und Gutverdienende. Du kannst hohe Beiträge in eine private Rentenversicherung einzahlen und die Beiträge von der Steuer absetzen. Die spätere Rente ist dann zu versteuern.

Schulden Du leistest Dir etwas, wofür Du das Geld nicht zur Verfügung hast, und leihst Dir das Geld dafür. Schulden sind nicht immer schlecht – wenn Du Dir das Geld für etwas Werthaltiges wie eine gute Immobilie oder für eine wichtige Weiterbildung leihst. Alle Arten von Konsumkrediten allerdings sind schlechte Schulden, da Du damit Dinge bezahlst, die ihren Wert schnell verlieren – das neue Handy, den Fernseher oder den Urlaub.

Sondervermögen Wertpapiere wie Aktien oder ETF-Anteile gehören nicht der Bank, bei der Du sie lagerst, oder der Fondsgesellschaft, die den ETF/Fonds anbietet. Falls ein solcher Anbieter pleitegeht, ist Dein Geld nicht verloren – es bleibt Dein Eigentum.

Sparerpauschbetrag Du kannst pro Jahr 1.000 € an Kapitalerträgen (Zinsen, Ausschüttungen, Gewinnen aus Verkäufen u.a.) steuerfrei kassieren. Den Sparerpauschbetrag kannst Du über Deine Steuererklärung geltend machen – oder Du erstellst Freistellungsaufträge bei Deinen Banken.

Sparplan Eine automatische regelmäßige Geldanlage – z.B. monatlich in einen ETF. So investierst Du auch kleinere Beträge langfristig am Kapitalmarkt.

Tagesgeldkonto Ein Sparkonto, auf das Du Geld von Deinem Girokonto überweisen kannst und jederzeit wieder zurücküberweisen kannst. Das Geld ist sicher angelegt. Bei guten Tagesgeldkonten gibt es vernünftige Zinsen darauf.

Testament Eine schriftliche Willenserklärung, wie Dein Besitz nach Deinem Tod aufgeteilt werden soll – abweichend von der gesetzlichen Erbfolge.

thesaurierend Ein thesaurierender Aktien-ETF legt die Dividenden, die er erhält, automatisch in weiteren Aktien wieder an, sodass – im Gegensatz zum ausschüttenden ETF – keine Erträge auf Deinem Konto landen.

Tilgung Wenn Du einen Kredit aufnimmst, musst Du ihn zurückzahlen – normalerweise in monatlichen Raten. Die Raten bestehen aus Zins, also Geldleihgebühren, und Tilgung, also den eigentlichen Rückzahlungen.

Unfallversicherung zahlt eine vereinbarte Summe, wenn Du durch einen Unfall dauerhaft körperlich eingeschränkt bist – unabhängig davon, ob der Unfall in der Freizeit oder auf der Arbeit passiert ist.

Vermögenswirksame Leistungen (VL) zusätzliches Geld vom Arbeitgeber, das zum Beispiel in einem ETF- oder Fondssparplan oder einem Bausparvertrag angespart wird. Bis zu einem gewissen Einkommen kannst Du staatliche Förderung darauf bekommen.

Vorabpauschale Hat Dein Aktien-ETF oder -fonds in einem Jahr Gewinn gemacht, musst Du einen Teil davon zu Beginn des nächsten Jahres versteuern, obwohl Du nichts verkauft hast. Die Steuer wird automatisch vom Broker abgeführt. Du musst dafür etwas Geld auf dem Verrechnungskonto vorhalten oder erteilst einen Freistellungsauftrag.

Vorsorgevollmacht Ein Dokument, mit dem Du eine Person bevollmächtigst, in Deinem Namen Entscheidungen zu treffen oder Geschäfte zu erledigen, wenn Du dazu selbst nicht mehr in der Lage bist.

Werbungskosten Ausgaben, die Du hast, um Einkommen zu erzielen, zum Beispiel für Fahrten zur Arbeit oder für Büromöbel. Diese Kosten kannst Du in der Regel von der Steuer absetzen.

Wertpapierdepot *siehe* Depot

Wohngebäudeversicherung Schützt Dein Haus vor Schäden durch Feuer, Sturm, Hagel oder Leitungswasser. Unerlässlich für alle Immobilieneigentümer. In Zeiten von Klimawandel ist zusätzlich eine Elementarschadenversicherung z. B. gegen Überschwemmung sinnvoll.

Zinsen Zinsen sind Gebühren, die Du für geliehenes Geld zahlst. Nimmst Du einen Kredit auf, musst Du Zinsen zahlen. Leihst Du dagegen der Bank Geld (z. B. durch ein Sparkonto), bekommst Du Zinsen.

Zinseszinseffekt Der Effekt, dass Du nicht nur mit Deinem ursprünglich angelegten Geld, sondern auch durch bereits erzielte Gewinne (Zinsen, Kursgewinne u. a.) weitere Gewinne erzielst. Je länger das Geld angelegt bleibt, desto stärker wächst das Vermögen – ein zentraler Hebel beim langfristigen Vermögensaufbau und für die Altersvorsorge.

KONZ

1000 ganz legale Steuertricks

Der Ratgeber für alle Steuerzahler.

MEHR WISSEN. MEHR GELD. KONZ

2026 Für Ihre Steuererklärung 2025

Die Nr. 1 der Steuerratgeber

Keinen Euro zu viel zahlen: Garant für höchste Steuerrückerstattungen vom Finanzamt.

Komplett überarbeitete Ausgabe: Zahlreiche neue Tipps und Tricks für die Steuererklärung 2025.

- Mit Berechnungsbeispielen und Musterschreiben
- Viele Tipps für Selbstständige
- Optimal handhabbar durch den Themenwegweiser und das ausführliche Stichwortverzeichnis

Über 7 Millionen Leserinnen und Leser vertrauen den KONZ-Steuerratgebern.

KNAUR

KONZ

Das Arbeitsbuch zur Steuererklärung

Mit den besten Steuertipps.

MEHR WISSEN. MEHR GELD. KONZ

2025/26 Für Ihre Steuererklärung 2025

Die Nr. 1 der Steuerratgeber

Die Steuererklärung – ein leidiges Thema für alle, die den Kampf mit den Formularen Jahr für Jahr selbst ausfechten.

In diesem Arbeitsbuch werden die Steuerformulare für 2025 Zeile für Zeile durchgegangen. Die Leserinnen und Leser erfahren die besten Tricks, wie sie aus ihrer Steuererklärung das meiste herausholen können.

Ein Bestseller im Urteil des Publikums: Endlich ein Fachbuch, das verständlich geschrieben ist.

KNAUR